E. RODOCANACHI

LES
MONUMENTS ANTIQUES
DE ROME
ENCORE EXISTANTS

HACHETTE

LES
MONUMENTS ANTIQUES
DE ROME
ENCORE EXISTANTS

8° K 5722

RODOCANACHI.

Les trois colonnes du Temple de Castor au XVIᵉ siècle.
(ÉT. DU PÉRAC).

E. RODOCANACHI

LES
MONUMENTS ANTIQUES
DE ROME
ENCORE EXISTANTS

LES PONTS — LES MURS
LES VOIES — LES AQUEDUCS
LES ENCEINTES DE ROME
LES PALAIS — LES TEMPLES — LES ARCS

OUVRAGE CONTENANT
16 GRAVURES DANS LE TEXTE

LIBRAIRIE HACHETTE
79, BOUL. SAINT-GERMAIN, PARIS
1920

Tous droits de traduction, de reproduction
et d'adaptation réservés pour tous pays.
Copyright par Librairie Hachette 1920.

AVERTISSEMENT

Bien des voyageurs, parmi ceux qui peuvent visiter Rome
sans trop de hâte et qui sont curieux de choses de
l'antiquité, éprouvent parfois quelque peine à trouver
une documentation exacte et suffisante sur le passé, la destination, l'architecture des anciens monuments. L'objet de
ce petit livre est précisément de leur fournir ces renseigne-
ments sans lesquels on ne peut en apprécier complètement
l'intérêt ni en étudier avec fruit les vestiges.

On a reproduit un certain nombre de gravures anciénnes
afin que le lecteur se rendît compte de ce qu'étaient ces
ruines il y a quatre siè_les environ et des dégradations
qu'elles ont subies depuis lors. Le temps et plus encore la
malignité des hommes ne les ont guère épargnées. Il nous
faut un effort d'imagination pour nous les représenter dans
la splendeur qu'elles eurent autrefois, revêtues de marbre,
garnies de stucs ouvragés, ornées de colonnades en pierres
rares, chargées de statues, souvent couvertes de tuiles
dorées.

Ainsi que l'a dit avec tant de finesse et de vérité l'un des
hommes qui ont le mieux pénétré le passé de Rome, Gaston
Boissier, c'est une étude que de saisir ou d'apprécier la
beauté de ces débris, mais cette étude nous assure l'une
des plus grandes jouissances qu'un homme intelligent
puisse se procurer. On éprouve une légitime fierté à jouir
pleinement et sciemment de ce spectacle. Les autres villes
« ne nous rendent contents que d'elles-mêmes ; Rome nous
rend contents et d'elle et de nous ».

Le Mont Capitolin et le Château Saint-Ange ont été décrits dans des monographies spéciales.

CONSEIL

Pour que la première impression produite par l'aspect des restes délabrés et si frustes de la Rome antique ne soit pas trop défavorable, le mieux sera de se faire conduire tout d'abord à la place du Capitole; là on prendra à pied la *Via del Campidoglio*, à droite du palais sénatorial; soudain, le Forum apparaîtra dans toute son étendue, dominé au loin par l'immense basilique de Constantin, le Colisée et les restes grandioses des palais du Palatin. On traversera cet amoncellement de pierres éparses dont chacune « a contenu du bruit[1] », laissant à une fois prochaine de visiter en détail chaque monument, et l'on sortira de l'enceinte du Forum par l'arc de Titus. On se trouvera alors au pied du Colisée d'où l'on se fera conduire par la belle route ombreuse qui passe entre le Palatin et le Cælius, la *Via S. Gregorio*, jusqu'en vue des ruines énormes des thermes de Caracalla; de là, on ira à la place S. Maria in Cosmedin qui est bien le lieu de Rome le plus pittoresque qui soit et le plus évocateur de son long passé; l'antiquité la plus lointaine et le moyen âge y sont représentés par des modèles parfaits de leur architecture. Puis, on passera devant le Panthéon et devant le Château Saint-Ange et l'on aura eu ainsi une vision rapide des vestiges les plus importants des anciens monuments de Rome.

Pour ce qui est de la visite en détail de ces ruines, chacun devra se laisser guider par sa fantaisie; c'est ainsi seulement qu'on en peut goûter le charme.

---

1. Cicéron disait en parlant d'Athènes : « En quelque lieu que nous marchions, nous foulons de l'histoire » (*De Fin.*, V, 2). Ceci s'applique merveilleusement aussi à Rome.

PRINCIPAUX OUVRAGES CONSULTÉS

(Les ouvrages consacrés uniquement à un monument sont cités à l'occasion de ce monument.)

BOISSIER (G.), *Promenades archéologiques*, Paris, 1887.

BRAMANTINO (BARTOLOMMEO SUARDI), *Le Rovine di Roma al principio del Secolo XVI*.

CAGNAT et CHAPOT, *Manuel d'Archéologie romaine*, Paris, 1917.

DUCHESNE (MGR L.), *Notes sur la Topographie de Rome* dans *Mélanges d'Archéologie et d'Histoire*, Paris, 1889.

HOEPLI et BORSARI, *Topográfia di Roma antica*, Milan, 1897.

HOMO, *Lexique de Topographie romaine*, Paris, 1900.

JORDAN (C.) et HULSEN, *Topographie der Stadt Rom*, Berlin, 1891, 1906.

LANCIANI (COMMANDEUR R.), *Ancient Rome*, Londres, 1889.

LANCIANI (COMMANDEUR R.), *The Ruins and Excavations of Ancient Rome*, Boston, 1897.

LANCIANI (COMMANDEUR R.), *Forma Urbis*, Milan, 1893.

MIDDLETON (J. HENRY), *The Remains of Ancient Rome*, Londres, 1892.

PARKER (JOHN HENRY), *The Archeology of Rome*, Oxford, 1874.

PIGANIOL (ANDRÉ), *Essai sur les Origines de Rome*, Paris, 1917.

PLATNER (SAMUEL BALL), *The Topography and Monuments of Ancient Rome*, Boston, 1911.

RICHTER (OTTO), *Topographie der Stadt Rom*, Munich, 1901.

STETTINER (PIETRO), *Roma nei suoi Monumenti*, Rome, 1911.

LISTE DES PRINCIPAUX EMPEREURS ROMAINS

Auguste.	29 av. J.-C. à 14 ap. J.-C.
Tibère.	14 à 37
Caligula.	37 à 41
Claude	41 à 54
Néron.	54 à 68
Galba.	68 à 69
Othon.	69 Janvier-Avril.
Vitellius.	69 Janvier-Déc.
Vespasien.	69 à 79
Titus	79 à 81
Domitien	81 à 96
Nerva.	96 à 98
Trajan	98 à 117
Hadrien.	117 à 138
Antonin.	138 à 161
Marc-Aurèle.	161 à 180
Commode.	180 à 192
Pertinax.	193 à Janvier-Mars.
Didius Julianus	193 à Mars-Juin.
Pescennius Niger	193 à 195
Albinus	193 à 197
Septime Sévère	193 à 211
Caracalla	211 à 217
Macrin	217 à 218
Héliogabal (Elagabal) . . .	218 à 222
Alexandre Sévère	222 à 235
Maximin.	235 à 237
Aurélien.	270 à 275
Carus.	282 à 284
Carinus.	282 à 284
Dioclétien.	284 à 305
Constance Chlore	305 à 306
Constantin.	306 à 337
Théodose	379 à 395

LES MONUMENTS ANTIQUES
DE ROME
ENCORE EXISTANTS

PREMIÈRE PARTIE

GÉNÉRALITÉS

FORMATION DE LA VILLE

Les collines les plus voisines du fleuve, le Palatin et le Capitole, présentaient trop d'avantages pour n'être pas devenues très tôt des lieux habités. Des agriculteurs d'une part, des pasteurs d'autre part, s'établirent sur ces deux éminences ; les habitants du Palatin (pasteurs) venaient peut-être de la région des monts Albains tandis que les Sabins (agriculteurs) se seraient fixés sur le Capitole[1].

Ces peuplades se firent d'abord la guerre, puis un accord intervint, ce serait la convention de Romulus et de Tatius laquelle mit fin à la querelle des Sabins et des Romains. Peut-être, au contraire, l'une des peuplades domina-t-elle définitivement l'autre. Le Forum, c'est-à-dire la vallée qui s'étendait au pied des deux collines, où se trouvaient des sources et où l'on entretenait le feu sacré, devint le lieu de réunion des Romains auxquels s'étaient joints sans doute les habitants des autres collines situées à l'entour. On y trafiquait, on y discutait. Tout naturellement, la sécurité étant assurée, une partie de la population s'établit dans les vallées attenantes au Forum et situées entre les collines principales.

---

1. Ignazio Guidi, *Bull. della Comm. Arch. Com. di Roma*, Rome, 1881, p. 63. La légende rapporte que Romulus était originaire d'Albe la Longue, patrie de sa mère Rhea Silvia, et peut-être, comme il arrive si fréquemment, la légende a-t-elle pour origine un fait historique ; on a découvert au Forum et sur l'Esquilin des tombes à incinération et à inhumation du même type que les tombes préhistoriques des monts Albains.

On a longtemps admis que la ville de Rome s'était transformée de la façon suivante; la cité primitive aurait été le Palatin, la *Roma Quadrata*[1] (voir plus loin, chapitre Palatin) fondée suivant le rite étrusque; puis vint le *Septimontium*, formé de la confédération des habitants des sept collines, le Capitole excepté; le souvenir de cette alliance était consacré par une fête annuelle à laquelle prenaient part seulement les habitants de ces collines. Au Septimontium succéda la Rome des Quatre tribus, c'est-à-dire la ville de Servius Tullius qui avait pour enceinte le mur de pierres dont il sera parlé plus loin; elle était partagée entre les quatre tribus ou régions suivantes : Suburane, Esquiline, Colline, Palatine; enfin vint la Rome républicaine et impériale qui déborda de beaucoup la muraille Servienne et dont l'enceinte d'Aurélien marque l'extrême extension.

Toutefois cette conception a été discutée et quelques archéologues parmi les plus accrédités soutiennent que la Rome initiale fut une confédération de bourgades dont on a retrouvé, au Forum et sur l'Esquilin, les tombes caractéristiques. Le Palatin ne serait donc pas le noyau primitif. Cependant il est bien certain que ces bourgades ne se créèrent pas toutes en même temps et que l'une dut être forcément fondée avant les autres; ce fut peut-être celle du Palatin.

Pendant la République, la partie la plus peuplée de la ville était le quartier du Vélabre situé entre le Capitole et le Palatin, et la Subura, située sur les pentes du Cispius, de l'Oppius et du Quirinal et dans le vallon qui les sépare au nord-est du Forum et, par conséquent, à l'opposé du Vélabre. La voie appelée Argiletum traversait ce quartier. La population en était pauvre et avait, à en croire Horace, mauvaise réputation. L'Aventin était également un faubourg populaire. Sur le Palatin, au contraire, s'établirent de bonne heure ceux que la politique et les affaires avaient enrichis.

Le Champ de Mars ne fut habité que plus tard.

LE CHAMP DE MARS

(CAMPUS MARTIUS)

Le Champ de Mars, qui est devenu aujourd'hui le centre de la vie à Rome, est une plaine d'alluvion qu'enserre la grande

---

1. Toutefois on ne saurait préciser si le terme s'applique à la région habitée tout entière ou à une enceinte sacrée de dimensions restreintes située en haut des Scalæ Caci.

boucle du fleuve. Dans son acception la plus large, il comprenait tout l'espace compris entre le Pincio (*Collis Hortorum*), le Quirinal, le Capitole et le Tibre, sur une étendue de 2 kilomètres de long et d'un kilomètre de large. Son nom lui venait d'un autel élevé à Mars par Romulus, disait-on; c'est auprès de cet autel qu'il fut, selon la légende, assassiné par les sénateurs. Des ruisseaux sillonnaient cette plaine et y formaient des marais, entre autres le *Petronia* qui provenait d'une source située sur le Quirinal et nommée *Cati Fons*; ce petit cours d'eau s'élargissait en un étang, *Palus Capræ*, à l'emplacement où, plus tard, furent les bains d'Agrippa, par conséquent près du Panthéon. Dans la partie nord du Champ de Mars, jaillissait une source chaude; aussi donna-t-on à ce lieu, à ce qu'il semble, le nom de *Campus Ignifer*; c'était là que se trouvait le *Tarentum* où l'on célébrait les « Jeux séculaires ».

Toute cette plaine appartenait à l'État et elle était cultivée en partie pour la communauté; comme elle se trouvait en dehors du *Pomœrium*, c'est-à-dire de l'enceinte de la ville où n'étaient admis ni les soldats en armes, ni les étrangers, ni les dieux et les cultes « pérégrins », c'était là que se pratiquaient les exercices militaires, que l'on passait les revues, que les consuls faisaient les levées, que les triomphateurs attendaient, à la tête de leurs troupes, le moment de faire leur entrée dans la ville, qu'étaient reçues les ambassades et que s'élevaient les temples voués à des divinités étrangères.

Au début du 1er siècle avant notre ère, une petite portion des terrains du Champ de Mars située vers le Capitole fut vendue pour subvenir aux dépenses de la guerre contre Mithridate. On sait combien ces aliénations sont dangereuses; de nombreuses maisons s'élevèrent rapidement sur le Champ de Mars si bien qu'Auguste annexa ce nouveau quartier à la ville. Cependant le Champ de Mars ne fit réellement partie du Pomœrium qu'à la fin de l'empire, lorsque Aurélien l'engloba dans son enceinte.

Comme c'était le seul lieu de Rome où l'on pût édifier ces immenses monuments, portiques, thermes, lieux de spectacles, grâce auxquels la puissance impériale s'imposait à l'admiration et à l'affection de la foule, d'innombrables édifices s'y élevèrent jusqu'à la fin de l'Empire. On pouvait presque aller de la région des Forums au château Saint-Ange sous des colonnades et des portiques à l'abri des ardeurs du soleil ou des morsures de la bise. Il ne subsiste presque rien de tant de merveilles parce qu'au moyen âge la population de Rome s'établit presque uniquement dans cette région à cause de la proximité du fleuve et de la facilité plus grande des communications.

Deux rues traversaient le Champ de Mars, la Via Lata, continuation de la Via Flaminia, qui est le Corso actuel—et une autre voie qui lui était presque perpendiculaire ; celle-ci rencontrait la Via Lata vers la Piazza Colonna et joignait le fleuve en suivant à peu près le tracé des rues Acquasanta, delle Coppelle, S. Agostino, dei Coronari ; une autre rue dont le nom est ignoré, formait un triangle avec ces deux rues, elle est devenue la Via Ripetta actuelle.

LES SEPT COLLINES

Ce n'est qu'assez tard, vers la fin de la République, que fut établie la liste définitive des sept collines : le Palatin, le Capitole, le Cælius, l'Esquilin, le Viminal, le Quirinal et l'Aventin. Auparavant on désignait et l'on répartissait de tout autre façon les éminences sur lesquelles s'élevait la ville. La colline du Palatin portait trois noms différents correspondant à trois éminences : le Cermalus à l'Ouest, le Palatin proprement dit à l'Est, et la Velia qui est un monticule un peu séparé du Palatin et qui forme dos d'âne entre la dépression du Forum et celle du Colisée ; c'est là que s'élève l'Arc de Titus. Les deux éperons de l'Esquilin au Sud et au Nord s'appelaient l'Oppius et le Cispius ; entre les deux était le Fagutal[1] vers S. Pietro in Vincoli. L'extrémité du Cælius portait le nom de Sucusa[2]. En sorte que les sept collines primitives du Septimontium n'étaient pas du tout les Sept Collines fameuses, mais le Palatin, le Cermalus, la Velia, le Fagutal, l'Oppius, le Cispius, le Cælius auxquels les anciens ajoutaient le mont Sucusa, ce qui donnerait le chiffre de huit. Au moyen âge on les dénombrait de la façon suivante : Cælius, Aventin, Palatin, Tarpéien, Esquilin, Vatican et Janicule[3].

Hauteur des Collines de Rome

Aventin (S. Alessio).	39	mètres
Capitole (Aracœli).	39	—
Cælius (Villa Mattei)	41	—
Palatin (S. Bonaventura)	43	—
Esquilin (S. Maria Maggiore)	47	—

1. Parce qu'il y poussait des hêtres, *fagi*.

2. Cette colline s'appelait primitivement *Mons Querquetulanus*, parce qu'il y poussait des chênes, *querci*. On lui a donné aussi mais à tort le nom de Subura, qui est celui d'une vallée où plutôt d'un faubourg situé au pied du mont Esquilin.

3. *Varia de Regionibus*, Urlicus, p. 11, 48.

Viminal (gare du chemin de fer). . . . . 5o mètres
Quirinal (Porta Pia). . . . . 56 —
Pincio (Porta Pinciana). . . . . 56 —
Vatican (Jardin). . . . . 67 —
Janicule (Villa Savorelli) . . . . 82 —

Le Tibre est à 6 mètres environ au-dessus du niveau de la mer.

Au moyen âge, on comptait à Rome sept « collines mineures » :

Le Testaccio, accumulation de tessons de poteries. (Voir plus loin.)

Le mont Savello, formé par les ruines du théâtre de Marcellus.

Le mont Cenci, formé par les ruines du théâtre de Balbus.

L'Austa, formé des ruines du Mausolée d'Auguste. (Voir plus loin.)

Le mont Secco; il en existait deux, l'un dit *del Circo* parce qu'il était situé sur la Voie Appienne, non loin du Cirque, et près du Tombeau des Scipions; il semble formé des déblais du Cirque. L'autre se trouvait sur la rive droite du Tibre, dans les *Prati di Castello*; on le supposait formé de tessons comme le Testaccio[1]. Il a complètement disparu.

Le mont Citorio, formé de débris divers.

Le mont Giordano, ainsi appelé à cause du palais Giordano Orsini qui s'y élevait; il était formé avec des débris provenant du château Saint-Ange.

PIERRES EMPLOYÉES
DANS LES CONSTRUCTIONS ROMAINES

Le *tuf* est un produit volcanique, un conglomérat de scories, de cendres et de sable, de densité variable; parfois il est friable et parfois il a une grande consistance, mais il est très sensible aux influences extérieures et se dégrade rapidement; c'est pourquoi on avait soin de l'enduire de stuc ou de ciment ou de le protéger par un revêtement. Sa couleur varie entre le brun rougeâtre et le jaune[2].

Cette pierre fut employée seule dans la première période des constructions romaines. Elle constitue la plupart des collines de Rome.

1. Selon POMPONIUS LÆTUS, *De Antiquitalibus Urbis Romæ* (XVᵉ siècle).
2. MIDDLETON, vol. I, p. 5; LANCIANI, *Ruins*, p. 32; PARKER, vol. II, et surtout l'ouvrage récent de R. CAGNAT et CHAPOT, *Manuel d'archéologie*, p. 1.

Le *péperin* a une composition semblable à celle du tuf; il paraît s'être constitué sous l'action d'eaux chaudes; on y rencontre des pierres englobées; il est bien plus résistant que le tuf et fut employé vers la fin de la République et sous l'Empire. Son nom lui vient des scories qui y étaient engagées et qui ressemblaient à des grains de poivre.

Le *travertin, lapis tiburtinus*, provenait des environs de Tibur, dans les montagnes de la Sabine et de carrières encore en exploitation situées près de *Aquæ Albulæ* (Bagni) sur la route de Rome à Tivoli. C'est un carbonate de chaux très dur, de couleur crème auquel le temps donne une patine jaune. On ne l'employa guère avant l'Empire; alors il devint un élément important des constructions romaines. Le Colisée est presque entièrement en travertin comme le théâtre de Marcellus qui lui est antérieur.

Le travertin compose les couches profondes des monts Aventin et Pincio.

La *pouzzolane*, ainsi nommée parce qu'il s'en trouve de grands gisements près de Pouzzoles dans la baie de Naples, existe aussi en abondance aux environs de Rome; les couches se retrouvent telles que les éruptions volcaniques les ont déposées; c'est une terre de couleur brun-rouge qui forme, mêlée à de la chaux, un ciment admirable lequel durcit même sous l'eau. C'est à ce ciment qu'est due la grande solidité des édifices romains.

La variété des marbres italiens, grecs et orientaux employés à Rome était telle qu'on a pu en constituer des collections comprenant plus de mille échantillons différents.

Les Romains se servaient de deux sortes de briques, la brique crue qui fut seule employée couramment jusqu'à la fin de l'époque républicaine et la brique cuite qui fit son apparition au temps de Sylla. Ces briques portent souvent des marques indiquant l'époque où elles furent fabriquées, ce qui permet de déterminer la date de construction ou de restauration d'un monument.

LES DIVERSES PHASES
DE L'HISTOIRE MONUMENTALE DE ROME

ÉPOQUE ROYALE ET DÉBUT DE LA RÉPUBLIQUE

Il ne subsiste à Rome aucune trace de ces murs de gros blocs mal équarris, polygonaux, comme il s'en rencontre encore dans mainte ville de l'Etrurie ou du Latium et dont on a longtemps attribué la construction à de mystérieux peuples pélasgiques. On ne devra pas conclure de cette observation que Rome est de fondation plus récente que les villes qui s'enorgueillissent de tels monuments, car les archéologues ont récemment démontré que les acropoles dites pélasgiques (par exemple, celle de Norba) sont parfois de date très peu ancienne.

Les vestiges artistiques et monumentaux les plus anciens que l'on retrouve à Rome, et qui peuvent dater du vi° siècle avant J.-C., seraient : des fragments de frise en terre cuite qu'on a recueillis au Capitole et qui doivent provenir du temple antique que Tarquin éleva à Jupiter Capitolin, — la Louve de bronze, que l'on voit aujourd'hui au Palais des Conservateurs (et dont une patte paraît porter la marque d'un coup de foudre), belle œuvre archaïque de style ionien, — la prison du *Tullianum*, dont la curieuse voûte en encorbellement, mutilée dès l'antiquité, évoque pour les modernes le souvenir des tombes en ruche (*tholoi*) de l'époque Mycénienne, — et peut-être quelques vieux murs de pierres bien taillées, par exemple, au Palatin.

Les urnes-cabanes trouvées dans le cimetière du Forum, identiques aux urnes-cabanes des Monts Albains et de l'Etrurie Méridionale, nous donnent une exacte image des premières cabanes romaines.

Les Etrusques, dit-on, enseignèrent aux Romains des méthodes d'architecture savantes ; ils leur apprirent à construire des voûtes d'appareil ; la *cloaca maxima* était considérée comme un chef-d'œuvre de cet art étrusque, mais on n'a pas encore achevé de distinguer avec certitude quelles sont les parties vraiment anciennes de cette *cloaca*, si souvent restaurée. Les temples romains devaient sans doute imiter ces temples étrusques, à charpente de bois, et par suite à très larges entrecolonnements, à frontons surplombants, dont on peut voir à la *villa Giulia* une curieuse restauration. La décoration était composée de figures en terre cuite, d'antéfixes légères, de frises peintes : c'est dans ce goût que les Grecs Gorgasos et Damophilos furent chargés en 493 avant J.-C., si l'on accepte la tradition, de décorer le temple de Cérès, voisin du Forum Boarium.

Depuis le temps des rois étrusques jusqu'au IIIe siècle avant J.-C., il serait malaisé de retracer une évolution de l'art romain. L'architecture demeure caractérisée par la construction en pierres appareillées, disposées en lits horizontaux, sans mortier. C'est l'appareil dit *Servien*, celui des vieux murs du Palatin, de la *Roma Quadrata*, des murs de soutènement voisins de S. Gregorio, de S. Martino dei Monti, ou bien encore de ces très vieilles constructions que des fouilles récentes ont momentanément dégagées au pied de l'arc de Titus et que les archéologues ont été incapables d'interpréter. Il est difficile de distinguer entre ces vieilles constructions une succession chronologique; les pierres des murs les plus anciens ont été taillées selon le pied osque de 27 centimètres, non selon le pied romain de 29 centimètres, et, par suite, ces murs seraient antérieurs probablement au milieu du Ve siècle avant J.-C. D'autre part, la pierre utilisée fut d'abord du mauvais tuf superficiel des collines romaines qu'on appelle *cappellaccio*, plus tard, le tuf jaune ou rouge des couches profondes, plus résistant, et qui paraît avoir été extrait principalement des carrières voisines de S. Saba sur l'Aventin.

La décoration des édifices demeurait en terre cuite. En 195, Caton reproche aux Romains, comme une coupable innovation, leur mépris pour les statues divines de terre cuite, *antefixa ficlilia deorum*, et leur engouement pour le style grec.

LES DEUX DERNIERS SIÈCLES DE LA RÉPUBLIQUE

Le triomphe de l'influence hellénique à Rome, au IIe siècle avant notre ère, coïncidé, par une fortune remarquable, avec une période de grands travaux publics; la physionomie de Rome s'est alors transformée. Si l'on veut avoir une idée de la fièvre de constructions qui saisit les Romains, il faut lire la liste des travaux que Tite-Live attribue à l'initiative des censeurs de 179 avant J. C., M. Aemilius Lepidus, M. Fulvius : les piles d'un pont (le *pons Aemilius*), le port du Tibre, une basilique au Forum, le marché aux poissons, des portiques, un aqueduc. C'est que la ruine de Carthage faisait alors de Rome le grand marché de la Méditerranée occidentale.

« Du retour des troupes d'Asie en 187, dit Tite-Live, date l'apparition du luxe hellénique » ; alors on voulut des mobiliers précieux, lits à pieds de bronze, tapis, vases, guéridons et consoles ; alors apparurent les joueurs de cithare, les histrions pour égayer les repas, et les cuisiniers. Pour tous les arts, ce fut une véritable renaissance. Marcellus, qui prit Syracuse en 212, construisit un temple de l'Honneur et de la Vertu ; Fabius Maximus, qui prit Tarente en 209, transporta au Capitole l'Hercule de Lysippe ; Fulvius Nobilior, qui prit Ambracie en 187, éleva le temple d'Hercule Musarum ; et Metellus Macedonicus, après sa victoire de 146, chargea Hermodore de Salamine de construire le portique et les temples fameux qui occupaient l'emplacement où plus tard Auguste éleva le portique d'Octavie.

Ainsi l'art romain de la fin de la République ne fut, en réalité, qu'un rameau de l'art hellénistique ; à Rome se sont mélangées les tendances des deux écoles de Pergame et d'Alexandrie. Toutefois les architectes romains ont bien vite égalé leurs maîtres ; Vitruve rapporte que, vers 175, Antiochus IV Epiphane confia à l'architecte romain Cossutius le soin d'achever l'Olympieion d'Athènes.

Des monuments de Rome antérieurs à l'Empire il ne reste que de rares spécimens. Les archéologues étudient pieusement, dans d'obscures galeries souterraines, les quelques restes de trois vieux temples voisins du Forum Holitorium (sous S. Nicola in Carcere), qui datent de ce temps. En revanche, le temple ionique proche du Ponte Rotto, et dont le nom antique est inconnu, est d'une conservation parfaite ; il est vraisemblable qu'il date du II° siècle avant J.-C. La façade du *tabularium*, tournée vers le Forum, date de la restauration exécutée par Lutatius Catulus en 78, à la suite d'un incendie qui détruisit l'édifice sous Sylla.

La construction en blocage (*opus cæmenticium*) était alors communément adoptée. Les parements du noyau de blocage étaient constitués soit par des blocs de pierre appareillés (*opus quadratum*[1]), soit par de petits blocs irréguliers, engagés gros-

---

1. Le temple de Saturne, le portique d'Octavie, le théâtre de Marcellus sont bâtis avec cet appareil.

sièrement dans la maçonnerie (*opus incertum*). A partir de l'époque de César, l'*opus incertum* disparaît ; les petits blocs de parement ne sont plus placés au hasard, mais de manière à former un filet régulier, une sorte de damier disposé obliquement, et c'est ce que l'on nomme *opus reticulatum*.

Dans la décoration intérieure des édifices, on faisait alors grand usage d'incrustations à la manière alexandrine ; tantôt on incrustait dans les murs des plaques de marbre, tantôt des bas-reliefs. On retrouve un grand nombre de ces bas-reliefs dans nos musées ; les uns appartiennent à ce style pittoresque que M. Schreiber déclare d'origine alexandrine, et les autres au style archaïsant que mirent à la mode les artistes qui émigrèrent d'Athènes, après que Sylla se fut emparé de cette ville.

Des édifices nouveaux furent édifiés à cette époque. Les premières basiliques datent du début du IIe siècle. On admet communément que la plus ancienne est la basilique Porcia que Caton fit construire en 184 ; il semble cependant que Plaute ait déjà connu des basiliques à une date un peu antérieure. Le nom grec de ces édifices rappelle qu'ils dérivent de ces portiques magnifiques que multiplièrent en Orient les rois de l'époque hellénistique. Vers le même temps les Romains ornaient leurs rues de ces arcs monumentaux qu'ils appelaient *fornices*. Des fragments du plus fameux de ces arcs, le *fornix Fabianus*, se voient encore à terre en face du temple de Faustine ; ce n'était sans doute pas un arc comparable à un arc de triomphe mais plutôt une simple voûte jetée au-dessus de cette rue étroite qui séparait la Regia de la région réservée aux Vestales. Le plus ancien sénatus-consulte qui ait décrété la construction d'un véritable arc de triomphe, date de l'an 36 avant J.-C.

Il existe au Palatin une maison républicaine assez modeste, conservée avec un soin qui paraît superstitieux au milieu des palais impériaux. On l'appelle ordinairement la maison de Livie. M. Pinza lui donne le nom de maison d'Auguste. Sa construction (*opus reticulatum*), sa décoration nous montrent combien simple était encore une maison privée, même du premier des citoyens, à l'extrême fin de la République. (Voir plus loin, chapitre Palatin.)

LES DEUX PREMIERS SIÈCLES DE L'EMPIRE

L'art de la construction en blocage atteignit sa perfection sous l'Empire. En principe, cette méthode consiste à réaliser, grâce à un ciment parfait, des murailles ou des voûtes monolithes, indépendamment de toute régularité d'appareillage; cette méthode était économique et même des ouvriers peu spécialistes pouvaient l'appliquer aisément. On observera fréquemment (nulle part peut-être mieux que dans les ruines de la *domus Augustana*, sous l'ancienne villa *Mills*), modelée sur le blocage, la trace encore fraîche des coffres de bois qui supportaient provisoirement le béton, tant qu'il n'était pas sec. C'est peut-être une erreur de penser que les murs ou les voûtes des Romains n'ont aucune sorte d'ossature. « Si l'on observe de près ces massifs d'apparence extrêmement brute, dit M. Choisy, on découvrira incrustées en eux des chaînes d'une structure toute différente, de véritables nervures engagées, quelquefois des réseaux entiers de briques formant dans le corps des blocages une charpente interne, une sorte de squelette léger[1].... » Il arrive même que l'on reconnaisse, perdus dans les voûtes, des arcs croisés (par exemple aux thermes de Dioclétien), qui sont étrangement proches de ces croisées d'ogive, dont l'invention est le grand titre d'honneur des architectes gothiques. Toutefois il faut dire qu'à la différence des arcs du moyen âge, les arcs noyés dans la maçonnerie des voûtes romaines n'avaient à remplir qu'un office provisoire, à faciliter la construction ; ils étaient d'ailleurs cachés sous des stucs et n'ont jamais servi à la décoration[2].

Le désaccord entre la structure architecturale des édifices et leur décoration extérieure est d'ailleurs un des traits les plus caractéristiques de l'art romain. Les architectes de la Renaissance n'ont été que trop disposés à suivre à cet égard l'exemple des Romains. Tout autre avait été la méthode des architectes grecs pour qui « la forme n'est autre que la structure rendue apparente », selon l'expression très juste de M. de Choisy. Et ce trait de l'architecture romaine explique pourquoi les ruines romaines, à la différence des ruines grecques, intéressent souvent l'ingénieur plus que l'artiste.

L'histoire de l'architecture romaine sous l'Empire a été longtemps obscurcie par la grave erreur que l'on commettait à l'égard de la date du Panthéon. Sur la foi de l'inscription du portique, on attribuait au temps d'Auguste la construction de cette voûte audacieuse ; les recherches de M. Chédanne ont démontré que tout le corps de la rotonde actuelle date, au contraire, d'Hadrien. Désormais on pourra essayer d'établir sur des bases plus certaines l'évolution de l'architecture romaine depuis

1. A. CHOISY, *Art de bâtir chez les Romains*, p. 38.
2. Voir ce qui est dit à propos du Panthéon.

le temps d'Auguste jusqu'au temps d'Hadrien, où l'on vit s'édifier des chefs-d'œuvre tels que le Panthéon et le temple de Vénus et de Rome, malheureusement si mutilé. On ne sait trop quelle fut l'influence des Orientaux sur les architectes de Rome, et, par exemple, ce qu'ils doivent au génie de l'architecte favori de Trajan, Apollodore de Damas.

Dater les édifices en blocage est malaisé[1], et, par suite, l'histoire de l'architecture romaine garde un caractère conjectural. Les parements sont presque toujours de brique ; à l'époque d'Hadrien, on employa fréquemment l'*opus reticulatum* uni à la brique (*opus mixtum*), mais c'est aux magasins d'Ostie ou à la Villa Hadriana qu'on observe les plus beaux spécimens de ces parements assez décoratifs.

Il ne serait pas impossible aujourd'hui de reconstituer les « plans régulateurs » selon lesquels furent conduits sous les empereurs les grands travaux de Rome. La Rome moderne n'a pas inventé la méthode des « *sistematisazioni* ». Les deux empereurs qui ont le plus contribué à la transformation de la ville semblent avoir été, après Auguste, qui aménagea le Champ de Mars et releva tant d'édifices de la Rome républicaine, Domitien et Hadrien. C'est à Domitien qu'il faut restituer l'honneur d'avoir entrepris la construction du Forum, dit de Nerva, du Stade (Piazza Navona) et de l'Odéon qui fit l'admiration de tous les visiteurs de Rome et qu'ils décrivent comme la merveille des merveilles. On n'en sait même plus l'emplacement. Domitien fit peut-être édifier le Forum et les Thermes dits de Trajan ; on incline à restituer aujourd'hui à cet empereur non seulement la plupart des reliefs de l'arc dit de Constantin, mais la construction même de cet arc. Quant à Hadrien, il est certain que c'est à lui qu'on doit la disposition définitive du Forum, si différente de ce qu'elle avait été antérieurement ; c'est lui qui a créé une nouvelle Voie Sacrée, du temple de César au temple de Vénus et Rome, et probablement déplacé même l'arc de Titus, pour le disposer conformément à l'alignement nouveau.

FIN DE L'EMPIRE

Tandis que les architectes romains acquéraient une science et une hardiesse toujours plus grandes, l'art décoratif romain s'acheminait rapidement vers la décadence.

1. ESTHER VAN DEMAN, Moyens de dater les édifices romains en blocage. *American Journal of Archæology*, 1912.

L'architecture romaine n'a peut-être rien produit de plus audacieux que les thermes de Caracalla, les thermes de Dioclétien et la basilique de Maxence, dite de Constantin. La *cella soliaris* des thermes de Caracalla, où l'on voyait une voûte de béton suspendue par des crampons de fer à une charpente de bronze, faisait l'admiration des spécialistes. Mais la maçonnerie n'est plus établie avec soin; c'est à l'épaisseur excessive des lits de ciment, égale parfois à l'épaisseur même des briques, que l'on reconnaît la date tardive des édifices de cette dernière période; tel est le critère chronologique le plus commode à employer, toutes les fois que l'on n'a pas la chance de pouvoir observer des briques datées.

La décoration sculptée, malgré l'abus que les praticiens font alors du vilebrequin, est encore riche et intéressante au temps des Sévères. Les sculptures de l'arc de Constantin sont, au contraire, d'une grossièreté choquante, et l'on ne comprend guère l'aveuglement des théoriciens allemands qui croient y discerner les signes précurseurs d'un art nouveau.

Au vie siècle se termine à Rome, avec la basilique de Maxence, l'époque des voûtes de blocage. Aux basiliques à piliers et à voûtes succèdent, au temps des empereurs chrétiens, les basiliques à colonnes et à charpentes de bois. L'influence de l'Orient triomphe et met fin à cet art romain, qu'on a si sévèrement défini comme une simple branche dégénérée de l'art hellénistique. La faiblesse de l'art romain fut de n'avoir jamais su réaliser ce parfait accord entre le travail de l'ingénieur et le travail du décorateur, qui constitue le miracle de l'art grec.

LES PONTS. L'ILE TIBÉRINE

LES PONTS

Pᴏɴs Sᴜʙʟɪᴄɪᴜs. — C'est le plus ancien des ponts de Rome, car on en attribuait la construction au roi Ancus Marcius ; il était uniquement de bois, plus tard des piles furent établies en pierre, mais jamais on n'y employa de métal ; la tradition s'y opposait[1] ; une grande vénération entourait ce pont ; ceux qui avaient la charge de l'entretenir exerçaient une sorte de sacerdoce et de là vient le sens religieux attribué au mot *Pontife* (de *Pontem facere*), du moins à ce que l'on admet généralement. Ce pont fut plusieurs fois emporté par les eaux ; c'est sur lui que Horatius Coclès arrêta au péril de sa vie les soldats de Porsenna. On ne sait rien de précis sur son emplacement ; quand C. Gracchus, attaqué sur l'Aventin où il s'était réfugié, s'échappa vers le Transtévère, c'est par le pons Sublicius qu'il passa le fleuve pour aller gagner le lucus Furrinæ (derrière S. Chrysogono) où il périt. Il est vraisemblable qu'il a pris au plus court ; s'il n'a pas traversé le pons Æmilius (ponte Rotto), c'est que le pons Sublicius était en aval de ce pont, et plus voisin de la porta Trigemina (au pied de l'Aventin) près de laquelle il venait de passer. C'est donc probablement *entre le pons Æmilius* (ponte Rotto) *et la porta Trigemina* qu'il convient de placer le pons Sublicius, c'est-à-dire presque en face de S. Maria in Cosmedin. En 1484, le pape Sixte IV envoya à son armée, à ce que rapporte Infessura, quatre cents boulets de pierre tirés du pont de « Coclès ».

Le nom de Sublicius vient de *Subliciæ* qui signifie pilotis.

---

1. Des superstitions, remontant à des époques préhistoriques, faisaient écarter le métal et surtout le fer de la construction de certains monuments. Tel était le cas pour la Maison des Vestales, il en était de même pour le temple de *Dea Dia*.

Pons Æmilius. — Ce pont fut le premier construit en pierre ; les censeurs Æmilius Lepidus et Fulvius Nobilior en firent établir les piles en 179 av. J.-C.; les arches ne furent ajoutées que trente-sept ans plus tard, en 142 avant J.-C. Auguste restaura le pont en l'an 12 avant J.-C.; il traversait le fleuve en face du forum Boarium. Son nom changea souvent; à la fin de l'empire, il était connu sous le nom de *Pons Lapideus* ou *Lepidi*; au moyen âge, c'était le *Pons Senatorum ou Sanctæ Mariæ*; lors d'une grande inondation qui eut lieu en 1598 (le 24 décembre), il fut emporté et il n'en subsista qu'une arche; aussi a-t-on donné à ces restes, qui d'ailleurs ne datent pas de l'antiquité romaine, le nom de *Ponte Rotto*.

Pons Fabricius. — Ce pont relie l'île du Tibre à la rive gauche; il remplaça un pont de bois; le *Curator Viarum*, Lucius Fabricius, le fit construire en 62 av. J.-C.; il a 69 mètres de long sur 6 m. 30 de large et est construit en blocs de péperin recouverts de travertin; il se compose de deux arches principales de 25 mètres d'ouverture et d'une petite arche percée dans la pile centrale. Le parapet ancien existe encore. Au moyen âge ce pont portait le nom de *Pons Judæorum* à cause du voisinage du quartier juif, puis il s'appela *Ponte Quattro Capi* à cause des deux hermès à quatre têtes qu'on distingue encore à l'extrémité du parapet. Ces hermès ont été découverts dans l'île du Tibre ou tout auprès; on en avait trouvé deux autres, mais en mauvais état; ils faisaient sans doute partie de la décoration du pont Fabricius et servaient de pilastres à une balustrade en bronze.

Comme cela se pratiquait dans les travaux de ce genre, les entrepreneurs avaient dû, ainsi que semble l'attester une inscription, verser un cautionnement pour garantir la solidité du pont pendant quarante ans. Or, il y a plus de vingt siècles qu'il dure![1].

Pons Cestius[2]. — Ce pont était la continuation du pont Fabricius; il relie l'île du Tibre au quartier Transtévère, il fut bâti vers le même temps par un Curator Viarum de la fin de la République que certains ont supposé être Lucius Cestius, frère

1. Cependant l'inscription de l'an 21, dans laquelle les consuls attestent que le travail avait été exécuté dans de bonnes conditions, peut avoir trait à l'achèvement de l'arche dans laquelle elle fut encastrée et n'était peut-être pas un quitus général donné aux entrepreneurs.

2. Sous l'empereur Auguste un pont fut édifié en amont du pont Sisto, près de l'endroit où s'élève l'église S. Biagio della Pagnotta. On a retrouvé des traces de piles il y a quelques années. Luigi Borsari, dans *Bulletino Archeologico*, an 1888, p. 92.

de celui en l'honneur de qui fut édifiée la Pyramide de la Porte Ostiensis. Ce pont existerait encore en entier si l'on n'en avait abattu deux arches il y a quelque trente ans. L'arche centrale, qui subsiste seule actuellement, date de la restauration faite par le préfet Symmachus par ordre de l'empereur Gratien (370). A cause de cette restauration, ce pont porta depuis le nom de *Pons Gratiani*, actuellement c'est le *Ponte S. Bartolomeo*. Symmachus employa pour ces travaux des blocs de pierre enlevés au théâtre de Marcellus.

PONS NERONIANUS. — Ce pont, qui date certainement de Caligula, n'eut qu'une courte durée; il n'existait plus au temps de Constantin. On aperçoit la base des piles quand les eaux du Tibre sont très basses. Il reliait le Champ de Mars à la colline Vaticane. Le nom de Néronianus est une invention du moyen âge.

PONS ÆLIUS. — Ce pont, tout voisin du précédent, fut peut-être la cause de son abandon; Hadrien le construisit en 134 pour relier la rive gauche du fleuve au mausolée qu'il venait d'édifier et qui est devenu le Château Saint-Ange. Il se composait de huit arches dont les trois arches centrales forment à proprement parler le pont; l'arche médiane mesure 18 mètres d'ouverture, les deux arches latérales mesurent 7 m. 50; les autres arches : deux sur la rive droite, trois sur la rive gauche, servaient à racheter le niveau car les arches centrales sont fort hautes. Les matériaux employés sont le péperin avec revêtement de travertin. En partie reconstruit au moyen âge, ce pont prit le nom de *Ponte S. Angelo* qu'il porte encore. On a détruit récemment les arches latérales lors de la construction des quais, mais les trois arches centrales sont demeurées telles qu'elles avaient été édifiées en l'an 134.

PONS AURELIUS. — Ce pont fut bâti, à ce qu'on croit, par Caracalla au III⁰ siècle de notre ère, mais restauré en 365 par L. Aurelius Avianus Symmachus; son nom vient peut-être de là à moins que Marc Aurèle ne l'ait construit; il porta aussi le nom de *Pons Valentiniani, Antonini, Janicularis*. Reconstruit en 1475 par le pape Sixte IV après une inondation qui l'emporta en partie, il est devenu le *Ponte Sisto*. Un arc de triomphe avait été construit à l'entrée du pont sur la rive gauche; on en a retrouvé des restes dans le lit du fleuve quand en 1878 un bras qui passait sous la première arche eut été détourné.

PONS PROBUS. — Probus le bâtit en aval du pont Sublicius sous l'Aventin.

ILE TIBÉRINE-

Une curieuse légende prétend que l'île du Tibre est de formation artificielle. Après l'expulsion de Tarquin le Superbe, dit Tite-Live, le Sénat livra au peuple les biens du roi. Le *champ de Tarquin*, situé entre la ville et le Tibre, fut consacré à Mars : il s'appela désormais le *Champ de Mars*. Or, au moment de cette prise de possession les récoltes étaient mûres ; les Romains, se faisant scrupule d'en profiter, mirent la moisson dans des corbeilles, qu'ils jetèrent au fleuve. C'était pendant les fortes chaleurs, le Tibre n'avait que peu d'eau, en sorte que les corbeilles s'arrêtèrent sur des bas-fonds. Peu à peu, grâce aux apports du fleuve, une île se forma, bientôt consolidée par le travail des hommes.

La géologie dément cette légende car le noyau de l'île est un massif de tuf, identique au tuf des collines.

En souvenir du navire qui apporta à Rome le serpent sacré d'Esculape en 293 avant J.-C., les anciens avaient décoré les quais de l'île de manière à lui donner l'aspect d'un grand navire. De cette décoration ingénieuse les restaurations modernes n'ont presque rien respecté.

ENCEINTES PRIMITIVES. — ENCEINTE DE SERVIUS
ENCEINTE D'AURÉLIUS

ENCEINTES PRIMITIVES. — La légende veut que Rome ait été dès l'origine une cité fortifiée. Le fait est vraisemblable, si l'on admet que les Romains sont les descendants lointains des peuples préhistoriques, venus par les cols des Alpes, qui fondèrent dans la plaine Padane les curieuses stations dites *terramares*[1]. A l'époque historique, les camps que les Romains établissaient à chaque étape peuvent rappeler le souvenir des enceintes que leurs ancêtres nomades fondaient où ils séjournaient et qui devenaient parfois des villes. Il faut dire cependant que rien n'atteste le passage des terramaricoles dans le Latium, et que l'étude même des terramares Padanes est encore pleine d'obscurités.

Jusqu'à l'époque historique il y avait sur l'éperon de l'Esquilin qui portait le nom de Carènes un mur de terre (*murus terreus*), qui peut avoir protégé le quartier des Carènes contre une attaque venant de l'Est, où aucun escarpement ne gênait l'accès[2]. On peut supposer que primitivement les différentes collines de Rome, qui forment toutes (sauf le Palatin) non des îlots, mais des promontoires rattachés au grand plateau oriental, étaient pareillement protégées par des levées de terre barrant la gorge de ces promontoires. C'est le type de défense des *oppida* Celtiques de la Somme ou de l'Aisne; le mur de terre qui, près des bouches du Tibre, à Ardée, défend vers l'Est l'accès du promontoire sur lequel la ville est bâtie, demeure encore aujourd'hui imposant.

Il ne reste plus trace du mur de terre des Carènes.

1. Une *terramare* est une butte de débris où les archéologues reconnaissent une enceinte fortifiée; elle est traversée par deux grandes voies, orientées approximativement selon les points cardinaux.

2. Toutefois cette interprétation moderne n'est pas entièrement conciliable avec les témoignages antiques qui placent plutôt le *Murus terreus* au Nord de S. Pietro in Vincoli, au sommet de la pente qui domine le quartier Subura.

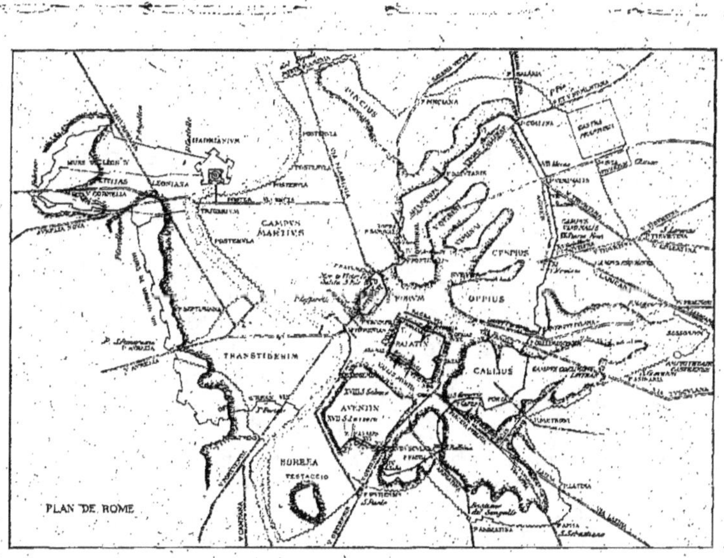

Fig. 1. — Plan de Rome. — Enceintes de Servius et d'Aurélius.
(R. Lanciani, *The Ruins of Ancient Rome*.)

En revanche, des murs de pierres appareillées, reconnaissables surtout sur le Cermalus, peut-être aussi sur le Cælius, près de San Gregorio, paraissent rappeler le temps où Rome était une fédération de collines indépendantes, dont chacune avait son acropole. Lors de l'invasion gauloise, ce sont probablement ces acropoles seules qui résistèrent[1].

ENCEINTE DE SERVIUS. — On n'admet plus aujourd'hui que les ruines actuelles du mur dit Servien puissent remonter à l'époque royale, et les objections sont très fortes : — cette enceinte englobe un périmètre immense, hors de proportion avec l'importance réelle de Rome vers la fin du VIe siècle avant notre ère ; si cette enceinte avait existé lors de l'invasion gauloise, Rome n'eût jamais été prise ; on a trouvé à l'intérieur du rempart ou sous le rempart même des tombes postérieures au VIe siècle, or la loi défendait d'inhumer à l'intérieur de l'enceinte urbaine[2] ; — les marques de carrière que portent de nombreux blocs ne sont pas d'un type archaïque.

Rien de plus invraisemblable en effet que le récit de la prise de Rome par les Gaulois. Les Romains en déroute n'avaient même pas, dit Tite-Live, fermé les portes ; les Gaulois eurent la stupeur de voir l'enceinte dégarnie, la ville ouverte, et cela leur parut un tel prodige qu'ils n'osèrent pas d'abord entrer dans la place et qu'ils établirent leur camp entre Rome et l'Anio ; leurs éclaireurs, ayant fait le tour de l'enceinte, découvrirent partout le même abandon ; alors seulement, s'étant enhardis, ils pénétrèrent dans Rome par la porte Colline.

Sans doute la muraille date seulement du IVe siècle ; nous savons en effet qu'après la catastrophe gauloise de 387, les censeurs mirent en adjudication la construction d'un rempart de pierre, dont la restauration est signalée au cours même du IVe siècle. A tout le moins, ce fut à la suite de l'invasion gauloise que fut établie la partie la plus savamment construite de l'enceinte, l'*agger* oriental, qui englobait les vastes terrains encore presque déserts de l'Esquilin, de manière à relier les deux saillants dangereux du Quirinal et du Cælius.

En 211, quand Hannibal menaça Rome, une commission fut nommée pour restaurer les murs et les tours. Hannibal vint jusqu'à un temple d'Hercule, dont l'emplacement exact est inconnu, à peu de distance sans doute de la porte Colline (angle Nord-Est de l'enceinte, vers le Ministère des Finances actuel) ; son camp

---

1. Sur l'enceinte du Palatin, voir le chapitre consacré au Palatin.
2. Cependant cette défense fut parfois enfreinte.

était près de l'Anio; on le vit, caracolant à la tête de deux mille cavaliers, inspecter les portes et l'assiette de la place. Le proconsul Fulvius Flaccus, revenu de Campanie à marches forcées, était entré dans Rome par la porte Capène (entre le Cælius et l'Aventin, vers San Gregorio), il avait traversé le quartier appelé Carinæ (vers S. Pietro in Vincoli) et fixé son camp entre la porte Colline et la porte Esquiline (située vers Sainte-Praxède); c'était là le point le plus vulnérable. Irrité des provocations d'Hannibal, Fulvius ordonna aux cavaliers de faire une sortie et une escarmouche s'engagea. Le terrain était semé de tombeaux et coupé de chemins creux et les cavaliers romains se trouvèrent fort gênés dans leurs mouvements, aussi les consuls envoyèrent-ils un renfort de cavaliers Numides transfuges, plus accoutumés à cette sorte de combat: ces cavaliers campaient à l'Aventin; ils descendirent par le *clivus Publicius* (entre la rue de S. Sabina et la vallée du Cirque), et la foule qui, du Forum, vit de loin s'approcher cette troupe armée, croyant la ville prise, s'épouvanta; les magistrats eurent peine à faire cesser la panique. Après quelques jours d'attente, Hannibal se retira, sans qu'aucun des deux partis eût osé risquer le combat.

A la fin de la République, l'enceinte devait encore remplir son office protecteur; devant la porte Colline, Sylla repoussa un assaut terrible des Samnites, dont le succès eût déterminé le triomphe de l'Italie sur Rome.

La muraille, dans son état actuel, date d'époques probablement diverses. Il n'est pas absolument impossible que certaines parties soient antérieures à l'invasion gauloise; du moins a-t-on cru reconnaître récemment qu'en maint endroit les assises intérieures du mur sont composées de blocs taillés d'après le pied osque de 27 centimètres et non d'après le pied romain de 29 centimètres qui paraît avoir supplanté le pied osque dès le v⁰ siècle. Les ruines voisines de Santa Anna et de la villa Spithöver, sur le Quirinal, peuvent dater, selon M. Boni, de la construction du iv⁰ siècle. Les ruines voisines de la gare de Termini dateraient d'une restauration de la fin de la République, du temps des guerres civiles. Les ruines signalées au Viale di San Paolo, entre les deux cimes de l'Aventin, ne dateraient même, selon certains archéologues, que de l'extrême fin de la République; en effet, la muraille est doublée d'un blocage, et le curieux arc de tuf rouge qui le domine, et qui marque peut-être l'emplacement d'une machine de guerre, est en pierres unies par du mortier: là était la *porta Randusculana*, au fond d'un couloir étroit que le mur surplombait; elle devait son nom à ce qu'elle était anciennement garnie de plaques de bronze.

L'enceinte commençait entre le *Pons Sublicius* et le *Pons Fabricius*, près du théâtre de Marcellus, longeait le mont Capitolin, traversait le Forum de Trajan, gagnait le mont Quirinal, contournait l'emplacement où furent plus tard les thermes de Dioclétien, coupait dans toute sa largeur l'Esquilin en passant près de Sainte-Marie-Majeure et de la place Vittorio Emanuele, s'infléchissait près du Latran, s'approchait de l'église de S. Stefano Rotondo, faisait le tour de l'Aventin et rejoignait le Tibre en aval de la place où s'élève le temple dit de Vesta. Le développement en était de onze kilomètres et demi.

Il faut noter que le mur dit de Servius ne coïncide pas absolument avec le *pomœrium*, c'est-à-dire la limite religieuse de la ville, déterminée à l'origine, dit la légende, par le soc de la charrue qui fixa le tracé de l'enceinte. L'Aventin, la colline plébéienne par excellence, demeura jusqu'au règne de Claude en dehors du terrain sacré de la ville; les auspices qui valaient pour la ville ne valaient pas pour l'Aventin. Étendre les limites du *pomœrium* n'était permis qu'aux chefs qui étendaient les frontières même de l'Empire romain.

Au siècle d'Auguste, le mur Servien était devenu inutile; Denys d'Halicarnasse, diligent archéologue de ce temps, déclare que les ruines en étaient dès lors « difficiles à trouver ». La paisible Rome du Haut-Empire put se contenter longtemps d'une simple muraille d'octroi à la limite des XIV régions entre lesquelles Auguste avait réparti les quartiers urbains.

La construction de la muraille de Servius diffère suivant les dispositions des lieux. Lorsqu'elle court le long d'une pente, elle affecte la même forme que la muraille du Palatin, c'est-à-dire qu'elle s'élève à mi-côte; les blocs dont elle est formée sont en tuf, disposés tantôt en longueur, tantôt en largeur, structure que Vitruve appelait, d'après les Grecs, *Emplecton*; ces blocs, non cimentés, de forme très régulière et à arêtes nettes, mesurent en moyenne 1 m. 70 de long sur 0 m. 62 de large et 0 m. 55 à 0 m. 60 de haut. L'épaisseur de la muraille est de 2 mètres à 3 m. 50, sa hauteur de 12 à 13 mètres. Sur le Quirinal, Via delle Finanze, les blocs sont plus petits; ils mesurent de 0 m. 80 à 0 m. 90 de long, 0 m. 55 à 0 m. 60 de large, 0 m. 20 à 0 m. 27 de haut; leur disposition est la même; la muraille est bâtie sur le roc. Dans cette région, l'enceinte est composée de deux murs parallèles, entre lesquels était une levée de terre qui constituait l'*agger* proprement dit et que ces murs étayaient; elle a disparu. L'appareil des deux murs et leurs matériaux ne sont pas les mêmes et pourraient même dater d'époques différentes. On tend à admettre que les murs de tuf gris vert sont plus anciens que les murs de tuf brun. Cette partie de muraille, découverte pendant les années 1876-1879, a été détruite.

Voici les endroits où se trouvent les restes les mieux conservés de la muraille de Servius Tullius : Salita delle Tre Pile au Capitole, Piazza Magnanapoli, vers l'emplacement de la *porta Fontinalis*, sous la villa Spithöver, via delle Finanze, non loin de la *porta Collina*, place Maccao à la gare de Termini (*porta Viminalis*), dans les jardins de l'Acquario Romano, dans les jardins de S. Gregorio (près de la *porta Capena*), près de S. Saba, dans le viale di Porta San Paolo, entre les deux cimes de l'Aventin (*porta Raudusculana*).

ENCEINTE D'AURÉLIEN. — La muraille qui entoure Rome actuellement et qu'elle ne déborde que sur quelques points, est en grande partie celle que l'empereur Aurélien édifia en 271[1]. Les barbares avaient pénétré jusqu'à Fano sur l'Adriatique et l'empereur avait eu grand'peine à les chasser, c'est pourquoi il fut jugé urgent de mettre la ville à l'abri d'un coup de main. La muraille fut construite hâtivement et économiquement ; on emprunta des matériaux à d'anciens monuments, on profita des constructions qui existaient dans le voisinage du tracé ; l'amphithéâtre Castrense, le camp Prétorien, la pyramide de Cestius, certaines parties d'aquéducs, bien d'autres édifices devinrent partie intégrante de la muraille ; on a même retrouvé, lors d'une démolition, un mur avec des niches contenant encore leurs statues qu'on s'était contenté de murer. Aussi la ligne des murs est-elle fort capricieuse ; généralement elle suivait l'enceinte de l'octroi.

Probus l'acheva après la mort d'Aurélien vers 280 ; Honorius et Arcadius la réparèrent en 403 ; depuis elle a été restaurée bien des fois ; si elle protégea Rome au temps de Bélisaire, elle n'empêcha ni les Goths d'Alaric, ni les Vandales de Genséric, ni, en 1527, les Impériaux de Charles-Quint de pénétrer dans la ville et de la mettre à sac[2].

La muraille d'Aurélien mesure 18300 mètres de longueur ; elle comptait 383 tours[3] ; on estime qu'elle représente un million de mètres cubes de maçonnerie et que le coût, en monnaie actuelle, dut s'élever à 40 millions de francs[4]. La largeur de la muraille varie selon le terrain ; elle est en moyenne de 4 mètres ;

1. HOMO, *Essai sur le règne d'Aurélien*, Paris, 1904.

2. Voir nos ouvrages, *Les Monuments de Rome* et *Rome au temps de Jules II et de Léon X*.

3. Itinéraire de l'anonyme d'Einsiedeln (VIIIe siècle), dans URLICHS ; *Codex. Urbis Romæ Topog.* Wurtzburg, 1871.

4. LANCIANI, *La Difesa del confine Veneto Istriano*, Rome, 1916, p. 7. Dans *Ruins and Excavations*, p. 69, il évaluait la dépense à 16 millions.

la hauteur est également fort différente; elle est parfois de 8 mètres, parfois du double; à 2 m. 50 environ du sol courait une galerie soutenue par des arcades; il y avait généralement six arcades entre chaque tour, la distance de ces tours étant de 29 à 30 mètres; elles font saillie de 4 mètres et dépassent de beaucoup la muraille en hauteur; elles renfermaient des chambres de 3 m. 20 de côté dont la plus basse était de plain-pied avec la galerie; des meurtrières, généralement au nombre de cinq, y étaient percées ainsi que des ouvertures plus petites ayant vue sur la muraille. Une seule de ces tours est demeurée complètement intacte, la sixième à gauche de la porte Salaria, porte par où l'on va à la villa Albani.

Le mur d'Aurélien, sur la rive gauche, bordait le Tibre tout le long du Champ de Mars, depuis le *pons Aurelius* (ponte Sisto) jusqu'à la hauteur du Pincio. Cette partie de l'enceinte, peu soignée, passait au temps de Bélisaire pour très difficile à défendre. Au *pons Ælius* (ponte S. Angelo) elle était reliée au mausolée d'Hadrien, qui formait tête de pont et surveillait les Prati. Cette portion de la muraille a disparu dès le moyen âge.

Entre le Tibre et le Pincio, l'enceinte barrait l'étranglement, large de 400 mètres, qui sépare le Champ de Mars de la plaine comprise entre le Tibre et le pied des monts Parioli. Cette partie du mur a été entièrement refaite au xv⁰ et au xvi⁰ siècle. La *porta Flaminia*, détruite en 1561, a été remplacée par la *Porta del Popolo* actuelle.

Au Pincio, Aurélien a utilisé les substructions des *horti Aciliorum*, murs en blocage revêtus de réticulé[1]. L'aspect que présentait cette partie de la muraille dès le temps de Procope et même sans doute sous le règne d'Aurélien, lui a fait donner le nom de *Muro Torto*. Au delà, en bordure de la villa Médicis, la dénivellation entre l'intérieur et l'extérieur des murs variant de 6 à 13 mètres, le rempart se réduisit à un mur de soutènement avec parapet crénelé.

De la *porta Pinciana* à la *porta Salaria* s'étendait la partie la plus vulnérable du mur. C'est par la *porta Salaria* qu'Alaric entra dans Rome, peut-être par trahison, en 410. En 546, le chef des Goths, Vitigès, avait son camp à la villa Borghèse, alors que Bélisaire avait fixé son quartier général à la *domus Pinciana*. C'est enfin le même point d'attaque que choisirent les Italiens en septembre 1870. La *porta Pinciana* existe encore;

---

1. Ces jardins avaient appartenu, au iᵉʳ siècle, aux Acilii Glabriones; au ivᵉ siècle, ils étaient parmi les rares que n'eussent pas accaparé les empereurs. Des restes de gradins et de piscines, deux tunnels taillés dans le roc existent encore au Pincio.

au temps d'Aurélien, ce n'était qu'une poterne au-dessus de laquelle se prolongeait la ligne des arcades de la courtine, la porte actuelle date de la réfection d'Honorius, qui a construit les deux demi-tours circulaires. L'arche est en travertin, ainsi que les soubassements des tours; le haut des tours est en blocage à revêtement de briques; le seuil est en blocs de travertin enlevés à un autre monument, car on y lit un fragment d'inscription. La *porta Salaria* antique, détruite en 1871, a été remplacée par la porte moderne du même nom. Quand on la détruisit, on découvrit sous la tour occidentale une tombe de l'époque républicaine; sous la tour orientale on découvrit également une tombe républicaine en péperin, ornée de pilastres, sans inscription, et une base quadrangulaire, autrefois surmontée d'un cippe au nom d'un enfant poète, mort à onze ans, C. Sulpicius Maximus, qui vivait sous Domitien. Ce cippe, qui se trouve au musée du Capitole, contient, outre un portrait de l'enfant, un fragment d'un poème pour lequel il avait remporté le prix et dont le sujet était une discussion entre Jupiter et Helios Apollon que le Père des Dieux réprimandait d'avoir abandonné le char du soleil à son fils Phaéton. L'enfant poète était mort à la suite de son surmenage.

La *porta Nomentana*, murée en 1562, date de la réfection d'Honorius. Sous la tour orientale, détruite en 1827, a été découvert le tombeau de C. Haterius, du premier siècle de l'Empire. Cette porte était ornée d'une arche flanquée de deux tours demi-circulaires dont une seule subsiste actuellement.

Les *castra prætoria* étaient le camp des cohortes prétoriennes, construit sous Tibère pour tenir la ville en respect; il était carré et percé de quatre portes. Il forma un bastion d'angle du mur d'Aurélien. Le mur extérieur, qui mesurait 5 m. 60 de hauteur, fut exhaussé d'environ 3 mètres et les fondations furent mises à nu; le mur intérieur du camp fut détruit en 312 quand Constantin licencia les prétoriens. Au sud des *castra prætoria* est une porte de nom inconnu, murée avant le IXe siècle.

La partie orientale de l'enceinte dominait la dépression que parcourt, sous différents noms, un affluent de l'Anio et qu'utilisent actuellement les voies ferrées de Rome à Florence et de Rome à Naples. La *porta Tiburtina*, actuellement San Lorenzo, date d'Honorius, mais les fondations sont d'Aurélien. Elle est en travertin; au-dessus sont six fenêtres; une des tours a été détruite par Pie IX en 1869. De la *porta Tiburtina* à la *porta Prænestina* Aurélien a utilisé comme contreforts les arches du triple aqueduc de l'*aqua Marcia*, l'*aqua Tepula* et l'*aqua Julia*, dont l'ensemble date de la restauration d'Agrippa, en 33 av. J.-C.

En ce qui concerne la *porta Præneslina*, actuellement Porta Maggiore (voir plus loin).

Au delà, l'enceinte utilise la ligne du double aqueduc de l'*aqua Claudia* et de l'*Anio Novus*, dont les arches ne servent pas seulement de contreforts, mais forment une partie de la muraille même et sont visibles. Puis à travers les anciens *horti Spei veleris* (voir plus loin), l'enceinte rejoint l'*amphilheatrum castrense* (voir plus loin).

De l'*amphilheatrum castrense* à la porta Metrovia, le mur suivait le bord méridional du Cælius. La *porta Asinaria*, murée en 1574, a la même disposition que la Porta Nomentana. Au delà de la porte Asinaria, en bordure de la place Saint-Jean de Latran, se trouvent les substructions de la *domus Lateranorum*, palais qui appartenait à l'empereur et que l'enceinte a coupé en deux; on reconnaît encore des murs de briques qui paraissent dater du temps des Sévères, ainsi que des fenêtres avec corbeaux en travertin, qui datent peut-être du 1er siècle de l'Empire. La base des contreforts est du IIIe siècle, la partie haute est restaurée; elle a subi des réfections au temps de Bélisaire et au XIIe siècle. Plus à l'Ouest, l'enceinte traversait un autre palais, dont il reste à peine quelques traces, peut-être la *domus Annii*, où fut élevé Marc-Aurèle; l'emplacement en est occupé maintenant par l'hôpital de Saint-Jean. L'emplacement de la *porta Metrovia* est incertain.

La partie la plus méridionale de l'enceinte dominait la vallée assez profonde où coulait l'*Almo*, aujourd'hui Marrana dell'Acquataccia. Elle laissait en dehors un grand nombre d'édifices plus anciens et même le vieux temple de Mars du *Campus minor*. Avant d'arriver à la porta Latina, on remarque dans le rempart les substructions d'un aqueduc de nom inconnu.

La *porta Latina* date d'Honorius et a été restaurée par les Byzantins; murée en 1827, elle a été rouverte. L'arche est en travertin; les tours ont une base octogonale; au-dessus de l'arche sont cinq fenêtres; sur la clé de voûte se voit le monogramme du Christ.

La *porta Appia*, actuellement S. Sebastiano, est construite en blocs de travertin enlevés à un autre monument; elle est flanquée de deux tours semi-circulaires reposant sur une base de marbre; au-dessus de l'arche, deux rangées de cinq fenêtres, à la clé de voûte, le monogramme du Christ. Entre la dixième et la onzième tour au delà de la porta Appia se voit une porte du 1er siècle, encadrée de demi-colonnes corinthiennes en travertin; Aurélien l'a encastrée dans l'enceinte et elle servit de poterne avant d'être murée, sans doute par Honorius.

La *porta Ardeatina*, détruite en 1539, a été remplacée par le *bastione del Sangallo*, sous Paul III.

La *Porta Ostiensis* est actuellement la porte S. Paolo. Il y avait une porte de chaque côté de la pyramide de Cestius; Honorius mura l'une et transforma celle qui existe encore, la porte S. Paolo; elle est construite en blocs de travertin, surmontée de cinq fenêtres et flanquée de deux tours.

L'enceinte longeait la rive du Tibre vers l'Aventin sur une longueur de 800 mètres; il reste quelques traces de cette partie, refaite au moyen âge; elle se terminait au Nord par une tour aujourd'hui disparue.

Sur la rive droite du Tibre, l'enceinte formait un angle assez aigu vers le Janicule, qu'elle ne rejoignait que près de la *porta Aurelia* (auj. San Pancrazio). Il s'agissait surtout de rendre le Janicule intenable pour un ennemi. Les anciennes portes *Portuensis* (au bord du fleuve) et *Aurelia* ont été détruites en 1643.

– Entre la *porta Aurelia* et le ponte Sisto, la *porta Septimiana* devait son nom au voisinage de constructions élevées par Septime Sévère. Là s'étendaient, sur la pente est du Janicule, les *horti Getae*[1]. Cette porte a été détruite en 1498 et remplacée par la porte actuelle du même nom, laquelle a été restaurée en 1798.

Léon IV (847-855), à la suite d'une incursion des Sarrasins qui pillèrent Saint-Pierre, entoura le quartier du Vatican, le Borgo, d'une muraille qui partait du château Saint-Ange, allait jusqu'à la *Porta Fabrica* par où passait la *Via Cornelia* et rejoignait le fleuve un peu en aval du château Saint-Ange.

Urbain VIII, craignant une attaque du duc de Parme, en 1642, entoura le Janicule d'une muraille reliant le Vatican au Transtévère.

Les murailles de Rome servirent depuis le moyen âge d'asile à des ermites. Au xiiiᵉ siècle, une femme nommée Bona s'y était logée; saint Dominique, qui voulut la visiter, dut monter sur une échelle pour parvenir jusqu'à elle. Ces ermites payaient parfois une redevance aux propriétaires de la partie des murs où ils avaient élu domicile; en 1487, l'un d'eux versait 5 carlins par an au couvent voisin; un autre en payait 6; il devait en outre entretenir une lampe devant une image. Ils exploitaient quelque peu leur réputation en vendant des drogues et des onguents; fra Bernardino Garibaldi envoya à Caterina Sforza, en 1504, de l'eau contre les maux de tête et les douleurs de foie. En 1648,

---

1. Ces jardins occupaient l'emplacement de la villa Corsini et de la villa Lante; ils furent construits par Sévère pour son jeune fils; on en retrouve quelques traces.

deux ermites vivaient ensemble dans une chambrette ménagée
dans la muraille entre les portes S. Giovanni et S. Croce in
Gerusalemme; l'un d'eux demanda à l'autre de le tuer parce
qu'ainsi l'ordonnait le Saint-Esprit et celui-ci, qui était Siennois,
se mit en devoir de lui obéir; comme il n'avait pas d'armes, il
prit une bouteille et frappa violemment son compagnon sur la
tête. L'assassiné volontaire poussa les hauts cris, la foule accou-
rut et ce fut un grand scandale.

Un règlement de 1733 défendit aux solitaires de vivre plus de
deux ensemble.

Le conseil communal s'occupait de les installer et consentait
parfois des dépenses d'installation. Quand un ermite abandonnait
sa niche, le Conseil l'attribuait aussitôt à un autre. Une chapelle
était souvent ménagée dans une tour et l'on exigeait de l'ermite
des exercices spirituels[1].

LES VOIES ROMAINES[2]

Seize voies principales rayonnaient de Rome vers les provinces.

La *Via Flaminia*[3] partait du Capitole et sortait de la ville par
la porte du même nom; dans l'intérieur de la ville elle portait
le nom de Via Lata qu'elle conserva durant tout le moyen âge;
actuellement c'est le Corso. En dehors de la ville la voie se
continue toute droite jusqu'au Tibre qu'elle traverse sur un
pont, le pont Milvius, aujourd'hui *Ponte Molle*. C'était la grande
voie de communication avec le nord; c'est par là qu'on se rendait
en Gaule et que plus tard les pèlerins et les voyageurs arrivaient dans la Ville éternelle dont ils avaient aperçu au loin les
dômes et les tours en descendant des hauteurs qui dominent
Viterbe. Cette voie avait été construite par C. Flaminius, consul
en l'an 223 avant J. C.

La *Via Salaria* conduisait en Sabine; elle prit son nom du sel
qu'on tirait du sol dans le voisinage et qu'on apportait à Rome
par cette voie, elle sortait de la ville par la porte appelée actuellement Pinciana; elle fut bientôt remplacée par une autre

1. *Arch. Soc. Rom. St. Patria*, an XXV (1902), p. 68. — E. Rodocanachi,
S. Sabina, 1898, p. 10. — Coll. Casanatense, *Bandi*, Vol. XXXIV, n. 111. —
Archiv. Stor. Nal. Capitolino, Cred. XVI, vol. 1, c. 200.

2. Giuseppe Tomasetti, *La Campagna Romana*, en cours de publication.
— R. Lanciani, *Wanderings in the Roman Campagna*, Boston, 1909.

3. Cette énumération est faite en partant du Tibre et en se dirigeant vers
le Pincio, puis en continuant dans le même sens.

voie, surnommée *Via Nova*, tandis que l'ancienne prenait le nom de *Via Vetus*; cette voie nouvelle sortait de la ville par la porte *Collina* appartenant à l'ancienne enceinte et par la porte Salaria de l'enceinte d'Aurélien.

La *Via Nomentana* conduisait à Nomentum en Sabine; elle se séparait de la Via Salaria Nova au sortir de la porte Collina et traversait l'enceinte d'Aurélien à la *Porta Pia* actuelle.

La *Via Tiburtina* menait à Tibur, actuellement Tivoli; elle est devenue la *Via S. Lorenzo*; elle sort de Rome par la porte de ce nom. La *Via Collatina* s'en détachait au sortir de la ville; elle menait à Collatia.

La *Via Prænestina*, qui avait un tronçon commun dans l'intérieur de la ville avec la *Via Tiburtina*, menait à Préneste; la *Via Principe Umberto* en suit à peu près le tracé; elle sort de la ville par la *Porta Maggiore*.

La *Via Labicana* se détachait de la *Via Prænestina* au sortir de la *Porta Maggiore*; son pavé est encore visible; elle menait à Labicum, ville située du côté de Préneste (Palestrine).

La *Via Tusculana* ou *Asinaria* sortait de la ville par la porte Asinaria aujourd'hui fermée et toute voisine de Saint-Jean-de-Latran; elle menait à Tusculum qui était situé au-dessus de la ville actuelle de Frascati.

Peut-être coïncidait-elle avec la *Via Appia Nuova*.

La *Via Appia*, construite en 312 avant J.-C. par le censeur Appius Claudius, est la plus ancienne et la mieux conservée des voies romaines; elle aboutissait à Brindes (Brindisi); de même que la voie Flaminienne conduisait vers tous les pays du Nord, de même celle-ci menait par Capoue soit aux lieux où les Romains allaient se divertir, dans la baie de Naples, soit, par Brindes, en Grèce et dans tout l'Orient; elle était donc très fréquentée; chariots de voyage traînés lentement par des bœufs et chars conduits brillamment par les jeunes Romains se croisaient, comme le raconte Horace, avec les cortèges d'esclaves et écartaient rudement les voyageurs pauvres qui allaient à l'allure tranquille de leurs vieilles montures. Tout le long de cette voie, au sortir de Rome et à des milles de distance, s'alignaient les tombeaux des riches familles qui faisaient paraître ainsi aux regards de tous leur illustration et leur faste. Près de la ville elle avait 3 mètres de largeur conformément aux Lois des Douze tables, ailleurs elle avait 4 mètres. Que si le pavé de la voie Appienne a résisté aux siècles, c'est que l'infrastructure en est admirable; quatre assises composent la chaussée, la première est formée de pierres concassées, la deuxième de blocaille, la troisième de morceaux de briques et de ciment, la quatrième de plaques polygonales de basalte. De chaque côté s'étendait un trottoir pavé[1].

La *Via Latina* se détachait de la *Via Appia* à l'intérieur de la ville, obliquait au Nord et la rejoignait à Casilinum, près de Capoue.

La *Via Ardeatina* menait à Ardea à 30 kilomètres sud-est de Rome; elle franchissait le mont Aventin entre S. Sabina et S. Saba et sortait de la ville par une porte aujourd'hui remplacée par le *Bastione di Sangallo*.

La *Via Ostiensis* était la voie qui conduisait au port d'Ostie, par conséquent à la mer; une partie des marchandises débarquées à Ostie passait par là. Elle commençait entre le Palatin et le Cælius, suivait le tracé de la *Via della Marmorata* actuelle et, hors la ville, la *Via S. Paolo*.

La *Via Portuensis* se trouvait sur la rive droite du fleuve; elle menait à la petite cité maritime de Portus Augusti (Porto); dans l'intérieur de la ville, elle suivait le tracé actuel de la *Via S. Cecilia* et de la *Via S. Michele*.

La *Via Aurelia* conduisait aux villes d'Etrurie, elle commençait, comme la *Via Portuensis*, au *Pons Æmilius*, passait par-dessus le Janicule; la *Via Tiradiavoli* en suit de très près le parcours hors la ville. Au IIe siècle il existait une *Via Æmilia Nova* qui se détachait de la *Via Cornelia* et rejoignait sans doute la *Via Aurelia Vetus* à quelque distance de la ville.

La *Via Cornelia* partait du pont Ælius près du château Saint-Ange et conduisait en Etrurie; on en a retrouvé des traces sous la place Saint-Pierre.

La *Via Triumphalis* traversait la *Via Cornelia* et conduisait dans la région du nord de Rome.

Auguste substitua à l'ancienne magistrature des *Duumviri viis extra Urbem purgandis*, un corps de surveillants nombreux (*curatores*) partagés en autant de groupes qu'il y avait de voies consulaires rayonnant hors de la ville.

AQUEDUCS

Cicéron vantait l'abondance des sources à Rome; il est certain que le sol où elle s'élevait en comptait plusieurs, entre autres celles du Forum dont il sera parlé; des cours d'eau des-

1. Sur l'infrastructure des voies romaines, voir R. CAGNAT, *Manuel d'Archéologie*, p. 42. Sur la façon dont on voyageait dans l'antiquité, voir notre ouvrage *Études et Fantaisies Historiques*, Première série.

cendaient des collines vers le fleuve; le *Nodinus* parcourait successivement la dépression qu'occupe le Colisée, celle qui se trouve entre le Cælius et le Palatin (Via S. Gregorio Magno) et se joignait avec un autre cours d'eau, l'Almo, depuis Marrana, pour traverser la vallée du Cirque Maxime et se jeter dans le Tibre à la place S. Maria in Cosmedin; le *Spinon* prenait sa source entre le Viminal et le Cispius, traversait la Subura, le Forum, le Vélabre et se jetait dans le Tibre presque au même endroit que le Nodinus; le *Petronia* serpentait entre le Pincio et le Quirinal et traversait le Champ de Mars; il existait en outre quelques ruisseaux. Mais, à mesure que la ville se développa, les travaux de voirie firent disparaître ces eaux. D'autre part l'eau du Tibre dont on s'était accommodé longtemps et qui fut la grande ressource de Rome au moyen âge, parut trop limoneuse; en sorte que l'on dut aller capter des sources au loin. Durant des siècles, les chefs du pouvoir à Rome s'occupèrent d'y amener des eaux pures et abondantes captées dans les montagnes avoisinantes. Pline et Frontin avaient raison de dire que ses aqueducs étaient la plus grande des merveilles de la ville.

I. AQUA APPIA. — La première de ces adductions remonte à l'année 312 av. J.-C. Les censeurs Appius Claudius Cæcus et Caius Plautius Venox firent établir un conduit de 16 kilomètres parfois enfoui à 15 mètres de profondeur, pour amener les eaux d'une source voisine de l'Anio et de la voie Collatina; 89 mètres seulement sont à découvert. Dans sa partie souterraine l'aqueduc a la forme d'un T; sa hauteur totale est de 1 m. 62, sa largeur dans la partie étroite est de 0 m. 38 et, dans la partie supérieure, de 0 m. 64. Il est bâti en blocs de péperin. L'aqueduc pénétrait dans la ville près du lieudit *Ad Spem Veterem* qui était situé non loin de la *Porta Maggiore*. La conduite traversait le Cælius et aboutissait à l'Aventin où l'on en a retrouvé des traces. L'empereur Auguste augmenta le débit de cet aqueduc en captant une autre source par un souterrain de 9 kilomètres. Le débit de cet aqueduc était de 115 000 mètres cubes par jour[1].

II. ANIO VETUS. — Cet aqueduc fut commencé en 272 av. J.-C. par le censeur Curius Dentatus et terminé deux ans après par Fulvius Flaccus qui avait été nommé, avec Dentatus, *Duumvir aquis perducendis*. Les eaux étaient captées dans l'Anio, audessus du monastère de S. Cosimato près Mandela, à 17 kilo-

---

1. Chiffres donnés par LANCIANI, *The Ruins of Ancient Rome*, p. 47 et suiv.

mètres au delà de Tivoli. Le tracé de cet aqueduc est en partie incertain; il entrait dans la ville au même endroit que le premier. Il était souterrain sur une certaine longueur et aérien dans la campagne de Rome. Il mesurait 63 kilomètres; le conduit souterrain mesurait 1 m. 60 de hauteur sur 0 m. 40 de large; son débit était de 277 000 mètres cubes. Le butin fait sur Pyrrhus avait couvert les frais de construction.

III. AQUA MARCIA. — Cet aqueduc fut commencé en 144 av. J.-C. par le préteur Quintus Marcius Rex, chargé par le Sénat de réparer et d'agrandir les deux aqueducs précédents dont le débit devenait insuffisant. Le travail dura cinq ans. Le point de départ est à 275 mètres au dessus du point d'arrivée, dans les montagnes de la Sabine, entre Arsoli et Agosta, à la base du mont Prugna. L'eau ainsi captée a des propriétés de fraîcheur et de limpidité qui font encore sa réputation. L'aqueduc passait en tunnel à travers des montagnes dans la région de Tivoli et par-dessus des vallées sur des ponts qui sont au nombre de sept; son parcours diffère peu de celui de l'*Anio Vetus*. Dans la ville, l'aqueduc, qui franchissait l'enceinte dans le voisinage de la *Porta Maggiore*, se continuait souterrainement par le Viminal jusqu'au Capitole. Auguste augmenta le débit de cet aqueduc. Trajan le continua jusqu'à l'Aventin; Caracalla en alimenta ses bains et Dioclétien les siens. Arcadius et Honorius consacrèrent à sa réparation le produit de la confiscation des biens du comte Guildo, qui avait fomenté un soulèvement en Afrique. Sa longueur totale est de 91 kilomètres.

Le débit de cet aqueduc était de 296 000 mètres cubes. Stace vante la fraîcheur de cette eau :

Marsas nives et frigora ducens Marcia.

IV. AQUA TEPULA. AQUA JULIA. — La première de ces deux sources était tiède, 17°, d'où son nom; elle sourdait au pied des monts Albains, dans la *Valle Mariana*, entre Frascati et Rocca di Papa; les censeurs Cneius Servilius Cæpio et Lucius Cassius Longinus la captèrent en 125 av. J.-C. La construction de l'aqueduc de l'eau Julia eut lieu 33 ans avant J.-C. sous la direction de Marcus Agrippa. La source Tepula fut d'abord amenée à Rome par une conduite séparée dont on ignore le tracé; plus tard, le canal où elle coulait fut superposé à celui de l'eau Julia; à 16 kilomètres de la ville les deux eaux étaient mélangées. Au sixième mille, avant la ville, l'aqueduc se séparait. L'aqueduc de l'Aqua Marcia suivait sur une certaine longueur le même parcours, en sorte que les arches supportaient trois canaux à la fois. Ce triple aqueduc traversait la-Via Tiburtina sur un arc de travertin à colonnes doriques qui subsiste. Aurélien en utilisa une portion dans la construction de son enceinte. Les ruines de ces aqueducs servirent au xvie siècle à établir les arches de l'*Acqua Felice*. La longueur du canal pour l'*Aqua Tepula* était de 17 kilomètres et pour l'*Aqua Julia*, de 23 kilomètres. Leur débit est respectivement de 28 000 et 76 000 mètres cubes. Une partie de leurs eaux se déversait au château d'eau qui reçut au moyen âge le nom de Trophées de Marius, place Vittorio Emanuele. (Voir plus loin).

VI. AQUA VIRGO. — Cette source fut captée par Agrippa que l'empereur venait de nommer *Curator Aquarum*. Elle se trouve en un lieu voisin de la station actuelle de Salone, sur la *Via Collatina*. Comme le sol était marécageux, un bassin de décantation fut établi au départ. L'aqueduc fut achevé le 9 juin de l'an 19 av. J.-C. Claude le restaura en 52. Le tracé en semble capricieux; il se dirige vers la porte Prænestina, mais à 1 kilomètre de distance, il tourne au Nord et pénètre dans la ville par le Pincio. De là, il se dirigeait vers les Thermes d'Agrippa situés au Champ de Mars. Sa longueur est de 20 kilomètres dont 19 sont en souterrain; son débit était de 158 000 mètres cubes. L'Aqua Virgo s'appelait ainsi, assurait-on, parce qu'une jeune fille avait découvert cette source.

L'aqueduc, ayant été restauré par Pie V en 1570, fournit actuellement l'eau si cristalline de la fontaine de Trevi, des fontaines de la place d'Espagne et de la place Navona.

VII. AQUA ALSIETINA OU AUGUSTA. — L'empereur Auguste avait établi en l'an 10 cet aqueduc long de 33 kilomètres, pour amener l'eau du lac Alsietus, actuellement Martignano [1], jusqu'à une naumachie créée par lui au Transtévère. Il ne reste aucune trace de cet aqueduc. C'était celui dont le niveau était le moins élevé : « *Omnibus humilior Alsietina est* », dit Frontin. L'eau n'en pouvait être bue et servait uniquement à la naumachie et à l'arrosage. Le débit était de 24 000 mètres cubes.

VIII. AQUA CLAUDIA. — Cet aqueduc, le plus célèbre des aqueducs romains, amenait les eaux de trois sources de la vallée de l'Anio, voisines de celles de l'Aqua Marcia. Caligula le commença en l'an 38, Claude l'acheva en 52, le 1er août, jour de son anniversaire. Il descendait la vallée de l'Anio, contournait le

---

1. Ou Martiniana près du lac Bracciano.

mont Ripoli, suivait en partie le parcours de l'*Anio Vetus* et traversait la plaine pour aboutir non loin du lieu appelé *Ad Spem Veterem*. Domitien raccourcit ce parcours en perçant un tunnel de 5 kilomètres de long sous le mont Affliano[1]. Pendant la première partie de son parcours l'aqueduc était souterrain, excepté à la traversée des vallées dans la descente des montagnes; à 12 kilomètres des murs il devenait aérien et était supporté, pendant 10 kilomètres, sur une série d'arches magnifiques, faites de péperin, qui forment un des plus beaux motifs de la campagne romaine : « *Opus magnificentissime consummatum* », dit Frontin. Ces arches ont une largeur de 5 mètres et demi environ; l'épaisseur à la clé en est de 1 mètre; la hauteur totale de la construction est de 27 mètres. Vespasien dut réparer cet aqueduc, ainsi que Titus, car il semble avoir été hâtivement construit. Aurélien l'engloba près de la porta Præstina sur une longueur de 300 mètres dans sa muraille, de même que l'aqueduc Marcia. Néron fit une dérivation, longue de 2 kilomètres, pour alimenter le Cælius. Les arches de l'aqueduc qu'il construisit ont 7 m. 75 d'ouverture et les piliers 16 mètres de haut. Domitien continua la dérivation jusqu'au Palatin par un siphon de 30 centimètres de diamètre. Sévère le remplaça par un aqueduc aérien de 430 mètres de long et de 43 mètres de hauteur au milieu; il en restait des débris importants au xvie siècle, ainsi que l'indiquent les gravures de ce temps et l'on en voit encore aujourd'hui quelques traces vers le milieu de la Via S. Gregorio. Il coûta, dit Pline, 12 millions.

La longueur totale de l'aqueduc était de 68 kilomètres dont 53 en souterrain; son débit de 209 000 mètres cubes.

IX. ANIO NOVUS. — Cet aqueduc fut construit en même temps que le précédent; il commençait à Subiaco comme l'Aqua Claudia et suivait longtemps le même parcours; les deux canaux sont superposés dans la partie commune. Cet aqueduc mesurait 86 kilomètres dont 73 souterrains. Son débit était de près de 300 000 mètres cubes, mais d'une eau souvent trouble malgré les bassins de décantation établis par Claude et par Néron. Trajan améliora la qualité de l'eau en y mélangeant de l'eau prise dans un des lacs qui dominent Subiaco. Dans la ville les deux eaux étaient mélangées.

X. AQUA TRAIANA. — Trajan bâtit cet aqueduc en 109 pour alimenter le Transtévère; les sources captées se trouvaient près du lac de Bracciano; la longueur de l'aqueduc était de

---

1. C'est le plus long des tunnels de ce genre.

57 kilomètres. Vitigès, roi des Ostrogoths, le coupa; Bélisaire le rétablit; Paul V le restaura également en 1611; alors fut édifiée, à l'emplacement de l'ancien *Castellum*, la fontaine connue sous le nom d'*Acqua Paolina*. Paul V dériva directement les eaux du lac Bracciano, et la quantité de l'eau distribuée à Rome s'en trouva diminuée. Débit 118 000 mètres cubes.

XI. AQUA ALEXANDRINA. — Ce fut Alexandre Sévère qui bâtit cet aqueduc en 226 pour fournir de l'eau aux thermes qu'il avait établis au Champ de Mars. Les sources qui l'alimentaient et qui alimentent actuellement l'*Acqua Felice*, sont situées au mont Falcone, près de la *Via Prænestina*, non loin du lac Régille, à 20 kilomètres de Rome. Peu de traces subsistent de cet aqueduc. Son débit était de 21 000 mètres cubes.

Les Régionnaires ou descriptions antiques de Rome par régions parlent de bien d'autres aqueducs; c'étaient peut-être des branchements de ceux-ci.

La direction du service des eaux relevait sous la République des censeurs; Auguste institua un *Curator Aquarum*, nommé à vie, charge semblable, quant à l'importance, à celle du *Curator Viarum*; Agrippa fut le premier à l'exercer; le *Curator Aquarum* avait comme auxiliaires des assesseurs faisant partie du sénat, un tribun, un procurateur, des secrétaires, des ingénieurs, des huissiers, trois esclaves et deux licteurs qui ne l'accompagnaient que lorsqu'il sortait de la ville. Il avait, en outre, sous ses ordres, des *Castellarii* chargés de garder les châteaux d'eaux, des inspecteurs des travaux, des paveurs pour réparer les voies défoncées, des poseurs de tuyaux... Son bureau s'appelait *Statio Aquarum* et devait se trouver dans le voisinage du temple de Juturne. (Voir plus loin).

Un code régissait la protection et l'utilisation des eaux; défense était faite de les détourner, de les souiller, d'empiéter soit par des plantations, soit autrement sur une bande de terrain de 30 pieds de large réservée de chaque côté de l'aqueduc, qu'il fût aérien ou souterrain; des peines sévères frappaient aussi bien les délinquants que les officiers qui ne les avaient pas signalés.

Les branchements sur la conduite principale destinés aux particuliers ou aux corporations étaient de bronze, afin qu'on ne pût les élargir et le calibre en était inscrit sur une plaque de métal. On possède les pièces d'un procès entre le *Curator Aquarum* et la corporation des foulons au sujet d'une fourniture d'eau; il dura dix-huit ans (226-244).

POPULATION

On a dit sur la population de la Rome antique au moment de sa plus grande extension de belles extravagances ; Lipsius l'évaluait à quatre millions d'âmes, Vossius à quatorze millions ! Gibbon se contentait de douze cent mille. En se basant sur l'étendue de la ville, neuf millions de mètres carrés, et sur les distributions gratuites de blé faites par le gouvernement, on arrive au chiffre de un million d'habitants pour la ville et les faubourgs et de huit cent mille pour la ville seule. Ce chiffre baissa rapidement après le IIIe siècle.

Rome ne comptait plus qu'une vingtaine de mille d'habitants au XIVe siècle, au moment où la cour pontificale s'était transportée à Avignon.

LA MALARIA

Il est certain que la *malaria*, qui faisait naguère de si grands ravages dans la campagne de Rome et dans Rome même, y sévissait aussi jadis. Le nombre des autels dédiés à la Fièvre en est la preuve. Au temps de Varron, c'est-à-dire un siècle avant notre ère, trois temples lui avaient été élevés, un sur le Palatin, un sur l'Esquilin, un dans le *Vicus Longus*, près de la *Via Nazionale*. Il y avait, en outre, des autels élevés à la déesse Mefitis et à Verminus, « *le dieu* des microbes », dit Lanciani[1]. Il y eut de même au moyen âge des églises vouées à la *Madonna della Febbre* et elles furent parmi les plus fréquentées.

Sous l'Empire et même un peu avant, la situation avait changé, grâce aux travaux d'irrigation de la campagne romaine et à la construction de nombreux égouts qui avaient asséché dans Rome même les parties marécageuses. Beaucoup de villas s'élevaient dans des régions devenues par la suite fort malsaines. Cicéron parlait de Rome comme d'une ville salubre dans une région insalubre : « *In regione pestilenti salubris*[2]. »

Il est à remarquer que, pendant la période préhistorique, des contrées longtemps inhabitables, telles que les marais pontins, Antium, Ardea, Lavinium, Ficana, étaient abondamment peuplées.

1. *Ancient Rome*, p. 52.
2. *De Rep.*, II, 6.

INCENDIES

On ne peut qu'être très étonné de la fréquence et de l'importance des incendies qui ravagèrent Rome si souvent et notamment sous les règnes de Tibère (27), de Néron (34), de Titus (80), de Commode (191) et de Carinus (283), car Rome était alors une ville, sinon toute de marbre, comme le prétendait Auguste, du moins composée en grande partie de monuments et de maisons bâtis en pierres [1]. Comment un incendie pouvait-il endommager sérieusement un édifice tel que le Panthéon ou le Colisée et ce fût pourtant le cas mainte fois? Le service d'incendie semble cependant avoir été convenablement organisé, surtout depuis Auguste : des vigiles qui faisaient le service de la police étaient chargés de remplir aussi l'office de pompiers ; sept compagnies avaient été organisées pour les quatorze régions de la ville. Il subsiste au Transtévère, près de l'église S. Crisogono, les restes de la caserne de la viie cohorte ; des graffiti curieux y ont été découverts [2]. Une enquête était toujours faite pour déterminer la responsabilité de ceux qui avaient causé un incendie ; même en cas d'imprudence involontaire, une sanction, qui allait jusqu'à la bastonnade, pouvait être infligée. Les cuisines étaient visitées ainsi que les installations de chauffage et il fallait que, dans chaque demeure, il y eût une réserve d'eau suffisante.

Les amis des sinistrés se cotisaient pour les indemniser.

1. Peut-être cependant y avait-il beaucoup de demeures en bois pour la population pauvre, même dans les quartiers riches. Londres offre ce mélange d'habitations luxueuses et de masures, de rues opulentes et de ruelles à taudis. Les étages supérieurs étaient fréquemment de bois.

2. CAETANI LOVATELLI, *Scritti Vari*, Rome, 1898, p. 190. DION, LV, 8. LANCIANI, *Ancient Rome*, p. 223.

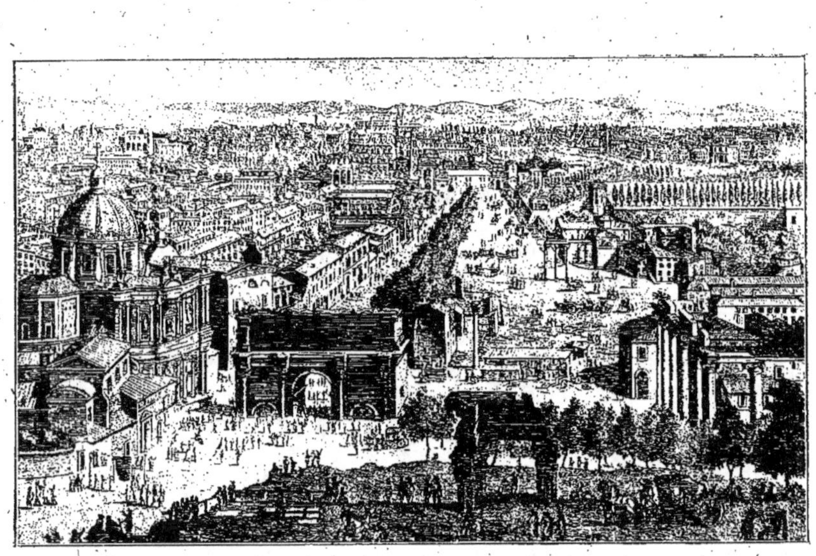

Fig. 2. — Vue perspective du Forum au xviii° siècle (Grævius, 1732).

DEUXIÈME PARTIE

MONOGRAPHIES DES MONUMENTS

LE FORUM [1]

FORUM appelé sous l'Empire ROMANUM ou MAGNUM, au
moyen âge, BOARIUM [2] ou CAMPO VACCINO [3].

Il semble probable que le nom du Forum a la même étymologie que *fores* qui signifie portes, Θύρα, en grec, et qu'il est
une forme neutre d'un adjectif *forus* (extérieur) [4]. En effet, le
Forum fut dans les premiers temps situé en dehors de la ville,
de la *Roma Quadrata* du Palatin. Deux sources y fournissaient
de l'eau aux habitants du Palatin, de même qu'à ceux des autres
bourgades avoisinantes. C'était dans ce bas-fond que l'on se
réunissait pour échanger le bétail contre des céréales et pour
traiter des affaires communes ; on y montra longtemps l'endroit
où Latins et Sabins avaient conclu un accommodement.

Des parties marécageuses occupaient une grande partie de la
vallée ; un ruisseau, le Spinon, la traversait obliquement et
allait, par le Vélabre, se jeter dans le Tibre ; on l'endigua et
on le couvrit ; il devint ainsi l'égout fameux : la *Cloaca
Maxima* [5].

> *Hoc ubi nunc fora sunt udæ tenuere paludes.*
> *Amne redundatis fossa madebat aquis* [6].

1. E. DE RUGGIERO, *Il Foro Romano*, Rome, 1913. THÉDENAT, *Le Forum
Romain*, 3ᵉ édit., Paris, 1904. G. BOISSIER, *Promenades archéologiques, Le
Forum* : intéressant surtout par les considérations générales.
2. Parce qu'on le confondait avec un forum voisin, situé près de la place
S. Maria in Cosmedin.
3. Parce que les vaches y paissaient.
4. On a également tiré le mot Forum de *Fero*, je porte.
5. Voir plus loin.
6. OVIDE, *Fastes*, liv. VI, v. 401.

« Où maintenant sont les forums, il y avait d'humides marécages. Le fleuve y refluait dans ses débordements. »

Aussi les tombes préhistoriques qu'on a retrouvées au Forum sont-elles sur le versant de l'*Oppius*, au-dessus de l'atteinte des eaux.

La légende du dévouement de Curtius se précipitant dans un gouffre pour en obtenir la disparition est un souvenir manifeste des fondrières dont le Forum devait être parsemé.

Quand il eut été asséché, le Forum devint le lieu de réunion habituel des Romains, d'autant plus que la ville s'était étendue tout autour. Les marchands d'objets de première nécessité y établirent leurs boutiques ; ce fut à l'étal d'un boucher du Forum que le père de Virginie saisit le couteau dont il la frappa. Au cours du iv⁰ siècle avant J.-C., les bouchers furent éloignés et remplacés par des orfèvres, des changeurs, des usuriers. En face des *Tabernæ Veteres* s'élevèrent les *Tabernæ novæ* ou *argentariæ*. La partie centrale fut pavée. Cette partie, l'*Area*, qui était et resta à proprement parler le Forum, comprenait l'espace qui s'étend entre le Palatin, le *Comitium* qui n'en faisait pas partie, l'arc de Septime Sévère et le temple de Vesta ; c'est dans ce lieu si restreint que, durant des siècles, les événements les plus considérables de l'histoire du monde ont été préparés ou accomplis. L'espace réservé à la foule était des plus limité ; les grands hommes d'État y élevèrent tour à tour des monuments dont nous voyons les restes ; temples, basiliques, statues, colonnes commémoratives envahissaient à ce point le Forum que force était, de temps en temps, d'envoyer ailleurs les statues et de détruire quelque édifice.

Au temps de l'Empire, des combats de gladiateurs eurent lieu dans l'area du Forum ; la foule s'entassait pour les voir sur les degrés des temples, sur les piédestaux des colonnes honorifiques ; un repas était ensuite offert au peuple en plein vent. Si l'été était trop chaud, on tendait des voiles.

Tous les métiers, même les moins avouables, s'exerçaient au Forum ; les copistes, les cordonniers, les gens d'affaires avaient chacun leurs emplacements spéciaux, de même que les faux témoins et les parasites. Les voleurs venaient y écouler le produit de leurs larcins[1]. Les oisifs promenaient leur ennui sous les portiques. Horace y venait tous les soirs[2]. Les nouvellistes se rencontraient au pied de la tribune aux harangues ; ils y discutaient des destins de l'État et y combinaient des plans straté-

---

1. Du moins si l'on suppose que ce qui se passait dans les villes corrompues de l'Italie du Sud avait lieu aussi à Rome (Satyricon).
2. *Sat.* I, vi, 113.

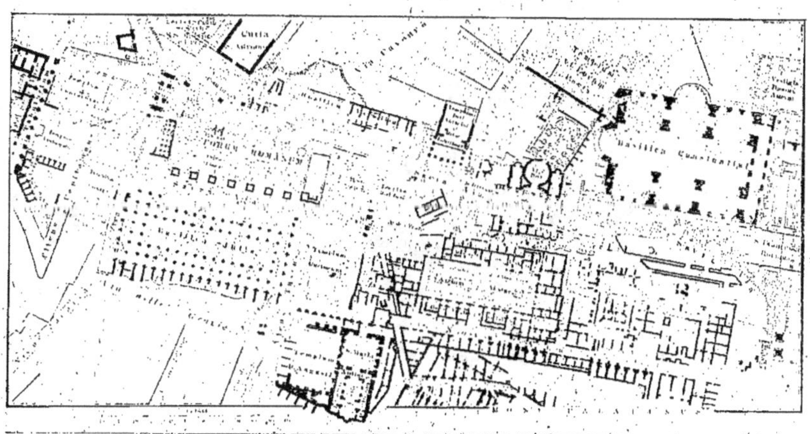

RODOCANACHI.

Fig. 3. — Le Forum Romain.
(Platner, *The Topography of Ancient Rome*).

giques ; on appelait ces discoureurs les *Subrostrani*. Les banquiers s'abritaient sous le Janus. Les fortunes s'y faisaient et s'y défaisaient. Les généraux y exposaient parfois des tableaux représentant les batailles où ils avaient triomphé ; le préteur Mancinus poussa le goût de la réclame jusqu'à se placer à côté du tableau qu'il exposait pour donner des explications aux curieux[1]. Il fut nommé consul par le peuple flatté de cet hom-

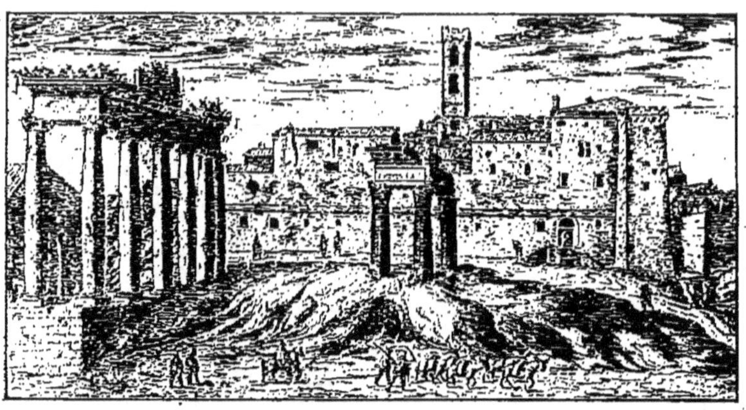

Fig. 4. — Le Forum. — Le Capitole.
Le temple de Saturne et le temple de Vespasien. — (Alo Giovannoli
fin du xvi⁰ siècle).

mage, s'en fut en Espagne où il fut honteusement battu par les habitants de Numance et n'échappa à un désastre qu'en signant une paix désastreuse.

Les procès civils se jugeaient souvent au Forum.

Tout un système de passages souterrains existe au-dessous du Forum ; la destination en demeure incertaine ; ils ont 1 m. 50 de large, 2 m. 40 de hauteur et se trouvent à 2 m. 50 au-dessous du sol antique ; ils sont en tuf, la voûte est en blocage ; le plus étendu a près de 120 mètres de longueur ; d'espace en espace se trouve un élargissement, une sorte de pièce carrée.

Encore au moyen âge, le Forum restait un lieu de réunion ; plusieurs de ses édifices étaient devenus des églises ; le temple de Romulus était devenu l'église S. S. Cosma e Damiano en 526 ; la maison du Sénat, S. Andrea en 630 ; la bibliothèque

---

1. PLINE, *Hist. Nat.*, XXXV, iv 7.

d'Auguste, S. Maria Antica peut-être dès le vɪᵉ siècle. Des processions partaient du Forum et les cortèges pontificaux le traversaient et s'y arrêtaient. Puis la vie religieuse elle-même se retira de ce champ de ruines qu'envahirent de plus en plus les terres et les plantes; les troupeaux y venaient paître; une vasque servait à abreuver les bestiaux; les gravures du xvɪɪɪᵉ siècle ne manquent pas de la représenter comme une des curiosités du Forum, elle a été transportée sur la place du Quirinal. Une longue allée d'arbres traversait la vallée. Rien n'égalait la tristesse splendide que donnait à ces lieux cet abandon.

Depuis quelque cent ans, on a dégagé les ruines du Forum que recouvrait une couche de terre épaisse de plusieurs mètres. Maintenant le Forum semble, à première vue, un chantier de tailleurs de pierres abandonné. La poésie y a perdu, mais combien mieux l'on connaît et l'on comprend cet héritage magnifique du passé!

LE TEMPLE DE SATURNE[1]

Le temple de Saturne, dont l'imposante colonnade domine le Forum, s'élève à l'emplacement d'un autel dédié à Saturne et que la tradition disait avoir été construit par les compagnons d'Hercule. Il fut dédié le 17 décembre de l'an 497 avant J.-C. et restauré sous Auguste; Dioclétien le reconstruisit après un incendie, sans doute celui de Carinus en 283, ainsi que l'atteste l'inscription qui se lit encore au fronton : « Senatus Populusque Romanus incendio consumptum restituit ».

La plate-forme, *platea* ou *podium*, sur laquelle s'élevait le temple, domine de 5 mètres le sol actuel; un portique composé de six colonnes sur le devant et de deux colonnes sur les côtés précédait le temple qui avait 22 m. 5o de large et environ 40 mètres de long; les colonnes sont d'ordre ionique, elles ont 11 mètres de hauteur et 1 m. 4o de diamètre à la base; les colonnes du front sont en granit gris, les autres en granit rouge; l'entablement est en marbre blanc; quant au soubassement, il est en blocage revêtu de péperin, excepté sous les colonnes où le péperin est remplacé par du travertin plus résistant. La proximité du *Clivus Capitolinus* qui contournait le temple et passait à environ vingt mètres du péristyle, obligea à réduire l'ampleur de l'escalier qui y donnait accès; il n'avait

1. Cette description du Forum commence par les monuments les plus proches du Capitole et se termine par ceux qui avoisinent le Colisée.

que le tiers de la largeur du temple. Le *Vicus Jugarius* longeait la face du temple tournée vers le Forum.

Ce temple servait, comme bien d'autres, de chambre de sûreté, pour y déposer les fonds de l'État et des particuliers ; des *Quæstores* ou des *Præfecti* aidés de nombreux subordonnés étaient préposés à la garde de ce trésor[1]. Le lieu où on les déposait se trouvait peut-être sous l'escalier, un petit escalier de marbre y menait ; l'entrée en est du côté du Forum, un peu en avant de la colonnade. D'autres réduits semblables, retrouvés dans les ruines du temple, avaient peut-être même destination. On conservait aussi dans le temple de Saturne certains actes de l'autorité publique, les registres des naissances, les sentences de mort, la comptabilité publique.... Les fêtes des Saturnales y commençaient.

La déesse Ops avait un autel dans le voisinage ; l'or que César laissa à sa mort, soit 700 millions de sesterces ou 175 millions de francs, y fut déposé.

LE TEMPLE DE VESPASIEN

Du temple de Vespasien il ne subsiste que trois colonnes qui, avec celles du temple voisin de Saturne, donnent à ce coin du Forum cet air de majesté et de grandeur ruinée dont on est tout d'abord frappé. Ce temple fut dédié à Vespasien et, semble-t-il, à Titus divinisés, par Domitien, fils de l'un et frère de l'autre, en l'an 94 de notre ère ; il fut restauré par Septime-Sévère et Caracalla à en croire une inscription dont les dernières lettres subsistent seules, mais que nous a conservée en son intégrité l'anonyme d'Einsiedeln dans sa description de la Rome au VIIIe siècle.

DIVO · VESPASIANO · AVGVSTO · S · P · Q · R · IMPP · CAESS · SEVERVS · ET ·
ANTONINVS · PII · FELIC · AVGG · RESTITVER [VNT]

Ce temple avait 22 mètres de large sur 33 mètres de long ; les huit colonnes d'ordre corinthien du péristyle avaient 15 mètres de haut et 1 m. 57 de diamètre à la base. Ces colonnes d'une belle exécution datent du temps de Domitien et non de la restauration. Les trois qui subsistent actuellement furent démolies, car elles menaçaient ruine, et reconstruites, en 1811, par les soins de l'architecte Valadier, qui restaura si habilement l'arc

---

1. Les *quæstores* furent dépouillés de leurs fonctions au profit des *præfecti ærarii* sous le règne d'Auguste ; il y eut de nouveau des *quæstores* au temps de Claude, mais pour peu de temps.

de Titus à l'autre extrémité du Forum. La frise est ornée de
bas-reliefs représentant les instruments nécessaires au culte,
coupes, couteaux, vases, haches, goupillons, cuillers pour verser le sang des libations ; la corniche est d'un travail achevé et
minutieux presque à l'excès. Au fond on retrouve les restes du
piédestal de la statue de l'empereur Vespasien et de celle de Titus.

Ce qui subsiste de la *Cella* est en blocs de travertin réunis
sans ciment par des crampons de fer ; le revêtement en marbre
pentélique a presque entièrement disparu. Le pavement était
en marbres orientaux de diverses couleurs.

Un fragment de la frise est conservé dans le *Tabularium*.

LE PORTIQUE DES *DII CONSENTES*

Ce portique que surplombe la *Via del Campidoglio* est un
très ancien lieu de culte. Les *Dii consentes*, qui y étaient vénérés, semblent avoir été un groupe de douze divinités, six dieux et
six déesses, formant un « sénat de dieux » ; leur culte rappelait
le culte grec des Olympiens ; on y a vu aussi une réminiscence
d'un groupe de divinités étrusques.

Le portique, qui leur fut dédié, est surtout intéressant par les
souvenirs qui s'y rattachent. Un adepte tenace des vieilles traditions païennes, Vettius Agorius Prætextatus, ennemi acharné
du pape Damase, imagina, en 367, de relever ce portique, de le
« restaurer dans son ancien état », dit l'inscription, afin de
réveiller l'amour des Romains pour leurs anciens cultes dont il
déplorait l'abandon ; il avait agi de même pour la maison des
Vestales.

Ce portique se composait de treize colonnes d'ordre ionique
en cipolin, cannelées et surmontées d'un entablement en marbre
blanc. Ces colonnes ont environ 6 mètres de haut. Neuf existent
encore. Sur l'architrave est l'inscription qui rappelle la restauration de Prætextatus. Vraisemblablement, entre les colonnes
on avait placé les statues des douze divinités.

Au-dessous de la plate-forme qui soutenait ce portique, existent
des réduits obscurs, au nombre de sept, larges de 4 mètres,
longs de 3 m. 70 et dont on ignore la destination. On a cru que
ce portique était la *Schola Xanthi* dont l'emplacement exact a été
longtemps contesté ; il est admis aujourd'hui que cet édifice se
trouvait dans le voisinage immédiat de l'arc de Tibère (celui
qui a été détruit) ; on a même cru reconnaître le pavé de marbre
d'une chambre. A vrai dire, ce ne sont là que des hypothèses,
les destructeurs du xviᵉ siècle ayant rasé ce qui subsistait de la

Schola. Elle servait de bureaux aux scribes des édiles curules ;
un affranchi du nom de A. Fabius Xanthus l'avait restaurée.

Une épaisse couche de terre recouvrait le portique jusqu'en 1834, quand il fut dégagé ; en 1858, Canina restaura la
colonnade.

LE TEMPLE DE LA CONCORDE

Le nom de ce temple était destiné à rappeler qu'au temps du
dictateur Camille, la paix fut rétablie à Rome entre le patriciat
et la plèbe. Le lieu était d'ailleurs sacré depuis longtemps ;
c'était l'*Area Volcani* ou *Volcanal*, et le culte de Vulcain s'y
perpétuait encore quand le temple fut édifié vers 360 avant J.-C.
Détruit et rebâti plusieurs fois, Tibère lui donna sous le règne
d'Auguste la forme qu'il conserva jusqu'à sa destruction. Elle
était singulière, presque unique à Rome[1], à cause de la situation
du temple. Ce temple était, en effet, plus large que profond ; il
avait 42 mètres de façade sur 23 mètres seulement de profondeur ; le péristyle n'avait que 17 mètres de large sur 12 de
profondeur[2] ; par conséquent, la *cella* le débordait de chaque
côté comme cela se voit très clairement sur une monnaie de
Tibère où le temple est représenté. Ce péristyle dans l'ancien
temple comme dans celui de Tibère pouvait contenir une foule
nombreuse ; le sénat s'y réunissait ; Cicéron prononça de là sa
quatrième Catilinaire ; il y dominait le Forum ; au iiie siècle, le
sénat y tenait encore parfois ses séances.

Le temple de la Concorde était adossé au mur du Tabularium ; le premier temple ayant été construit antérieurement au
Tabularium, la portion du mur qui se trouve derrière resta
rugueuse, n'ayant pu être polie à cause de la présence du mur du
fond du temple. On peut le constater encore à présent.

L'ornementation de ce temple était des plus soignée et fort
artistique, car elle datait de la bonne époque ; quelques morceaux d'architecture et de sculpture, en provenant, se voient au
musée du Capitole et dans le Tabularium, mais du monument
en lui-même il ne reste presque rien, tout au plus le seuil de la
grande porte formé de deux énormes plaques de marbre africain
où se distinguent les trous des pivots sur lesquels tournaient les
vantaux et l'emplacement en creux d'un caducée.

La médaille de Tibère, dont il a été parlé, montre que le

---

1. Le temple d'Auguste au pied du Palatin présente toutefois la même disposition.

2. Homo, Middleton, De Ruggiero donnent des chiffres différents.

temple était surmonté de statues dont celle du milieu symbolisait probablement la Concorde ; les deux fenêtres qu'on y voit de chaque côté de l'entrée servaient à éclairer la cella dont on avait fait une sorte de musée ; des œuvres d'art, des tableaux, des bijoux, des pierres précieuses y avaient été réunis en grand nombre.

Dans le soubassement est une chambre destinée peut-être à servir de lieu de dépôt.

LA PRISON MAMERTINE
(Carcer. — Tullianum.)

La prison Mamertine, qui ne reçut ce nom qu'au moyen âge, semble avoir été primitivement une carrière ou bien une fosse destinée à capter une source ; au fond est un puits de o m. 55 de large et de o m. 63 de profondeur où sourdit de l'eau en abondance ; la légende chrétienne raconte que saint Pierre la fit jaillir pour baptiser ses gardiens qu'il avait convertis.

Cette fosse a la forme des nombreux silos creusés dans le sol romain soit au pied du Capitole du côté du Vélabre, soit sur le mont Palatin, soit ailleurs. La présence de la source, *tullius* en langue archaïque, lui fit donner le nom de *Tullianum*, d'où vint plus tard la croyance que cet ouvrage était l'œuvre du roi Servius Tullius. Quelques archéologues ont supposé aussi, en se basant sur la structure en encorbellement de cette fosse qui rappelle les tombes mycéniennes, qu'elle avait servi de sépulture royale ; la partie supérieure aurait été détruite.

Il est certain, en tout cas, que ce monument est d'origine très antique ; on en fit de bonne heure une prison, le *Carcer*, la seule prison qu'il y eut à Rome, car c'était l'heureux temps où, comme dit Juvénal, « Rome vivait satisfaite d'une seule prison[1] ». Elle a 5 mètres de diamètre à la base et 2 mètres de hauteur ; les parois sont en péperin ; un égout permettait l'écoulement des eaux dans la Cloaca Maxima ; au plafond, une ouverture de o m. 60 de diamètre servait à descendre les prisonniers ou plutôt les condamnés, car on n'en ressortait jamais. Une partie de cette prison est creusée dans le roc. Au-dessus est une autre pièce qui ne correspond pas exactement à la prison du dessous ; elle a la forme d'un quadrilatère irrégulier de 5 mètres. — 4 m. 95 — 4 m. 90 — 3 m. 60 de côté ; la hauteur en est de 5 mètres ; l'ouverture de la prison inférieure ne

---

1. Juvénal, *Sat.*, III, 312.

se trouve pas au centre. La construction est d'une époque plus récente que le *Carcer*.

Un des côtés de la façade de l'édifice donne sur la *Via di Marforio*, anciennement le *Clivus Argentarius* ; cette partie date d'une restauration exécutée sous Tibère ainsi que l'atteste l'inscription qui s'y lit :

G(AIVS) · VIBIVS · C(AII) · F(ILIVS) · RVFINVS · M(ARCVS) · COCCEIV[S · NERVA] · COSS · EX · S(ENATVS) · C (ONSVLTO)

Or ces deux consuls étaient en fonctions en l'année 22 de notre ère.

Au-dessus de la prison une église fut élevée en 1539, S. Pietro in Carcere, à la place d'un oratoire datant d'une très haute antiquité[1]. Tout à côté est une autre église, S. Giuseppe de' Falegnami, construite par les menuisiers, comme S. Pietro, en souvenir du miracle de saint Pierre.

La prison dite Mamertine était un lieu d'abomination. Salluste en a donné une description fameuse. « Dans le carcer, dit-il, est un lieu nommé tullianum ; on le trouve en descendant un peu à gauche, à environ douze pieds de profondeur. Il est partout entouré de murailles et couvert d'une voûte cintrée, formée de grosses pierres. La saleté, les ténèbres, l'infection, en rendent l'aspect hideux et terrible. »

C'est là que Cicéron fit exécuter les complices de Catilina. Plutarque raconte ainsi cette scène : « Aussitôt après la séance du Sénat qui donnait à Cicéron pleins pouvoirs, le consul alla chercher les conjurés que l'on gardait dans diverses maisons de la ville, chez les préteurs. D'abord, il ramena du Palatin Lentulus, par la voie Sacrée et le milieu du Forum ; les premiers citoyens de la ville l'escortaient, parmi une foule silencieuse, frappée d'horreur, où les jeunes gens surtout se montraient hostiles à une exécution, qu'ils regardaient comme une vengeance de l'aristocratie. Arrivé au carcer, Cicéron livra Lentulus au bourreau qui le fit descendre au tullianum et l'étrangla. Puis ce fut le tour des autres. Alors Cicéron s'aperçut que les complices des conjurés se groupaient sur le Forum et attendaient le soir pour délivrer leurs amis, qu'ils croyaient encore vivants, et il leur cria d'une voix forte : « Vixerunt ». Le soir venu, il traversa de nouveau le Forum pour rentrer chez lui ; la foule n'était plus silencieuse et il n'avait plus besoin d'escorte : partout où il passait, on l'accueillait avec des clameurs et des applau-

---

1. La légende de saint Pierre semble avoir existé dès le vie siècle.

dissements, on l'appelait sauveur et père de l'État. Les rues étaient illuminées, et même les femmes se penchaient, du haut des maisons, pour considérer les hommes illustres qui faisaient cortège au consul. »

Quand le roi Jugurtha y fut conduit pour y périr de faim, il s'écria : « Romains, que vos étuves sont froides ! » C'est là aussi que Vercingétorix fut étranglé après avoir figuré au triomphe de César et qu'antérieurement avait péri Pleminius ; généralement, dans les triomphes, le cortège passait près de la prison, s'arrêtait et, sur un signe du triomphateur, les captifs illustres qu'il traînait à sa suite, étaient conduits au tullianum et exécutés, puis le cortège reprenait sa marche.

Autour du *Carcer* ont été découverts des réduits taillés dans le tuf et qui étaient autant de prisons, semble-t-il.

Varron[1] rapporte qu'un quartier de Rome, sans doute voisin du Tullianum, portait le nom de *Latomiæ* ou *Lautumiæ*, qui rappelle les Latomies de Syracuse, peut-être parce que c'étaient, comme à Syracuse, d'anciennes carrières.

LES GÉMONIES
(Scalæ Gemoniæ)

Tout à côté du *Carcer* étaient les degrés appelée *Scalæ Gemoniæ* ou *Gradus Gemitorii*, « des gémissements » ; il n'en reste plus rien, si ce n'est un souvenir dont notre langue a conservé la trace. Ces degrés menaient au Forum. Comme ils passaient près de la prison Mamertine, on y jetait les cadavres des suppliciés ou les victimes qui étaient livrés à la fureur populaire. Des personnes illustres y périrent ; Séjan, le ministre de Tibère, et toute sa famille, Sabinus, ami de Germanicus, l'empereur Vitellius et bien d'autres moins fameux.

LA CURIE
(Curia Hostilia — Curia Julia)

L'église S. Adriano, de même que l'église S. Martina, situées au nord du Forum, près de l'arc de Septime-Sévère, occupent l'emplacement et sont en partie formées des débris de la Curie.

En ce lieu étaient, aux premiers temps de Rome, un bois et une source[2] à laquelle, dit la légende, Tarpeia venait puiser de

1. *Ling. Lat.*, v, 151.
2. Pour la source, il est sûr qu'elle se trouvait non loin du Capitole, mais on ne peut en déterminer exactement l'emplacement.

l'eau le jour où elle vit pour la première fois Tatius, roi de
Cures, chez les Sabins, lequel, dit la légende, la séduisit et profita de sa trahison pour pénétrer dans le Capitole. Les sénateurs
se réunissaient en ce lieu en plein air, vêtus de peaux de mou-
ton; le roi Tullus Hostilius construisit un édifice en bois pour
les abriter; un escalier conduisait au Forum; comme il avait été
établi que le sénat ne pouvait délibérer que dans un temple, ce
lieu fut consacré; c'était un *Templum inauguratum*. L'hiver on
y gelait; Cicéron écrit à son frère, le 6 janvier de l'an 62 av.
J.-C., que le président a dû lever la séance à cause du froid et
que les sénateurs sont partis au milieu des quolibets de la foule.

Fig. 5. — La Curie. — L'Arc de Septime-Sévère vu de côté.
(Alo Giovannoli fin du xvi⁰ siècle).

Sylla restaura et agrandit la Curie devenue trop étroite par suite
du nombre croissant des sénateurs; Cicéron regrettait l'ancienne
Curie[1]. Les partisans de Clodius y mirent le feu en y brûlant
son cadavre sur un bûcher fait avec les archives et le mobilier[2];
le fils de Sylla, puis le triumvir Lépide entreprirent de rebâtir
la Curie, mais ce fut César qui la rétablit, sans toutefois l'achever; il était réservé à Auguste d'en faire la dédicace en l'année
29 av. J.-C., celle qui vit son triple triomphe et le temple de
Janus fermé « *Pace terra marique parta* ». D'aucuns pensent que
le nouveau monument occupa à peu près l'emplacement de l'an-

1. *De Finibus*, v, 1.
2. Les sénateurs prenaient place sur des banquettes de bois mobiles.

cien, mais il est possible que l'orientation de la Curie Julia n'ait pas été la même que celle de la Curie Hostilia et que l'édifice nouveau ait couvert un plus grand espace du Comitium, où le peuple ne se réunissait plus.

La Curie mesurait 25 mètres sur 17 mètres environ; le Secretarium et le Chalcidicum qui semble avoir reçu depuis Domitien le nom d'Atrium Minervæ se trouvaient entre S. Martina et S. Adriano. Le Secretarium avait 18 mètres sur 9 mètres et se terminait par une abside; le bâtiment entier avec ses annexes avait 51 mètres sur 27 mètres; la *Via Bonella* percée par le cardinal Bonelli sous le pontificat de Sixte V, le traverse actuellement. Les murs de la Curie étaient garnis d'un revêtement de marbre; le cardinal du Bellay le fit enlever en 1550. Le monument conservait encore alors quelque chose de son aspect primitif, ainsi que le montre la gravure de Giovannoli. La salle des séances contenait des œuvres d'art et des curiosités, des tableaux dont un de Nicias, la chaise curule de César, une statue de la Victoire.

Les portes de bronze de la Curie furent données par le pape Alexandre VII à l'église du Latran, mais comme elles étaient trop petites, ne mesurant que $5^m,70$ sur $3^m,50$, Borromini ajouta une bande de métal sur laquelle se voient les armes des Chigi. Les deux colonnes de porphyre qui ornent le maître autel se trouvaient jadis à l'extérieur de la Curie, de chaque côté de la porte de bronze.

Comme tant d'autres monuments de Rome, celui-ci fut à plusieurs reprises détruit par un incendie; Domitien le répara une première fois, Dioclétien une seconde fois. La salle des séances du sénat devint au temps du pape Honorius, au vi° siècle, l'église S. Adriano[1]; une partie du *Secretarium*[2] devint vers le même temps l'église S. Martina.

Encore au xii° siècle, les sénateurs romains rendaient parfois la justice dans l'église S. Martina[3].

1. Elle existe encore; une gravure de Ligorio montre l'escalier en spirale qui, à gauche de la façade, conduisait à la partie supérieure.

2. Une inscription, datant de l'année 412 et retrouvée dans l'église S. Martina au xvi° siècle, apprend que le *Secretarium* était alors un lieu secret où se rendait la justice, car à cette époque le public n'avait plus accès dans les tribunaux.

3. Sur le « sénat » de Rome au moyen âge, voir notre ouvrage *Les Institutions communales de Rome sous la papauté*. Paris, 1901.

LE COMITIUM

Entre la Curie et le Forum s'étendait le Comitium (*cum ire?*), c'est-à-dire le lieu de réunion et de délibération du peuple; des degrés de la Curie les sénateurs venaient annoncer leurs résolutions aux Romains assemblés en ce lieu et il arrivait parfois, lorsque le peuple ne les approuvait pas, que des pugilats avaient lieu entre les Pères Conscrits et les plébéiens. C'était là que les envoyés étrangers étaient reçus par les consuls, que les *Triumviri capitales* rendaient la justice et faisaient exécuter leurs sentences et que nombre d'affaires importantes étaient traitées. On y donnait des banquets et l'on y célébrait des jeux.

Une épaisseur de 9 mètres de terre couvrait le *Comitium* quand on en entreprit le déblaiement; en creusant plus profondément, on a retrouvé des pavements de plus en plus anciens séparés par des couches de déblais de toute sorte, débris de poterie, fragments architecturaux, briques provenant d'anciens monuments. Vingt et un puits ont été découverts sous le pavé du Comitium; ils sont petits, rectangulaires, pentagonaux ou circulaires, creusés dans des blocs de tuf et remplis de morceaux d'os, de fragments de poteries, ce qui a donné à croire qu'il s'agissait de puits rituels; cependant bien des archéologues sont d'avis qu'il s'agit simplement de drainage.

Le 24 février, c'était la coutume que le *Rex Sacrorum* fît un sacrifice sur le Comitium et s'enfuît aussitôt. Cette cérémonie s'appelait le *Regifugium*. Elle rappelle une cérémonie analogue qui avait lieu à Athènes, à l'Acropole, les *Bouphonia*. L'origine en remonte peut-être à l'époque où chaque année le sacrificateur mettait à mort une victime humaine ou bien le *totem* de la tribu. La hache qui avait servi au sacrifice, était jugée et condamnée.

D'après Pline (VII, 4, 1), les jours de soleil, un des serviteurs des consuls annonçait de la Curie au peuple assemblé dans le Comitium l'heure de midi, *meridiem*, quand le soleil passait entre les Rostres et l'édifice appelé Græcostasis (aujourd'hui entièrement disparu), et l'heure du soir, *horam supremam*, quand le soleil se trouvait entre la colonne Mænia et la Prison Mamertine.

Ce ne fut qu'en l'an 263 avant notre ère que l'on vit à Rome un cadran solaire que le consul Valerius Messala avait apporté de Messine, mais comme les Romains, peu experts en astronomie, avaient négligé de modifier le gnomon, ce cadran ne marquait que des heures de fantaisie. Le censeur Publius Scipio Nasica établit la première clepsydre en 159 dans la basilique Æmilia. Jusque-là on ne pouvait savoir l'heure les jours où le ciel était couvert.

Le *Ficus Ruminalis*, le figuier au pied duquel on pensait que Romulus et son frère Remus avaient été trouvés, fut transporté par un miracle de la berge du Tibre au *Comitium*. A son ombre on plaça, en 296 av. J.-C., la louve de bronze qu'on voit si fréquemment représentée sur les médailles romaines et qui est peut-être celle qui figure au musée des Conservateurs[1].

Auguste fit exposer au Comitium un serpent qui avait, raconte-t-on, 50 coudées !

LA PIERRE NOIRE
(Lapis Niger).

A 29 mètres de la Curie et à 19 mètres de l'Arc de Sévère, se trouve un pavement composé de dalles en marbre noir qui a été découvert par le Comm^r. Boni, en janvier 1899. Il a 4 mètres sur 3 mètres, son épaisseur étant de 0^m,25 environ; il porte des traces évidentes d'incendie; une des dalles a été remplacée par une dalle de marbre blanc. Ce dallage est de l'époque de Dioclétien ou de Maxence. Au-dessous, à 1^m,40 de profondeur environ, on a découvert des pierres et des bases dont l'identification n'a pu être établie avec certitude; évidemment nous sommes ici en présence d'un sanctuaire très ancien et très vénéré; le respect dont il semble avoir été entouré était dû peut-être à la présence d'une stèle qui est, d'ailleurs, l'objet le plus curieux et fait l'intérêt de ce lieu. C'est la fameuse pierre sur laquelle est gravée une inscription en caractères archaïques qui n'a pu être déchiffrée; cette stèle a été rompue au tiers de sa hauteur, à ce qu'il semble; elle a, à la base, 47 sur 51 centimètres; elle est haute de 45 à 61 centimètres; l'inscription est boustrophédon, c'est-à-dire qu'elle se lit alternativement de gauche à droite et de droite à gauche, suivant le mouvement des bœufs qui labourent un champ. A peu de distance de cette pierre sont deux bases qui soutenaient peut-être, si l'on interprète bien les auteurs anciens, deux lions; ces bases ont 2^m,66 de long sur 1^m,30 de large, et l'espace compris entre elles est de 1^m,10; elles sont réunies à l'une de leurs extrémités par une pierre transversale de 0^m,46 de large. Entre elles est un dé en tuf de 0^m,52 sur

---

1. Cette louve est une œuvre ionique qui date peut-être du vi^e siècle; il n'est donc pas impossible qu'elle remonte au temps des rois.

0^m,70, haut de 0^m, 29. Derrière est une plate-forme de 3^m,50 sur 1^m,60 qui ne porte aucune trace de superstructure.

Les anciens pensaient qu'en ce lieu se trouvait la sépulture soit de Romulus, soit de Faustulus, le berger qui prit soin des jumeaux, soit de Hostus Hostilius ancêtre du roi Tullus Hostilius.

Il semble probable qu'il faut étudier séparément les deux bases parallèles et l'inscription. L'inscription est sûrement très archaïque. M. Pais a tenté sans grand succès de la dater d'une époque voisine du IVe siècle, on admet assez communément qu'elle peut être du temps des Rois, c'est-à-dire du VIe siècle. Les deux bases parallèles, entre lesquelles il existait peut-être une fosse où coulait le sang des victimes, ne sauraient remonter, d'après l'étude stratigraphique, qu'à l'époque de la République. Enfin il n'est pas certain que la stèle inscrite soit à sa place primitive; il est possible qu'on l'ait anciennement transportée d'un autre emplacement.

L'ARC DE SEPTIME-SÉVÈRE

L'arc de Septime-Sévère se trouve au pied du Capitole. Dégagé des terres qui s'étaient amoncelées tout autour, il domine le Forum; dans l'antiquité, les cortèges passaient, à ce qu'il semble, non pas dessous, mais à côté. Cet arc fut érigé en l'an 203 en l'honneur de Septime-Sévère et de ses deux fils Caracalla et Geta. Caracalla ayant fait assassiner son frère, l'année même de leur avènement (212), ordonna qu'on martelât son nom sur l'inscription qui se lit encore au-dessus des arches, sur toute l'étendue de la frise, de chaque côté du monument; on y remplaça les mots :

ET · P · SEPTIMIO · GETAE · NOB(ILISSIMO) · CAESARI

par ceux-ci :

P · P · OPTIMIS · FORTISSIMISQVE · PRINCIPIBVS

La base de l'arc de Septime-Sévère est construite en blocs de travertin plaqués de marbre et la partie supérieure en marbre pentélique massif; il est formé de trois arches; celle du centre est large de 7 mètres, haute de 12 mètres ; les arches latérales sont larges de 3 mètres et hautes de 7 m. 80; elles communiquent entre elles par deux passages voûtés. La hauteur totale du monument est de 23 mètres, sa longueur de 25 mètres, sa largeur de 11 mètres.

Cet arc ayant été élevé en commémoration des victoires de l'empereur et de ses fils sur les Parthes, les Arabes et autres barbares, les bas-reliefs qu'on y sculpta et qui sont d'ailleurs d'une facture médiocre, rappellent ces triomphes.

Les grands bas-reliefs placés au-dessus des portes latérales ont 4 m. 90 de long, 3 m. 95 de haut.

Face tournée vers le Capitole :

Au-dessus de l'arche latérale de droite : siège d'une ville, peut-être Hatra; un bélier bat la muraille et y a fait une brèche, les assiégés s'efforcent de la réparer. Entrée des troupes victorieuses à Babylone (199). Au-dessous, une petite bande haute de 0 m. 70 dans laquelle est représentée la personnification de Rome couronnée d'une tiare et recevant l'hommage des nations vaincues; de nombreux chars tirés par des bœufs et des chevaux amènent le butin. Cette frise se trouve reproduite au-dessous des trois autres bas-reliefs. Les tympans de cette arche comme ceux de l'autre arche sont décorés par des figures représentant les fleuves qui arrosent les pays conquis, le Tigre et l'Euphrate. Les tympans de la grande arche sont ornés de victoires ailées, portant un trophée coiffé du bonnet phrygien; au-dessous de chaque Victoire est un personnage représentant une des quatre saisons et ayant les attributs de cette saison, une corbeille de fleurs pour le printemps, de fruits pour l'été, de raisins pour l'automne; la figure symbolisant l'hiver est en mauvais état (Côté gauche). A la clé de voûte, le dieu Mars. Au-dessus de l'arche latérale de gauche : La défaite du roi Artaban (201-202), le passage du Tigre et de l'Euphrate, la prise de Séleucie et de Ctésiphon.

Face tournée vers le Forum.

Au-dessus de l'arche latérale de gauche : En haut, l'Empereur Septime-Sévère harangue son armée au début de la campagne, il délivre son lieutenant Lætus assiégé dans Nisibe, plus bas, il marche contre les Osroéniens, il prend la ville de Carrhæ (197). Cette sculpture est en assez mauvais état de conservation. Au-dessus de l'arche latérale de droite : Soumission d'Abgar IX, roi d'Osroène ou de Vologèse, roi d'Arménie (198); siège d'une ville, conseil de guerre[1].

Sur les piédestaux des colonnes se voient des barbares prisonniers, de grandeur naturelle, conduits enchaînés par des

1. Bien entendu ces déterminations ne sont que conjecturales, car l'état des sculptures et leur style ne permettent pas d'établir des certitudes.

soldats romains. Les colonnes ont 8 mètres de hauteur et leur diamètre à la base est de o m. 80 ; elles sont en marbre précieux. L'architrave mesure 2 m. 10 de hauteur, la frise, 5 m. 60. Des ornements de bronze décoraient les chapiteaux et la frise.

Jadis, d'après les médailles, un groupe de bronze était posé sur le faîte du monument ; il représentait l'empereur debout dans un char à huit chevaux ; de chaque côté étaient des trophées ; aux extrémités, des cavaliers.

Jusqu'au xe ou au xie siècle, l'arc continua à servir de lieu de passage ; dans l'*Ordo Romanus* il est prescrit que le pape doit le traverser en se rendant le lundi de Pâques du Vatican au Latran[1]. Mais bientôt l'arc se trouva encombré de constructions ; d'un côté — du côté nord — s'élevait l'église des Santi Sergio e Bacco, dont on établit le campanile sur le sommet de l'arc ; on le voit très nettement représenté dans les gravures du xvie siècle ; de l'autre côté était une habitation ayant appartenu à un certain Cimini et que ses héritiers possédaient au temps d'Innocent III, en 1199. Plus tard l'arc devint, ce semble, un lieu fortifié, mais pour peu de temps. Il se trouvait sur le passage de toutes les grandes pompes romaines, des processions comme des cortèges pontificaux ; on voit encore, dans la paroi latérale qui fait face au midi, des trous qui servaient à établir une tribune réservée aux magistrats du Peuple romain lors de la grande procession du 15 août ; elle n'était pas fixe ; on la démolissait après chaque cérémonie[2]. Au xvie siècle, Léon X fit dégager l'arc. D'autre part, le Conseil communal, ou plutôt les magistrats capitolins, qui ne formaient encore que l'embryon d'un corps municipal, consacrèrent, en 1469, une somme de 15 florins à la restauration de l'arc et de plusieurs autres monuments, une colonne située près des thermes de Dioclétien et le « cheval de Praxitèle », qui n'était autre que l'un des groupes de chevaux du Quirinal[3].

En 1520, le Conseil, alors constitué, autorisa le sénateur Squarcialupi à opérer des excavations autour de l'arc pour y chercher des blocs de marbre en vue de la construction d'une loggia au Capitole ; mais, comme on n'était pas sans quelque méfiance sur la façon dont les fouilles seraient conduites, une commission de huit à dix membres fut chargée de les suivre[4].

Lorsque, seize ans plus tard, en 1536, le pape Paul III reçut Charles-Quint, il voulut qu'il vît l'arc de Septime-Sévère dans son ensemble et, de même qu'il avait fait démolir sans hésita-

1. Mabillon, *Mus. Italic.*, II, 143.
2. Cancellieri, *Storia de' solenni Possessi*, Rome, 1802, p. 98, n. 2.
3. *Archiv. di Stato, Roma, Maud. Camer.*, 1469-70, fol. 165.
4. *Archiv. Stor. Not. Capit.*, Cred. I, vol. XXXVI, fol. 83.

tion pour lui ouvrir un passage grandiose; nombre d'églises et
des centaines de maisons, il ordonna la destruction de la petite
église Santi Sergio e Bacco; toutefois, le campanile subsista; il
ne fut démoli qu'en 1636, quand le Conseil communal, dans sa
séance du 9 septembre, décida qu'on le supprimerait, non pas
qu'il obéît à un sentiment d'esthétique, mais parce qu'on avait
besoin de matériaux pour restaurer ou agrandir l'église voisine
de Santa Martina[1]. Cependant le Conseil tenait l'arc en grande
vénération; en 1604, il rétribuait, pour veiller à sa conservation,
non moins de cinq gardiens, lesquels recevaient lors des
vacances du Saint-Siège, 15 écus et demi chacun, plus 4 mètres
de soie florentine à 7 écus et demi les 2 mètres. Le Conseil s'occupait aussi de dégager la base de l'arc, mais les terres qui
descendaient de la colline du Capitole venaient sans cesse l'ensevelir de nouveau; en 1563, où avait déjà tenté d'en déblayer
les alentours; en 1621, le Conseil décida, dans sa séance du
6 avril, de recommencer la même opération, tout au moins pour
« la petite voûte de l'arc[2] ». Ce fut sans un succès plus durable;
toutes les gravures du XVIIe et du XVIIIe siècle montrent l'arc à
demi enseveli[3]; on distingue très nettement encore aujourd'hui
sur les parois intérieures des voûtes une ligne légèrement incli-
née qui indique la hauteur du sol à cette époque[4]; ce ne fut
qu'en 1803 qu'un déblaiement complet put être entrepris; pour
en assurer l'efficacité, un mur fut alors construit autour de
l'édifice, lequel n'a été démoli qu'au milieu du XIXe siècle.

A la vérité, il n'était pas prudent de rendre l'arc trop accessible; aussitôt dégagées, ses voûtes devenaient un refuge pour
quantité de petits marchands qui s'y établissaient pour vendre des
fruits, des gâteaux, des échaudés et des chaudrons, tant qu'enfin,
en 1714, le Conseil communal finit par s'apercevoir qu'il était
quelque peu choquant de laisser ainsi profaner un édifice que
« les étrangers venaient en grand nombre visiter journellement[5] ».

Le 24 mars, il fut décidé que le fiscal irait signifier à ces
intrus leur expulsion; mais, comme ils ne tinrent nul compte

---

1. LANCIANI, *Bull. Arch. Com.*, Rome, 1901, fasc. I., p. 29. Les créneaux
existaient encore en 1615.

2. *Archiv. Capit.*, Cred. I, vol. XXXVI, fol. 255.

3. « On voit ensuite un arc qui a dû être beau, mais que le feu a ruiné et
dont les restes sont presque ensevelis dans la terre, dit Rogissart en 1706; on
ne laisse pourtant pas d'y voir encore quelques trophées et quelques autres
sculptures. » *Les Délices de l'Italie*, Leyde, 1706, vol. III, p. 374.

4. On montre, très haut, dans la courbure de la grande voûte, à gauche en
allant du Forum vers le Capitole, une plaque blanche qu'on dit être la trace
d'une petite affiche placée là à l'époque napoléonienne, alors qu'elle se trouvait à portée du regard par suite de l'exhaussement du sol.

5. *Arch. Stor. Capit.*, Cred. I, vol. XLIV fol. 12.

dè cet ordre, une nouvelle délibération fut prise, le 14 avril, décidant que, s'ils n'obéissaient pas, ils seraient tous mis en prison. On ferma alors les voûtes avec des planches. Le 3o septembre de la même année, une somme de 175 écus était votée pour la restauration de l'arc et la réparation des fissures « qui laissaient l'eau pénétrer jusqu'à sa base[1] ».

Si l'arc avait été débarrassé des miséreux qui en encombraient le bas, le fiscal en personne s'était approprié les salles qui se trouvaient dans la partie supérieure au-dessus des petites arches; on y avait accès par un escalier dont la porte se voit à quelques mètres au-dessus du sol, sur la face méridionale; un autre personnage s'était installé dans la grande salle centrale. On l'expulsa non sans certains égards, car on lui accorda un délai d'un an (août 1748). Après quoi la clé de l'escalier fut remise solennellement au premier des conservateurs qui était alors le marquis Costaguti.

Au commencement de l'année 1755, divers travaux de consolidation furent entrepris; on plaça des cercles de fer autour d'une des colonnes, on refit des scellements, on boucha des fissures.

Le fiscal continuait à occuper la partie supérieure de l'arc; il l'avait même transformée en logement garni et y louait un appartement moyennant 8 paoli par mois. En 1748, le Conseil ayant décidé de mettre fin à cette occupation, le fiscal, Bernardino Fiacci, demanda un délai d'un mois en faveur de ses locataires. Il ne semble pas, au surplus, qu'on ait tenu la main à l'exécution de cette décision, car, en 1805, le Conseil prit une résolution invitant le fiscal en exercice à renoncer à cet avantage et lui attribua en compensation une indemnité.

L'abbé Uggeri écrivait, en 1814[2], qu'il existait encore sous les deux petits arcs des boutiques de comestibles et d'ustensiles de terre cuite; la voûte d'une de ces deux arches avait été noircie et même calcinée par le feu, un incendie ayant eu lieu peu auparavant. Uggeri attribue les traces de feu visibles un peu partout, tant sur l'arc de Septime-Sévère que sur celui de Constantin, à des accidents de ce genre, car, dit-il, les maisons qu'on y accolait étaient en bois.

En 1803, « à l'applaudissement de l'Europe savante », le pape Pie VII avait fait dégager et entourer d'un mur de protection et d'isolement l'arc de Septime-Sévère[3].

---

1. *Archiv. Stor. Capit.*, Cred. VI, vol. XIV, fol. 242.
2. *Supplément aux Journées pittoresques*, part. I, p. 46, n. *a*.
3. NIBBY, *Roma antica*, vol. I, p. 484. Une inscription rappela ce travail. Une partie de ce mur de protection disparut en 1831 lorsqu'on rétablit la communication entre l'arc et les édifices capitolins.

A partir de 1815, des forçats furent employés à arracher les arbustes et les plantes qui envahissaient l'arc ; en même temps, le Conseil faisait élever le mur d'enceinte, de crainte que les gamins ne le franchissent pour détériorer les bas-reliefs inférieurs.

C'était au pied de l'arc de Septime-Sévère que la communauté juive vint, à partir de 1590, rendre hommage aux papes nouvellement élus, lors de leur « prise de possession » ; le chef de la juiverie, généralement le rabbin, présentait au Souverain Pontife une Bible, que celui-ci prenait et parfois laissait ensuite choir sur le sol en disant qu'il approuvait la Loi, mais blâmait l'interprétation qu'en donnaient les Juifs[1]. L'arc était, à cette occasion, tendu de draperies et couvert d'inscriptions louangeuses à l'égard du nouveau pape ; en 1655, lors du couronnement d'Alexandre VII, il fut compté 267,12 écus à Giovanni Piccioli, « écrivain de belles lettres », c'est-à-dire de lettres bien peintes, pour les inscriptions qu'il avait tracées ; en 1667, pour le sacre de Clément IX, le sénateur paya 10 écus seulement au décorateur Lorenzo Carpanti qui avait placé des tentures : encore ce prix comprenait-il la décoration de l'arc de Titus[2] !

LES ROSTRES — LA TRIBUNE AUX HARANGUES
(Rostra).

Les rostres primitifs, *rostra vetera*, se trouvaient aux confins du Comitium et du Forum ; les orateurs se tournaient, à une époque ancienne, vers le Comitium, plus tard vers le Forum. La Curie les surveillait, dit Cicéron. C'était un lieu « inauguré », un *templum* ; il faut entendre par là que les Rostra faisaient partie de l'enceinte du Comitium, qui était un vaste *templum*, un quadrilatère soigneusement orienté, comme M. Hülsen l'a prouvé. De ces rostres, les visiteurs du Forum auront peine à retrouver la trace. Si toutefois on étudie soigneusement les ruines qui ont été récemment dégagées entre la pierre noire et la vasque qui se trouve sur le Comitium, devant la curie, on reconnaîtra des substructions en hémicycle, bordées par une rigole, qui marquent sans doute l'emplacement des *rostra vetera* ; la pierre noire devait se trouver à l'une des cornes de ces rostres.

Le déplacement des rostres fut projeté et probablement réalisé par César. Les *rostra nova* sont connus : par les substructions

---

1. Cancellieri, *Storia de' solenni Possessi*, Rome, 1802, p. 141, 167, 176, 205, 261, 281.
2. *Archiv. Stor. Capit.*, Cred. VI, vol. I, fol. 275 ; vol. III, fol. 367.

imposantes qui sont conservées entre l'arc de Sévère et le temple de Saturne[1], par la représentation qui nous en est donnée sur un bas-relief de l'arc de Constantin. La tête de Cicéron fut pendue à ces rostres ; il avait prononcé tous ses discours, à l'exception des Philippiques, du haut des *rostra vetera*. C'est devant ces rostres que fut exposé le corps de César. C'est là qu'Antoine prononça la harangue fameuse demandant la punition des coupables. On n'y entendit plus ensuite les retentissantes polémiques d'autrefois : « *Divus Augustus eloquentiam sicut cetera placavit.* — « Le divin Auguste apaisa l'éloquence comme le reste », dit Tacite ; en fait, il supprima l'éloquence politique comme les libertés publiques.

Les nouveaux Rostres dominent de 3 mètres le sol du Forum ; la longueur en est de 10 mètres ; la partie frontale et les côtés sont de tuf, en *opus quadratum*, et étaient revêtus de plaques de marbre ; la partie postérieure construite en blocage est cintrée en dedans ; c'est par là qu'on montait à la tribune par des degrés.

D'après les uns, l'hémicycle est proprement la tribune de César, la partie rectangulaire qui forme maintenant la façade ayant été ajoutée bien plus tard, peut-être par Trajan ; d'autres, au contraire, soutiennent que la partie rectangulaire est la plus ancienne, mais qu'elle fut grandement modifiée lors de la construction de l'arc de Septime Sévère dont elle occupait en partie l'emplacement. On distingue, dans le mur faisant face au Forum, les traces des crampons qui fixaient les éperons en bronze, les rostres des navires capturés à Antium ; ces rostres étaient disposés sur deux rangées, l'une de vingt, l'autre de dix-neuf, l'espace entre chaque rostre étant de 0 m. 60 ; les trous des crampons qui les retenaient ont 6 centimètres de diamètre.

Les côtés de la tribune et la face principale étaient garnis de pilastres en bronze doré et d'une corniche également en bronze doré. Une balustrade entourait l'estrade, excepté au milieu où un espace était laissé vide pour l'orateur[2]. De nombreuses statues ornaient soit la balustrade, soit la plate forme ; on a retrouvé les bases de celles de César, Lépide, Stilicon ; le nombre de celles qu'on y dressait était si grand que, de temps en temps, il fallait en transporter quelques-unes ailleurs.

Au nord de la tribune avait été construit un monument cylindrique en briques, de 4 mètres de diamètre à la base, représentant le centre de la ville et de l'Empire, *Umbilicus Romae* ; il

---

1. On n'oubliera pas que le mur de front a été en grande partie restauré par M. Boni.

2. D'après les bas-reliefs de l'arc de Constantin.

semblé dater du IIIe siècle. A l'autre extrémité, Auguste avait élevé en 29 av. J.-C. le *Milliarium Aureum*, colonne recouverte de bronze doré sur laquelle étaient gravés les noms des diverses villes de l'Empire et leur distance; la liste en avait été dressée par ordre d'Auguste en commémoration de la mesure de la terre, *Mensuratio totius Orbis*, que lui et Agrippa avaient poursuivie activement pendant des années.

Cette colonne a été déterrée en 1835 en même temps que son socle de marbre. Les deux fragments cylindriques qui furent alors mis au jour se voient actuellement devant le temple de Saturne.

Tout près aussi était la *Columna Rostrata* ou de Duilius, colonne de marbre rappelant la victoire de Duilius sur les Carthaginois en 260 avant J.-C[1].

En prolongement de la tribune, du côté du Comitium et pour ainsi dire au pied de l'arc de Septime-Sévère, se trouvent les restes d'une tribune appelée *Rostra Vandalica*; elle était en briques et fut construite peut-être vers 470, à la suite d'une victoire navale remportée par les Romains sur les Vandales de Genséric. Comme la tribune aux harangues, elle était décorée de rostres.

Entre les Rostres et le temple de Saturne existe une rangée de chambres faisant avec les Rostres un angle de 15° et parallèle à l'axe du temple; la longueur en est de 20 mètres environ; ces chambres, au nombre de huit, ont 1 m. 70 de large, de 1 m. 50 à 2 m. 15 de profondeur, 1 m. 60 de hauteur. Elles sont en tuf, *opus reticulatum*; à l'intérieur, les murs sont recouverts en *opus signinum*. On pense qu'elles servaient de soubassement au *Clivus Capitolinus*.

L'ARC DE TIBÈRE

A l'extrémité méridionale des Rostres, au pied du temple de Saturne, sont quelques débris des assises d'un arc élevé par Tibère, en l'an 16 de notre ère, pour commémorer la reprise par Germanicus des étendards que Varus avait perdus en Germanie. Ces assises ont 9 mètres de long sur 6 mètres environ de large. Cet arc était à une arche; on y accédait du Forum par des degrés.

1. Une copie de cette colonne, datant de l'Empire, se trouve dans le palais des Conservateurs.

LES PLUTEI
(ANAGLYPHA TRAJANI).

Au-dessous de l'arc de Septime-Sèvère et près des Rostres, on voit placés debout deux blocs de marbre ornés de bas-reliefs; ils ont été dressés à l'endroit même où ils furent trouvés en septembre 1872; on ne peut en préciser l'utilisation, aussi leur a-t-on donné des noms divers; il est possible qu'ils aient fait partie de l'ornementation de la tribune aux harangues. Ces monuments mesurent 5 m. 37 de long sur 1 m. 75 de hauteur. Ils portent d'un côté la représentation des trois animaux qui formaient l'offrande dite des *suovetaurilia*, mot formé de *sus*, porc; *ovis*, bélier; *taurus*, taureau[1]. L'autre face présente des bas-reliefs du plus grand intérêt.

Sur l'un, on voit à gauche l'empereur Trajan[2], se tenant sur une tribune, les Rostres du temple de César, sans doute; derrière, sont des courtisans et des officiers; à ses pieds, une foule qui l'acclame; en retrait, un arc de triomphe et un temple sur un *podium* élevé, peut-être l'arc d'Auguste maintenant disparu, et le temple de Castor dont il sera parlé ci-après. A droite du même bas-relief, l'empereur est assis, son trône est placé sur un piédestal bas dont la signification est obscure[3]; une femme se présente à lui, menant un enfant par la main et en tenant un autre dans ses bras. Cette partie du bas-relief est destinée à rappeler les mesures prises par Trajan pour venir en aide aux enfants nécessiteux. Au fond, une longue série d'arches, probablement celles de la basilique Julia. A l'extrémité de droite, la statue de Marsyas et le figuier sacré, peut-être celui qui, au dire de Pline[4], poussa à l'emplacement du gouffre de Curtius et qu'il ne faut pas confondre avec celui appelé *Ruminalis*. Le pied du figuier est entouré d'une sorte de balustrade, d'un

---

1. On explique le choix de ces trois animaux par la considération que voici : le porc représentait la première période de la vie de l'humanité, alors que les hommes vivaient comme des cochons; le bélier correspondait à la deuxième période quand ils se nourrissaient de lait et s'habillaient de peaux; le bœuf était le symbole de la civilisation parfaite, labourage, cuir....

2. D'aucuns pensent qu'il s'agit de Domitien. Le style des bas-reliefs peut justifier cette hypothèse.

3. Deux solutions de cette difficulté ont été proposées : ou bien le groupe de l'empereur et de sa femme serait la reproduction d'une œuvre d'art et le piédestal marquerait ce caractère idéal, ou bien le piédestal représente le tribunal du préteur qui se trouvait précisément dans l'*Area* du Forum près du Marsyas.

4. *Hist. Nat.*, xv, 78.

puteal. La statue de Marsyas, le satyre phrygien qui défia Apollon, existait réellement au Forum, les gens d'affaires se réunissaient alentour et elle se trouve fréquemment citée par Martial, Sénèque, Pline.... La médisance assurait que Julia, la fille d'Auguste, rencontrait là ses amants[1].

Sur l'autre bas-relief, l'empereur est représenté assis[2], quantité d'hommes apportent des registres qu'ils entassent devant lui; il s'agit probablement de la destruction des registres fiscaux et de la remise des dettes dues à l'État qu'ordonna l'empereur. Son successeur Hadrien suivit cet exemple et en tira, comme Trajan, une grande popularité. A gauche, des arcades qui sont celles de la basilique Julia comme dans le relief précédent. Au fond, deux temples, l'un et l'autre hexastyles, qui peuvent être le temple de Saturne et celui de Vespasien; entre les deux, un arc de triomphe. A la gauche, la statue de Marsyas et le figuier[3].

LA COLONNE DE PHOCAS

La colonne de Phocas, qui formait le motif central et caractéristique de la charmante vallée du Forum telle qu'elle existait au commencement du siècle dernier, semble aujourd'hui un peu perdue au milieu du fouillis de vestiges exhumés et relevés autour d'elle. Elle est en marbre blanc, cannelée, haute de 13 m. 60, large de 1 m. 40 à la base. Une statue de bronze doré représentant l'empereur Phocas la surmontait; la base de la colonne est formée d'un bloc de maçonnerie en brique recouvert de marbre et composé de douze degrés. Une inscription rappelle le nom de Smaragdus qui érigea la colonne afin de commémorer « les innombrables bienfaits » de l'empereur qui, au vrai, fut un usurpateur des plus cruel. Cette inscription indique que l'érection de la colonne eut lieu en 608[4].

Comme on n'était déjà plus capable, à l'époque où fut érigée cette colonne, d'en tailler de nouvelles, Phocas dut en chercher

1. Art. de A. J. REINACH, *Revue des Études grecques*, 1915. Le Marsyas, cité pour la première fois en 180, aurait été apporté d'Apamée neuf ans auparavant par le vainqueur des Galates, Manlius Vulso. La statue de Marsyas décorait le forum de certaines cités provinciales, sans doute celles qui possédaient le *Jus Italicum*.

2. Cette partie de la sculpture est en fort mauvais état.

3. Quelques archéologues pensent que ces deux bas-reliefs représentaient les deux côtés du Forum.

4. *Corpus*, VI, 1200.

une toute faite aux alentours, à moins qu'il n'ait employé une colonne déjà existante à cette place en changeant simplement l'inscription dédicatoire. En tout cas, que ce soit par Phocas ou par un autre, il paraît certain que la colonne fut prise ailleurs. Or, pas très loin, sur les bords du Tibre, il y a un petit temple rond dont on a fait depuis l'église [Santa Maria del Sole; ce gracieux monument est entouré de colonnes cannelées en marbre, surmontées de chapiteaux corinthiens, dont le galbe rappelle exactement la colonne de Phocas, et il se trouve que l'une d'entre elles, une seule, a disparu; on n'en voit plus que la base, au ras du pavement. On peut donc supposer sans invraisemblance que c'est elle qui a été transportée, au vii° siècle ou avant, au Forum.

Cette colonne fut au xviii° siècle un objet de terribles discussions entre archéologues; les uns tenaient qu'elle faisait partie du temple de Jupiter Custos, d'autres que c'était un monument isolé; on disputait, à la mode du temps, en s'appuyant uniquement sur des textes et sur des hypothèses, à grand renfort d'invectives et d'arguments personnels; sans songer du tout à examiner le monument lui-même. Or, le 13 mars 1813, pendant les dernières fouilles accomplies par ordre de l'empereur Napoléon, on découvrit à quelques pieds sous terre l'inscription que porte le socle de la colonne et qui en expliquait clairement tout le mystère. Aussi, le lendemain, un sonnet courait la ville, qui disait en substance : « Sots savants, les volumes par vous écrits sur le nom à donner à ma colonne en auraient, empilés, égalé la hauteur; combien vous eussiez été plus avisés et moins ennuyeux si, jetant la plume, vous aviez pris une bêche. »

La colonne de Phocas est le dernier monument de ce genre élevé au Forum.

A côté de la colonne de Phocas commence une série de piédestaux de colonnes ou de statues érigées en l'honneur de personnages divers.

LACUS CURTIUS

Non loin de la colonne de Phocas, le dallage du Forum est interrompu autour d'un emplacement trapézoïdal pavé de tuf ce pavage de tuf fut plus tard recouvert d'un pavage de travertin, aujourd'hui en partie détruit. Là se trouvait primitivement un marécage, mais à l'époque historique ce marécage était desséché, et l'on ne voyait plus en cet endroit qu'un *puteal* où le peuple jetait parfois en sacrifice de menues pièces de monnaie.

Les anciens ne savaient pas l'origine véritable du nom de *lacus Curtius* qu'ils donnaient à ce lieu. Pour les uns, le combat entre les Sabins de Tatius, campés au Capitole, et les Albains de Romulus, campés au Palatin, s'était livré autour de ce marais, et, lors de la déroute des Sabins, un d'entre eux, Mettius Curtius, serré de près par les soldats de Romulus, eut la hardiesse et le bonheur de le traverser à cheval. Selon d'autres, une crevasse s'était ouverte, à une époque lointaine, dans le sol du Forum, et ne se referma que lorsqu'un jeune homme nommé Curtius s'y fut précipité. Selon d'autres encore, ce lieu avait été frappé de la foudre et le consul Curtius, en 445 av. J.-C., le fit enclore d'un *puteal*.

C'est là que fut tué l'empereur Galba. Les récits des anciens permettent de reconstituer cet épisode avec une extrême précision. Galba venait de sacrifier au Palatin; le chef des conjurés, Othon, assistait au sacrifice; lorsque le prêtre annonça en termes très précis, d'après l'inspection des entrailles, qu'une catastrophe se préparait, Othon changea de couleur et ne put cacher son trouble. Il prit un prétexte pour se retirer et, traversant le palais de Tibère, gagna le Forum. Le rendez-vous des conjurés était à la colonne d'or, près du temple de Saturne; Othon s'épouvanta de voir ses complices si peu nombreux; ils le conduisirent malgré lui aux *castra prætoria* et les soldats se rallièrent à lui. On vint apprendre ces événements à Galba, qui n'avait pas encore achevé le sacrifice, et la justesse du présage que le prêtre avait fourni, parut un prodige. Le palais fut mis en état de défense, mais presque aussitôt on annonça la mort d'Othon. Galba eut tort d'ajouter foi à ce faux bruit, il décida de se montrer au peuple et d'aller sacrifier au Capitole. Arrivé au Forum, il apprit la vérité. Les uns voulaient pourtant qu'il allât plus avant, les autres qu'il revînt au palais; sa litière fut ainsi quelque temps ballottée. Finalement, des soldats firent irruption de la basilique Æmilia. Ils ordonnèrent à la foule de se disperser. Les spectateurs s'enfuirent, mais pour se grouper sur les portiques et sur tous les lieux élevés d'où l'on embrassait la scène. La litière de Galba fut d'abord assaillie de loin à coups de javelots, puis les soldats mirent l'épée à la main. Galba tomba de sa litière près du *lacus Curtius* et tendit la gorge aux assassins.

LE TRIBUNAL DU PRÉTEUR

En principe, le tribunal du préteur n'était point fixe, et il rendait la justice en plein air; en 215, pour rassurer les Romains qui redoutaient l'arrivée soudaine d'Annibal, le préteur s'installa même hors des murs, devant la porte Capène. Mais habituellement il siégeait au Comitium ou au Forum, en particulier au voisinage du *puteal* de Libon, à quelques pás de la Regia, — ou plus souvent encore devant les rostres, non loin du *lacus Curtius* et du Marsyas. C'est en ce dernier lieu, entre la colonne de Phocas et les anaglypha Trajani, qu'une inscription a été récemment découverte sur le dallage même du Forum ; on la restitue ainsi :

L (VCIVS) · NAEVIVS · [L (VCII) · F (ILIVS) · SVRD] INVS · PR (AETOR) · [INTER CIVES · ET · PEREGRINOS]

Cette inscription date probablement du règne d'Auguste. Il est vraisemblable que ce Naevius avait fait dresser en cet endroit du Forum un petit mur contre lequel s'appuyait l'estrade du tribunal. Ce mur était décoré à sa face postérieure d'un bas-relief reproduisant l'épisode de la mort de Curtius ; ce bas-relief (ou peut-être plutôt une copie de ce bas-relief) est aujourd'hui encastré dans l'escalier du Palais des Conservateurs, au Capitole.

LA BASILIQUE JULIA[1]

Une vaste plate-forme à laquelle on accède par des degrés, des bases de piliers en brique qui ne sont que la reproduction des anciennes bases[2], voilà tout ce qui reste d'un des monuments les plus somptueux de Rome.

---

1. Les basiliques construites dans la région du Forum furent au nombre de six :

La basilique Porcia construite en 184 av. J.-C.
—   Fulvia-Æmilia . . 186   —
—   Sempronia 170   —
—   Opimia 121   —
—   Julia 46   —
—   de Constantin. . . 312 apr. J.-C.

Les basiliques Porcia, Sempronia et Opimia ont complètement disparu.

2. Les anciennes bases étaient en pierre, elles avaient été rasées jusqu'au sol ; en 1878, le professeur Rosa les rétablit en briques.

En 170 av. J.-C., Sempronius Gracchus avait construit en ce lieu, près des *Tabernæ Veteres*, une basilique qui porta son nom ; Jules César entreprit d'en substituer une autre en 54 av. J.-C. et la dédia huit ans plus tard, alors qu'elle était encore en construction ; Auguste l'acheva comme il le fit pour plusieurs autres œuvres entreprises par son père adoptif ; à peine la basilique était-elle achevée qu'elle fut incendiée. Il la recommença et la dédia, en l'an 12 av. J.-C., au nom de ses petits-fils Caius et Lucius Cæsar, ainsi qu'il s'en vante dans l'inscription d'Ancyre [1]. D'autres restaurations eurent lieu sous les Antonins. Dioclétien reconstruisit en partie la basilique après un incendie, mais sans en modifier la forme ; un préfet de la ville, Gabinius Vettius Probianus, y fit quelques réparations en 377.

La basilique était bordée par quatre rues : la Sacra Via sur le devant, le Vicus Jugarius du côté du temple de Saturne, le Vicus Fuscus du côté du temple de Castor et une rue dont le nom est inconnu, par derrière. La surface qu'elle occupait mesure 109 mètres sur 46. Elle était composée d'une cour centrale oblongue de 82 mètres sur 18, bornée à chaque extrémité par un portique formé de trois rangées de huit colonnes ; sur les côtés longs et reliant les deux portiques était une double rangée de douze colonnes d'ordre dorique formant une sorte de galerie couverte. On ne sait si la cour était couverte d'un toit [2].

Des voiles ou des grilles de marbre protégeaient contre le soleil ou la pluie ceux qui se réunissaient dans la basilique ; le pavement des ailes est en dalles de marbre blanc, celui de la nef intérieure est en marbres orientaux de diverses couleurs, disposés en carrés concentriques. Un deuxième étage existait sans doute au-dessus des deux ailes ainsi qu'une terrasse surmontant la colonnade faisant face au Forum ; on a cru distinguer, dans le bas-relief de l'arc de Constantin dont il a été déjà parlé, une vue de la basilique avec ce second étage chargé de spectateurs qui assistent de loin à la cérémonie que prési-

---

1. Après la mort d'Auguste on apposa dans plusieurs villes de l'Empire des tables de marbre contenant son testament politique et l'énumération des actes glorieux de son règne et des édifices qu'il avait construits ou restaurés. La seule de ces plaques qui subsiste se trouve à Ancyre, en Asie-Mineure, où M. Georges Perrot a pu avec de grandes difficultés en prendre connaissance en 1861. Ce « testament » a pour titre : « *Index rerum gestarum divi Augusti* ».

2. Les plus récents travaux tendent à montrer que cette basilique, comme les autres, était couverte et éclairée par un lanterneau. Cependant le comm. Lanciani a remarqué, lors de l'inondation de 1878, que la plate-forme, couverte d'eau d'un côté, émergeait de l'autre ; il en a conclu que cette déclivité, qu'il suppose volontaire, avait pour but l'écoulement de l'eau de pluie et que, par conséquent, la basilique n'avait point de toiture.

dait l'empereur. De là Caligula jetait des pièces de menue monnaie aux prolétaires qui s'écrasaient et s'entre-tuaient pour les
ramasser[1]. Le plafond des ailes était orné de moulures dont
certains fragments retrouvés en 1852 ont été détruits en 1872.

L'édifice était supporté par un soubassement; il est très élevé
du côté du temple de Castor, car la déclivité du sol est fort sen
sible en cet endroit. Des degrés conduisaient au niveau du
Forum; il semble qu'une balustrade s'étendait de ce côté tout le
long du monument.

La basilique était un lieu de réunion, un promenoir en même
temps qu'un prétoire; les changeurs y tenaient boutique, les
oisifs y jouaient; en maint endroit du pavement, on voit encore,
tracés sur le sol, des figures diverses, des carrés formant
damier, des cercles divisés en segments qui devaient servir pour
des jeux (*tabulæ lusoriæ*); sur les murs, on peut déchiffrer encore
des maximes à l'usage des joueurs. « Vincis gaudes, perdes
plangis. — Si tu gagnes tu te réjouis, tu te plains si tu perds.
— Sile et recede. — Tais-toi et va-t'en. » Sur ces mêmes
dalles que nous foulons aujourd'hui, erraient les femmes qu'Ovide
recommande aux jeunes gens « qui veulent faire leurs premières
armes[2] ».

La grande nef centrale servait de tribunal. Les *Centumviri*,
qui étaient beaucoup plus de cent, y rendaient la justice soit par
sections (quatre), soit toutes sections réunies dans les affaires
d'importance. Pline le Jeune y plaida dans un procès en capta-
tion d'héritage[3]: « Cent quatre-vingts juges siégeaient, écrit-il,
car les quatre chambres s'étaient réunies; les avocats étaient en
nombre; il y avait telle foule d'assistants que les juges se
voyaient pressés de toute part; le tribunal lui-même en était
encombré ainsi que les galeries hautes; hommes et femmes
s'évertuaient qui à voir, ce qui était aisé, qui à entendre, ce qui
était difficile. »

Trajan rendit souvent la justice en ce lieu.

Vers le VIe siècle, l'une des ailes, celle qui donnait sur le
Vicus Jugarius, fut transformée en église, S. Maria in Foro.
Plus tard, des cordiers s'établirent dans la basilique de même
que dans le voisinage et la région prit en conséquence le nom
de *Cannaparia*; ils y exerçaient encore leur industrie au milieu
du XVIe siècle; les tailleurs de pierre y travaillèrent également.
Le cardinal de Corneto obtint l'autorisation d'employer le travertin qu'il trouverait dans la basilique pour édifier le palais

---

1. Suétone, *Cal.* 37.
2. *De Arte Amandi*, I, 65.
3. Pline, *Lettres*, VI, 33.

dont il avait confié l'exécution à Bramante et dont il fit présent
au roi d'Angleterre, Henri VII, en 1505 ; c'est le palais Giraud-
Torlonia dans le Borgo. Un four à chaux entouré de fragments
de statues, de morceaux de marbres, de fûts de colonnes, a été
reconnu parmi les ruines.

Lors des fouilles de 1788, on découvrit quelques parties de
la basilique, mais on n'arriva pas à identifier le monument auquel
ils appartenaient ; ce fut Fea qui, en 1818, reconnut qu'on était
en présence des restes de la basilique Julia. Les travaux de
1871 l'ont entièrement dégagée.

LE TEMPLE D'AUGUSTE

(Templum Divi Augusti, Divi Augusti et Divæ Augustæ,
Templum Novum, Templum Divorum, Ædes Cæsarum (?),
Templum Divi Augusti ad Minervam.)

Au pied du Palatin s'élevait le temple d'Auguste.

Quand Auguste mourut, il fut déifié et Tibère entreprit de
lui élever un temple ; à la mort de Livie, le même honneur lui
fut décerné et sa statue ajoutée dans le temple à celle d'Auguste, puis ce fut l'empereur Claude qui fut traité de la sorte
et d'autres membres de la famille impériale ; c'est pourquoi ce
temple porta tant de noms divers. Brûlé sous le règne de Vespasien ou de Domitien, il fut aussitôt rétabli. Caligula établit au-
dessus un pont pour se rendre directement du Palatin au Capitole « où le Dieu Jupiter lui avait demandé d'aller habiter avec
lui[1] ». Il acheva le temple dont quelques parties n'avaient pu
être terminées.

Ce temple avait sa façade sur le *Vicus Tuscus* qui, se déta-
chant à angle droit de la Voie Sacrée, passait entre la basilique
Julia et le temple de Castor et Pollux. Devant la cella s'étendait un portique de 32 mètres de long sur 6 de large ; il était
moins élevé que le reste du temple à ce qu'il semble sur une
médaille de Caligula ; à l'une et l'autre extrémité de ce portique
se trouvait une grande niche. La cella avait 32 mètres sur
23 mètres. Les murs contenaient des niches alternativement rectangulaires et semi-circulaires. Tout en haut s'ouvraient des
fenêtres. Il existait une seconde façade en face du temple de
Castor ; une porte, située à l'extrémité Est, donnait dans la
cella.

1. Suétone, *Caligula*, XXII. Ce travail paraît pourtant avoir dû être d'une
réalisation bien difficile et l'on est en droit de douter de l'existence de ce pont,
du moins tel que le décrit le texte cependant très net de Suétone.

Entre cet édifice et la colline Palatine, on voit les débris d'une autre construction qu'on a supposée être la Bibliothèque d'Auguste ; elle se compose d'une première salle de 20 mètres sur 21 mètres ; derrière, se trouve une autre salle divisée comme une basilique et dans laquelle s'ouvrent trois pièces dont la plus grande a 8 m. 50 sur 7 mètres, les autres ayant 4 m. 50 sur 7 mètres et 5 m. 10 sur 4 m. 50. Sa grande salle est ornée, comme le temple, de niches semi-circulaires ou rectangulaires. Un plan incliné conduisait de ce monument au *Clivus Victo-riae*; il a de 4 à 5 mètres de large. On a mis au jour, sous le sol de la bibliothèque, une vaste piscine de 25 mètres de long sur 9 mètres de large. D'aucuns y ont vu une basilique.

Les actes accordant aux soldats leur libération étaient inscrits sur des plaques de bronze, qu'on apposait sur le mur postérieur du temple d'Auguste.

Au vi[e] siècle, la basilique ou bibliothèque devint une église, *S. Maria Antica.*

Des moines orientaux ont de bonne heure desservi cette église, sur laquelle l'empereur de Byzance paraît avoir exercé une tutelle particulière. Elle est aujourd'hui « l'écrin précieux où se trouve le plus riche ensemble d'œuvres d'art d'une période dont les démolisseurs du bas moyen âge et les embellisseurs des époques suivantes nous ont laissé si peu de reliques[1] ».

Au mur de l'abside on reconnaît jusqu'à trois couches de fresques superposées.

La fresque la plus ancienne serait la Vierge-Reine de l'abside, qui daterait, malgré son caractère déjà byzantin, du vi[e] siècle.

De chaque côté de l'abside, saint Jean Chrysostome, saint Basile, saint Grégoire de Nazianze tiennent des rouleaux où sont inscrits les passages de leurs œuvres que le concile de Latran de 649 invoqua pour condamner l'hérésie monothélite; ces fresques dateraient donc du viie siècle.

Au viiie siècle, sous Jean VII, l'église connut sa plus grande splendeur. Le pape lui fit don d'un ambon, dont on a retrouvé des fragments. Les médaillons très expressifs où sont peintes des têtes d'apôtres datent de ce temps.

Les fresques postérieures à Jean VII sont nettement infé-rieures aux précédentes. Les plus intéressantes sont, dans les bas-côtés, les scènes figurant des épisodes de la Genèse et de l'enfance du Christ, et toute une galerie de saints.

Il n'est pas absolument sûr que l'église ait été abandonnée au ixe siècle. Il est possible, au contraire, qu'elle ait été alors

---

1. De Gruneisen, *Ste-Marie Antique*, Rome, 1911.

-restaurée et même ait porté durant quelque temps le nom de
Sainte-Marie Nouvelle. Telle est la thèse, d'ailleurs très discutée, de M. de Grüneisen. En tout cas, elle cessa d'être utilisée,
au plus tard au xe siècle, et un oratoire de saint Antoine fut
établi dans l'atrium : on reconnaît encore des fragments des
fresques du xiie et du xiiie siècle qui l'ornaient.

LE TEMPLE DE CASTOR
(ÆDES CASTORIS, CASTORUM, CASTORIS ET POLLUCIS.)

« Monument fameux, dit Cicéron, temple qui frappe chaque
jour les regards du peuple romain, où se réunit souvent le
sénat, où se traitent les affaires les plus importantes. » L'antiquité de sa fondation, les légendes qui s'y rattachaient, les souvenirs qu'il évoquait faisaient effectivement de ce temple l'un des
lieux les plus vénérés de la ville. Il avait été édifié à la place
où les Dioscures étaient apparus aux Romains pour leur annoncer la victoire du lac Régille en l'an 496 avant J.-C.[1]. Postumius
en fit la dédicace en 484 avant J. C. Détruit partiellement à plusieurs reprises, il fut reconstruit presque entièrement par Tibère,
du vivant d'Auguste, avec l'argent provenant du butin fait sur
les Germains (an 6 av. J.-C.).

Ce temple avait 50 mètres sur 30 mètres, le pronaos 15 m. 80
sur 10 mètres ; la cella 19 m. 70 sur 16 mètres ; les colonnes, au
nombre de huit sur le péristyle et de onze environ sur les côtés,
mesuraient 12 m. 50 de hauteur et 1 m. 45 de diamètre à la
base ; l'entablement avait 3 m. 75 de hauteur.

De ces colonnes il n'en demeure plus que trois ; leur élégance
a fait de tout temps l'admiration des visiteurs de Rome. De
fait, ces trois colonnes de marbre blanc, cannelées, surmontées
de chapiteaux du travail le plus pur, sont dignes de leur
renommée. Elles restaient seules debout dès une époque lointaine, car le passage entre les deux églises S. Maria Libera-
trice et S. Maria in Foro a porté de bonne heure le nom de
Via Trium Columnarum.

Le soubassement qui supporte le temple a 7 mètres de hauteur ; c'est un travail d'une solidité et d'une science admirables ;
les murs de soutènement ont plus de 2 mètres d'épaisseur,

---

1. M. Pais fait remarquer que Castor et Pollux étant des dieux grecs et la
coutume défendant d'élever des temples aux dieux étrangers dans l'enceinte
du Pomœrium, il s'ensuit qu'à cette époque le Forum n'en faisait pas partie. Le
lac Régille n'existe plus, il se trouvait au nord de Rome, près du village actuel
de Colonna.

l'intérieur est en blocage, en sorte que tout ce *podium* forme comme une seule masse compacte ; il y existait des chambres de sûreté comme dans plusieurs autres édifices sacrés de Rome. Un escalier conduisait du seuil du temple au Forum, mais, au lieu de descendre jusqu'au niveau de la Voie Sacrée, il se terminait en une terrasse qui la dominait quelque peu ; deux escaliers étroits disposés longitudinalement de part et d'autre de cette terrasse donnaient accès sur la Voie Sacrée. Ainsi ceux qui se trouvaient sur ce palier pouvaient voir passer les cortèges sans se mêler à la multitude ou bien la haranguer quand besoin était.

Dans l'intérieur de la *Cella* on a retrouvé l'emplacement, non d'une base de statue, comme dans la plupart des temples, mais de deux, car Pollux y avait sa statue à côté de celle de Castor. Cependant le nom de Castor est cité seul toutes les fois qu'il est question de ce temple dans les documents antiques ; aussi Bibulus, qui exerçait les fonctions d'édile en même temps que César et dont on négligeait systématiquement de citer le nom, se comparait-il volontiers au Pollux du temple du Forum.

On raconte que Caligula aimait à se placer entre les statues des Dioscures afin de se faire adorer lui aussi comme un dieu. Un cordonnier, l'ayant vu un jour dans cette posture, éclata de rire. L'empereur se le fit amener et lui demanda quel effet il avait bien pu lui produire : « Celui d'un bien grand sot », répliqua-t-il. Caligula eut l'esprit de ne pas s'offenser.

Le temple de Castor n'était pas seulement, comme tant d'autres temples, un musée riche en statues, en tableaux, en objets d'art, il contenait aussi le dépôt des mesures étalon ; on trouve sur bien des poids l'inscription : « EXAC(TUM) AD CASTOR(IS) » ou plus simplement : « EX CA ».

Dans la deuxième série de ses discours contre Verrès qu'il accusait de concussions et de dilapidations, Cicéron cite un fait qui met en lumière les procédés de ce proconsul fameux, alors qu'il exerçait les fonctions de préteur urbain.

C'était la coutume, à Rome, de donner à forfait à des entrepreneurs l'entretien et la restauration des édifices publics ; le temple de Castor avait été attribué à un certain Junius qui mourut un peu avant l'entrée en fonction de Verrès, laissant un fils mineur. Verrès pensa que l'occasion lui serait bonne pour réaliser un gros profit, il alla visiter le temple, mais, malheureusement pour lui, le trouva en excellent état. « Il n'y a rien à faire, lui dit un de ses compagnons, à moins que tu ne dises que les colonnes ne sont pas perpendiculaires. »

Verrès se fit expliquer ce que signifiait ce mot, car il était fort ignorant, et manda ensuite le tuteur de l'enfant en lui disant qu'il fallait mettre les colonnes d'aplomb. L'autre eut beau protester qu'elles l'étaient, faire intervenir une courtisane toute-puissante auprès des gens au pouvoir, force lui fut de faire des propositions ; Verrès laissa l'affaire en suspens, puis il fit mettre le travail à l'encan en choisissant un jour où le Forum était plein d'une foule tout occupée à autre chose et en prenant soin de ne faire annoncer cette soumission ni par affiches ni autrement ; un seul concurrent se présenta qui exigea 560 000 sesterces alors que 80 000 auraient amplement suffi. Quelques colonnes furent défaites pierre par pierre et reconstruites sans que rien n'y fût changé; pour d'autres, on se contenta de les recrépir[1] ; l'orphelin dut rembourser la dépense et Verrès partagea le profit avec le soumissionnaire. Cicéron nous apprend incidemment à ce propos qu'en son temps on évaluait le coût d'une « colonne de façade » à 40.000 sesterces, soit 8 000 à 10 000 francs. On juge par là de ce que pouvait coûter un temple tel que celui de Castor, de Vespasien ou plus encore de Jupiter Capitolin.

LE LAC DE JUTURNE
(Lacus Juturnæ.)

Entre le temple de Castor et la Maison des Vestales se groupaient une série de constructions qui avaient leur origine et leur raison d'être dans une source ou plutôt dans un ensemble de deux sources. Les sources ont été de tout temps et, presque partout, l'objet d'un culte particulier. Celle-ci devait son importance particulière au voisinage du Palatin. Les Dioscures y avaient abreuvé et lavé leurs chevaux quand ils vinrent annoncer aux Romains la victoire du lac Régille. Bien qu'au moyen âge des constructions et peut-être une église[2] eussent été bâties à l'endroit où elle jaillissait, elle n'en a pas été tarie ni détournée et maintenant elle se déverse comme jadis dans la *Cloaca Maxima*.

---

1. Il s'agit, bien entendu, du temple qui précéda celui de Tibère et dont les colonnes n'étaient pas apparemment de marbre blanc, c'est-à-dire du temple que venait de relever, en 107, Cæcilius Metellus Dalmaticus.

2. Il s'agirait de l'antique église *S. Maria libera nos a pœnis inferni*, ou *de inferno* ou *in inferno*, ainsi dénommée parce que ce lieu passait pour le plus sombre et le plus bas du Forum, et parce que la légende racontait que le pape saint Silvestre y avait tué un dragon. Ce dragon était une réminiscence du culte de Vesta célébré dans le temple voisin. L'Anonyme de Turin parle de cette église comme n'étant plus desservie; il semble qu'elle ne doit pas être confondue avec l'église S. Maria Libératrice, toute voisine d'ailleurs.

L'eau formait avant de s'écouler une mare (*profunda palus*) à laquelle on donnait le nom de Juturne, la sœur du roi Turnus [1] dont Jupiter fit la déesse des sources.. Plus tard, ce lac fut transformé en un bassin mesurant 5 mètres carrés et profond de 2 m. 12; lequel existe encore; au centre émerge une base de 3 mètres sur 2 mètres, haute de 1 m. 78. Le bassin est dallé en marbre et entouré d'un mur en *opus reticulatum* ; au-dessous, on a retrouvé des morceaux de tuf provenant d'une construction antérieure. La base semble avoir été destinée à supporter une statue de la déesse Juturna. On distingue fort bien en deux points du bassin les sources qui continuent à fournir un peu d'eau.

A 4 mètres au sud de ce lac est un autel avec un puits et un petit sanctuaire dédié à la divinité du lieu. Le puits est octogonal, l'eau s'y élève à 1 m. 25 environ. La margelle a environ 1 mètre de hauteur et est sculptée ; une inscription rappelle que Barbatius Pollio, peut-être un ami de Marc-Antoine, en soigna la réparation. Devant ce « puteal » est un autel renversé dont on avait fait un degré pour monter au puits. Un peu plus loin, sur une fondation de briques, s'élève l'édicule de Juturne qui consiste en un pronaos et en une cella ornée de colonnes dont il ne reste rien. Derrière passe la voie qui conduisait du temple de Vesta au Palatin. Pour la supporter on avait établi des salles voûtées dont plusieurs se voient tout à côté du lac de Juturne. On a trouvé tout proche une statue de Constantin dédiée par un *curator aquarum* ; la *Statio Aquarum* se trouvait, en effet, dans cette région.

La source de Juturne avait la réputation de guérir les maladies ; aussi a-t-on déterré dans le voisinage une statue d'Esculape brisée en morceaux mais qu'on a pu rétablir ; le dieu porte le bâton symbolique entouré d'un serpent. A côté est un enfant s'apprêtant à sacrifier un coq. On a également retrouvé des fragments de statues des Dioscures de grandeur naturelle.

LE TEMPLE DE VESTA
(ÆDES VESTÆ)

La déesse Vesta est l'incarnation de la divinité du feu laquelle est la divinité suprême des peuples de parenté indo-européenne : c'est le dieu Agni des Hindous ; le culte du feu a survécu jusqu'au moyen âge chez les païens de Lithuanie. Il n'est

---

1. Contre qui Énée eut à lutter pour s'établir dans le Latium.

pas facile de comprendre comment il se fait qu'à Rome cette divinité suprême se soit incarnée en une déesse; il est possible que la plus ancienne divinité romaine du feu soit Vulcain. Le temple de Vesta est essentiellement le foyer de la cité: il correspond à ce qu'étaient, dans les cités grecques, les prytanées, constructions qui paraissent avoir été, comme les sanctuaires de Vesta, circulaires; on discute même pour savoir si le nom de Vesta est italique ou n'est pas plutôt une transcription du nom grec du foyer, Hestia. A l'origine, Rome paraît avoir eu autant de foyers que de curies, et c'est Numa qui passe pour avoir réuni tous les foyers des curies en un foyer unique. La déesse Vesta présente ce caractère particulier qu'elle est très rarement figurée sous forme humaine : nous savons cependant que, dès l'époque républicaine, il existait, à l'entrée du temple de Vesta, une statue de la déesse.

L'édifice, appelé Temple de Vesta, situé entre le temple de Castor et la Maison des Vestales, n'était pas à proprement parler un temple n'ayant pas été consacré, cependant les Romains l'entouraient d'une vénération toute particulière, car l'origine en remontait aux commencements de la ville, au temps où l'on confiait aux jeunes filles de la tribu qui ne pouvaient pas participer à ses rudes travaux le soin d'entretenir le foyer commun; le laisser s'éteindre eût été une catastrophe, car il était difficile alors de rallumer un feu. Une hutte l'abritait, ronde comme celles où l'on vivait. Numa la remplaça par un temple qui reçut la même forme. Les temples de Vesta comme ceux d'Hercule sont d'ailleurs toujours circulaires. Souvent il fut détruit, par les Gaulois d'abord puis par les nombreux incendies qui ravagèrent cette région, mais toujours on lui conserva son aspect primitif.

Le temple de Vesta contenait dans un lieu appelé *Penus Vestæ*[1] des objets sacrés; ils avaient pu être sauvés chaque fois que le temple avait été incendié ou passaient pour l'avoir été et furent replacés dans le temple reconstitué; ainsi, en 241 av. J.-C., le grand-prêtre, Cæcilius Metellus, parvint à les retirer des flammes mais perdit dans ce sauvetage un œil et un bras. Le principal de ces objets était le *Palladium*, que l'on imagine avoir été une petite statue archaïque de Pallas à la conservation de laquelle le sort de la ville était attaché[2]. Nul, pas même le grand-prêtre, ne pouvait regarder le Palladium sans perdre la vue.

1. D'aucuns pensent que le *Penus Vestæ* se trouvait dans la maison des Vestales,

2. D'après certains érudits compétents, le Palladium était certainement un fétiche ou un ensemble de fétiches.

La dernière restauration est celle de Julia Domna, femme de Septime-Sévère[1].

Ce temple ressemblait au petit temple rond qui est en face de S.. Maria in Cosmedin et dont il sera question plus loin. Le soubassement sur lequel il s'élevait est circulaire, en blocage; on y retrouve des parties datant des diverses reconstructions du temple, ce qui prouve qu'il n'a pas changé de forme; ce soubassement se compose de quatre couches superposées; la première qui remonte aux Flaviens a 2 m. 17 d'épaisseur et 15 mètres de diamètre; les autres n'ont pas, à beaucoup près, la même épaisseur; la dernière est du temps de Septime-Sévère; au centre de ce *podium*, on a découvert une cavité, *favissa*, d'environ 2 m. 30 de côté et atteignant presque le sol. A quoi pouvait-elle servir? Peut-être à y accumuler les cendres du feu que le grand-prêtre faisait emporter ensuite tous les ans au 15 juin, à la fête des *Vestalia*, et jeter en dehors de la porte Stercoraria. Les mariages qui avaient lieu un peu avant cette date étaient réputés funestes[2]. Le grand-prêtre éteignait à cette occasion le feu et le rallumait en frottant du bois comme aux temps archaïques; plus tard on employa une lentille qui concentrait les rayons du soleil, la lumière la plus pure qui existât[3]. Ce soubassement est tout ce qui reste du temple. On accédait à la cella par un petit escalier dont on trouve des traces à l'Est.

La cella, construite en marbre blanc, avait 8 m. 60 de diamètre; elle était entourée de dix-huit ou vingt colónnes d'ordre corinthien de 4 m. 45 de haut et de 0 m. 50 de diamètre : la toiture était recouverte de tuiles de bronze syracusain doré ; un orifice central percé dans le toit laissait sortir la fumée du feu sacré; très tardivement, un ornement de bronze en forme de fleur, d'aucuns pensent une statue[4], décora le sommet de l'édifice.

Autour du temple au Nord et au Sud-ouest, ont été trouvés des débris des sacrifices qu'on y faisait, ossements, cendres, poteries, statuettes.

Ce temple était encore presque intact quand il fut dégagé vers 1489, au temps de Fra Giocondo; la fabrique de l'église Saint-Pierre le fit détruire en 1549 pour se procurer de la chaux.

---

1. Elle se laissa mourir de faim en 217.

2. On peut rattacher à cette superstition celle qui subsiste encore dans l'Europe méridionale relativement aux mariages célébrés en mai. Elle existait au temps d'Ovide. *Fastes*, V, 488.

3. Il subsiste des traces de ce rite dans certaines religions encore existantes.

4. L'hypothèse d'une statue surmontant le temple paraît peu probable. Elle a été suggérée par une médaille.

LA MAISON DES VESTALES
(Atrium Vestæ)

Les restes de la demeure des Vestales qui ont été complètement dégagés il y a une trentaine d'années, appartiennent principalement à la cinquième et à la sixième reconstruction de cet
édifice. Les monuments ne duraient guère à Rome; le feu les
détruisait à des intervalles relativement rapprochés; en outre,
on les démolissait souvent pour les rebâtir au même endroit
plus vastes et plus beaux. Il y avait peu de reliques très
anciennes dans la Rome des derniers temps de l'Empire. Brûlée
une première fois par les Gaulois en 387 av. J.-C., la maison
des Vestales fut aussitôt reconstruite; Auguste l'agrandit lors
de sa nomination aux fonctions de grand-pontife; elle fut détruite
par le terrible incendie de Néron, puis par celui de Commode et
rebâtie par Septime-Sévère et Caracalla. La femme de Septime-
Sévère, Julia Domna, qui semble avoir été très dévote à Vesta,
s'occupa beaucoup de cette dernière restauration.

La maison des Vestales formait un îlot, entouré de rues des
quatre côtés; au Nord, c'est-à-dire vers le temple de Romulus,
par la Voie Sacrée; au Sud, vers le Palatin, par la *Nova Via* qui
est à un niveau plus élevé; à l'Ouest, vers le temple de Vesta,
par le *Vicus Vestæ*; le nom de la quatrième rue nous est
inconnu.

Les Vestales étaient à peu près cloîtrées; il leur fallait donc
à l'intérieur de leur demeure un espace pour prendre quelque
exercice; aussi la cour intérieure, l'atrium[1], est singulièrement
plus vaste que dans les demeures privées; c'est presque un
cloître de couvent; son importance frappait à ce point les
Romains que la maison des Vestales reçut le nom de *Atrium
Vestæ*. D'autre part, une demeure située en contre-bas d'un
chemin, dans un lieu où les rayons du soleil ne devaient jamais
parvenir quand les palais du Palatin avaient toute leur hauteur,
ne pouvait manquer d'être fort humide; on prit donc des dispositions spéciales pour obvier à cet inconvénient; du côté du
Palatin, il y a en maint endroit un double mur; sans doute
l'espace intermédiaire était-il chauffé par des hypocaustes ou
foyers souterrains, de plus les planchers sont doubles afin que
l'air chaud pût circuler dans l'espace intermédiaire; on employait

1. C'est le patio des demeures plus modernes; le nom d'Atrium venait de
ce que, dans la maison antique, l'âtre s'y trouvait et que la fumée en noircis-
sait les parois (*ater*). Cependant il existe d'autres étymologies acceptables.

un moyen assez singulier pour soutenir le second plancher; on interposait entre les deux des amphores coupées par le milieu[1]. Tout un système de chauffage a été reconnu. A ces particularités, il faut ajouter aussi l'absence de tout métal, sans doute par respect pour une tradition remontant à une époque où le fer était inconnu et où le bronze servait à faire des armes; on ne voit pas de conduites de plomb, pas de crampons de fer dans la construction, pas d'ornements de bronze; aucun outil de métal n'a été retrouvé parmi les ruines[2].

La longueur totale de la construction actuelle est de 115 mètres, sa largeur est de 53 mètres. L'atrium en occupe presque le quart, 1608 mètres carrés sur 6095, car il mesure 67 mètres sur 24 mètres. Une colonnade de quarante-huit colonnes corinthiennes faites en cipolin l'entourait; elles étaient placées à une distance de 4 mètres du mur[3]; une large galerie couverte régnait ainsi à l'entour de la partie découverte et permettait la promenade les jours de pluie. Une deuxième galerie s'élevait au-dessus; elle date du règne de Septime-Sévère; à chaque extrémité de la cour on retrouve la trace d'une piscine dallée en marbre; entre les deux, vers le centre, se distingue un soubassement ayant la forme d'un octogone dans lequel est inscrit un cercle; les marques des briques indiquent que cet édifice est postérieur à Dioclétien; il est donc peu probable que ce fût là, comme l'ont pensé cependant quelques archéologues de marque, que se trouvait un édicule destiné à enfermer le trésor de la déesse, le *Penus Vestæ*, que d'aucuns placent, au contraire, dans le temple même de la déesse comme il a été dit. Plus tard, un mur percé d'ouvertures remplaça la colonnade.

Tout autour de la cour étaient des bases avec inscriptions et des statues sur des piédestaux représentant des grandes-vestales; elles étaient de très influents personnages dans l'État et ceux à qui elles avaient rendu service s'empressaient de faire sculpter une statue à leur effigie ou graver une inscription rappelant leurs bienfaits et l'envoyaient figurer dans l'*Atrium*,

---

1. Voir ce qui est dit à propos des doubles planchers du palais de Septime-Sévère au Palatin.

2. On se rappelle ce qui a été dit du pont Sublicius.

3. Il se pourrait que douze de ces colonnes fussent celles qui se trouvent dans la nef de la très vieille église de S. Maria in Via Lata; on la suppose bâtie au temps de saint Silvestre (314-335) et réé.difiée par Sergius (687-701); les chanoines la restaurèrent sous le pontificat d'Alexandre VII (1655-1667) et eurent l'idée étrange de recouvrir les colonnes d'un enduit de jaspe de Sicile; elles ont les dimensions que l'on assigne aux colonnes de la Maison des Vestales. (Sur cette église, voir NIBBY, *Roma Moderna*, vol. I, p. 119. VENUTI, *Descrizione di Roma*, vol. I, p. 110.)

comme un ex-voto dans une église. L'une d'elles, par exemple, Flavia Publicia, qui vivait vers l'an 247 de notre ère, est mentionnée sept fois dans les piédestaux, par sa nièce, par deux officiers, par le sous-intendant d'une maison religieuse... ; une de ses statues est presque à l'entrée, du côté du temple de Vesta ; le sculpteur lui a donné grand air et le graveur a rappelé l'assiduité avec laquelle elle avait entretenu « durant les jours et les nuits dans un esprit de dévotion les feux éternels ». Tout proche est une inscription en l'honneur d'une grande-vestale « admirable par sa chasteté et sa pudicité ainsi que par sa profonde science des choses de la religion.... » Mais son nom a été martelé. C'était la coutume des Romains de se contenter de faire disparaître ainsi le nom des personnes qui avaient démérité sans détruire complètement l'inscription. Or cette base fut élevée par le Collège des pontifes en l'an 364 et l'on sait qu'un peu après cette époque une grande-vestale donna au monde païen le scandale d'une conversion au christianisme. On a également identifié les effigies de :

— Occia, qui présida le collège des Vestales de 38 à 19 avant J.-C.

— Vibidia, qui défendit Messaline quand ses infamies furent dévoilées à Claude.

— Cornelia Maxima, assassinée par ordre de Domitien....

Au fond de la cour s'ouvre le *tablinum*, la salle des réceptions, à laquelle on accède par un degré de quatre marches, encadré par deux colonnes. Sur cette salle donnent six petites pièces ; le nombre des Vestales ayant été de six, excepté vers la fin de l'Empire où il fut porté à sept, il est possible que ces pièces fussent leurs salons particuliers. A côté de ces salles est une cour dans laquelle se trouvent deux puits du moyen âge. De l'autre côté, du côté de la Nova Via, on voit dans une petite salle une meule qui ne pouvait être tournée que par un homme ou un âne, vu l'exiguïté de l'emplacement. Le premier étage où se trouvaient les chambres des Vestales a complètement disparu ; on a trouvé trace des escaliers qui y conduisaient. Quelques restes de salles de bains se voient de-ci de-là. Une série de boutiques existaient du côté du temple de Vesta, ce sont des pièces s'ouvrant sur le dehors et n'ayant aucune issue vers l'intérieur.

En l'an 394, l'office des Vestales fut supprimé et leur habitation servit de bureau aux agents du fisc. Elle devint peut-être plus tard une habitation particulière. Récemment on a retrouvé dans un égout situé près de l'escalier un trésor de 397 monnaies d'or dont beaucoup sont d'origine étrangère; les plus récentes datent de Léon Ier (457-474).

Quand il fallait pourvoir au remplacement d'une Vestale, le grand-pontife désignait vingt fillettes de moins de dix ans choisies dans les meilleures familles, exemptes de défauts physiques et n'étant ni sœur d'une Vestale ni fille d'un augure ou d'un flamine; le nom de l'une d'elles était tiré au sort; cette opération eut lieu d'abord sur le Forum, puis au Sénat. Quelquefois les parents offraient leur fille au grand-pontife. L'honneur d'être choisie était recherché. L'empereur Tibère donna plus de deux millions en l'an 17, à la fille de Fonteius Agrippa pour la consoler d'avoir été écartée. Lors de l'*inauguratio* d'une nouvelle Vestale, on lui coupait les cheveux et on l'habillait de blanc. Pendant dix ans on enseignait aux Vestales leurs devoirs, pendant dix ans elles les accomplissaient, pendant dix ans encore elles les enseignaient aux novices. Après quoi elles redevenaient libres et pouvaient se marier. Cependant la plupart préféraient demeurer Vestales. La plus ancienne recevait le titre de *Virgo Vestalis Maxima*. La mission des Vestales était d'entretenir le feu sacré avec du bois d'arbres réputés heureux, d'aller chercher de l'eau à des sources particulières, de préparer les gâteaux destinés aux sacrifices, d'invoquer les dieux, d'assister à certains sacrifices.... En revanche, elles jouissaient de nombreux privilèges; elles étaient émancipées, elles avaient le droit de circuler en char et ne payaient pas d'impôt sur leurs chevaux; un licteur marchait devant elles; le consul devait leur céder le pas; s'il leur arrivait de rencontrer un condamné à mort qu'on menait au supplice, il avait la vie sauve; elles menaient une existence luxueuse car la Maison possédait de vastes propriétés.

LA REGIA

Entre le temple de Castor, la Maison des Vestales, le temple d'Antonin et la basilique Æmilia sont entassées une infinité de ruines appartenant à des monuments divers : la Regia, les arcs de triomphe d'Auguste, le temple et les rostres du Divin Jules.

La *Regia* servait de dépôt d'archives et de salle de réunions au collège des pontifes; sur les parois extérieures étaient appliquées des tables contenant les « fastes triomphaux » et les « fastes consulaires » qu'on voit en partie au musée du Capitole[1]. Les armes de Mars y étaient conservées ainsi que les

---

1. Sur la valeur historique qu'il convient de leur accorder, voir l'article de M. Piganiol dans le *Journal des Savants*, décembre 1916.

objets consacrés à la déesse *Ops Consiva*. Dans un des puits
situés à l'intérieur de l'édifice ont été retrouvés soixante-dix-
huit stylets à écrire, ce qui montre que de nombreux scribes
devaient y être employés. On peut imaginer l'aspect de ce bâtiment dont les fondations existent et dont le plan figure sur la
Forma Urbis reconstituée par Lanciani dans la grande cour du
musée des Conservateurs; sa forme était celle d'un trapèze irrégulier ayant environ 22 mètres sur 8; il était composé d'un seul
étage et orné de colonnes; les murs et les colonnes étaient en
marbre. L'intérieur était divisé en trois pièces dans la plus
grande desquelles ont été retrouvés les débris d'un pavement
en tuf. Dans la cour attenante était une citerne de 4 m. 36 de
profondeur et de 3 mètres de diamètre au fond; elle va en se
rétrécissant vers le haut. A côté sont deux puits fort anciens;
l'un d'eux a plus de 14 mètres de profondeur et 60 centimètres
de diamètre.

A en croire Pline, deux des quatre statues qui soutenaient la
tente d'Alexandre le Grand décoraient l'entrée de la Regia.
Les deux autres se trouvaient devant le temple de Mars Ultor.

La Regia a été détruite plusieurs fois depuis le temps où,
selon la tradition, Numa la construisit, et notamment en 210,
en 148 et en 36 av. J.-C. La restauration de l'an 36 due à Domi-
tius Calvinus est importante. Ce fût alors qu'on encastra dans
les parois les fastes consulaires. Une dernière restauration eut
lieu sous Septime-Sévère.

La Regia servit primitivement de demeure au *Rex Sacrificulus* et au *Pontifex Maximus*[1]. Plus tard, cet édifice devint un
Fanum, c'est-à-dire un sanctuaire, un lieu consacré et le *Rex
Sacrificulus* alla habiter sur la Velia. D'autre part, les empereurs s'étant arrogé le titre de *Pontifex Maximus*, il n'y eut
plus lieu d'assurer un logement à ce personnage. César y
habita.

Au moyen âge, la Regia fut une maison d'habitation; du
côté de la Sacra Via se voient des degrés en marbre destinés à
en permettre l'accès. A l'époque de la Renaissance, une partie
du monument restait encore debout. Ligorio raconte qu'il fallut
au moins trente jours pour le raser. Une partie des matériaux
fut réclamée par le chapitre de Saint-Pierre; avec le reste on
fabriqua de la chaux. L'intervention du cardinal Alessandro
Farnèse sauva de la destruction les Fastes.

---

1. Il se peut que la « Maison du roi » fût distincte de la Regia dès une
époque lointaine.

LE TEMPLE DE CÉSAR
(Templum Divi Julii)

César, qui était grand-pontife, habitait la maison royale (*atrium regium*) de la Voie Sacrée, probablement non loin du temple actuel de Romulus. De là un conjuré l'avait conduit, un peu malgré lui, à cette séance du Sénat, dans la curie de Pompée (près du théâtre de l'Argentina), où il devait périr (Ides de mars, 17 mars 44 av. J.-C.).

Comme c'était la coutume, quelques jours après sa mort, on déposa son corps devant les Rostres (il s'agit évidemment des nouveaux rostres, déplacés par César, c'est-à-dire non loin de l'emplacement de la colonne de Phocas); des gens armés l'entouraient et faisaient sonner leurs armes sur leurs boucliers. Antoine prononça l'oraison funèbre du mort; « il chantait comme un hymne au dieu César », racontait ses exploits et les trophées rapportés par lui et tantôt s'inclinait sur le cadavre et tantôt invoquait le ciel. Il modulait comme un acteur, et, comme un chœur immense, le peuple l'accompagnait. Brusquement il découvrit le corps et déploya le vêtement maculé de sang. Puis une machine souleva le cadavre et le tourna vers la foule; on pouvait compter les vingt-trois blessures. La foule enflammée de colère incendia la maison des conjurés; elle voulut porter César au Capitole et le déposer parmi les dieux. Les prêtres s'y opposant, on ramena le corps au Forum; un bûcher fut improvisé près de la Regia, les vétérans y jetaient leurs décorations, et toute la nuit le feu fut entretenu au milieu d'un immense concours de peuple.

Les cendres de César furent déposées au Champ de Mars.

A l'emplacement du bûcher, un personnage, qui usurpait le nom de Marius, érigea un autel et une colonne. Dolabella (le gendre de Cicéron), d'accord avec Antoine, pour mettre fin aux manifestations populaires, détruisit ce monument.

En l'an 42 av. J.-C. les triumvirs décidèrent d'ériger un temple à l'endroit où le « Dieu César » avait été brûlé; Auguste en commença la construction en 33; elle fut achevée quelques années plus tard, après la bataille d'Actium; la dédicace eut lieu le 18 août 29 av. J.-C. A cette occasion, des « jeux troyens » furent célébrés, entremêlés de combats de gladiateurs où l'on vit des bêtes fauves inconnues des Romains. La plate-forme du temple était haute de 3 mètres, large de 26 mètres, longue de 30. Échancrant cette plate-forme en son milieu, du côté tourné vers le Forum, se trouve une niche semi-circulaire de 8 mètres de diamètre dont la paroi est en péperin.

Cette niche a été pratiquée apparemment pour laisser subsister le soubassement de l'autel de César; ce serait donc là l'emplacement exact où il fut brûlé. Ce côté du *podium* portait le nom de *Rostra Julia* ou *Rostra Divi Juli*, car de là on haranguait le peuple assemblé dans le Forum, de même que de la tribune aux Rostres qui lui faisait face.

Une médaille représente l'empereur Hadrien s'adressant de là à la foule.

Le temple construit sur cette plate-forme était ionique, hexastyle, prostyle, pycnostyle, autrement dit le péristyle était décoré de six colonnes fort rapprochées, l'entre-colonnement étant égal à une fois et demie le diamètre de la colonne, soit trois modules; ces colonnes avaient 1 m. 18 de diamètre à la base et 10 mètres de hauteur. La cella avait 17 mètres sur 6 m. 5o; à l'intérieur était une haute statue de César, la tête ornée d'une étoile ou d'une comète; la porte qui faisait face au Forum étant fort grande, la statue pouvait se voir de loin.

Voici ce que Pline raconte au sujet de la comète. Durant les jeux qu'Octave célébra, peu après la mort de César, en l'honneur de Vénus Genitrix, ancêtre des Julii, une comète apparut, durant sept jours, au septentrion; et le peuple pensa que cet astre était l'âme de César reçue parmi les immortels. Mais Auguste, qui feignait d'accepter cette interprétation populaire, croyait, en réalité, dit Pline, que cette comète était sa propre étoile, non pas celle de César.

Le temple était riche en œuvres d'art, en curiosités et en trophées ramenés d'Égypte. Il contenait une Vénus d'Apelle en l'honneur de la *Gens Julia*, des peintures, des Victoires. Néron fit enlever la peinture d'Apelle que l'humidité détériorait, car ce temple est dans la partie basse du Forum et il était envahi par les eaux lors des inondations du Tibre.

Deux arcs élevés à la gloire d'Auguste existaient entre les assises de la Regia et le temple de Castor. L'un de ces arcs était destiné à rappeler le triomphe d'Actium; l'autre, la restitution par les Parthes des enseignes prises jadis par eux. Quelques débris de l'un d'eux subsistent encore. De l'autre il ne demeure plus trace.

Un peu à l'Ouest sont des fragments que l'on peut supposer être ceux d'un *puteal* qui aurait servi à entourer un point du sol frappé par la foudre et par conséquent sacré; Scribonius Libo avait été chargé, au temps de la République, de retrouver les lieux de ce genre et de les entourer.

LA BASILIQUE EMILIENNE
(Basilica Fulvia et Æmilia ou Æmilia).

L'œuvre des chaufourniers du moyen âge et de la renaissance[1] a laissé peu de chose de cette splendide basilique qui fait face à la basilique Julia et le lui cédait peu en magnificence. Elle avait été construite par Æmilius Lepidus et Marcus Fulvius Nobilior, l'ami du poète Ennius, en l'an 179 av. J.-C. Depuis, comme la plupart des monuments antiques de Rome, elle fut souvent reconstruite : d'abord par un autre Æmilius Lepidus en l'an 78 av. J.-C. puis par un édile nommé Lucius Æmilius Paullus en 55, lequel se ruina dans cette entreprise et fut secouru par César qui le détacha ainsi du parti de Pompée. Le travail, interrompu par suite des discordes civiles, fut repris par son fils Lucius Æmilius Lepidus Paullus, en 34 av. J.-C., sur l'ordre d'Auguste. Les *Tabernæ* disparurent alors. En 22 de notre ère, sous Tibère, un incendie ayant endommagé l'édifice, Marcus Æmilius Lepidus, fils du précédent, oublieux de la mésaventure de son aïeul, demanda de le restaurer à ses frais. On a retrouvé dans les ruines des monnaies postérieures à Constantin en partie fondues par un incendie. La basilique eût donc à souffrir du feu au ve et au vi^e siècle, probablement en 410 lors de la prise de Rome par Alaric. Honorius l'a restaurée.

La basilique, qui avait 85 mètres environ de long, se composait de trois parties : un portique donnant sur le Forum, des chambres s'ouvrant sur ce portique et une nef. On accédait du Forum au portique par six degrés; d'abord quatre degrés, puis une plate-forme large de o m. 75 et deux degrés; le portique était formé de seize piliers de marbre blanc ornés de demi-colonnes engagées; ces piliers étaient espacés de 5 m. 40. A 14 mètres en arrière se trouvait un mur de soutien épais de 1 m. 20 qui séparait le portique de la nef; il était en tuf. Des cloisons en tuf également, correspondant aux piliers, partaient perpendiculairement à ce mur et s'avançaient de 7 m. 15. Elles formaient des compartiments qu'on a appelés *Tabernæ*, boutiques, mais qui servaient plus vraisemblablement de bureaux, à moins qu'on ait voulu rétablir ainsi les *Tabernæ novæ* qui avaient été détruits pour faire place à l'édifice. Chacun de ces éperons

---

1. Bramante prit dans la basilique des matériaux pour le palais qu'il bâtit au Borgo en 1503-1504 pour le cardinal de Corneto; bien d'autres architectes l'avaient devancé et bien d'autres l'imitèrent. La Rome antique fut surtout détruite par les Romains.

se terminait par une colonne; ils étaient garnis de plaques de marbre. L'espace compris entre ces *Tabernæ* et les pilastres du devant formait un long couloir de 7 mètres sur 85 mètres. Au milieu du grand mur, une ouverture de 3 m. 80 dont le seuil est resté en place, donnait accès dans la basilique proprement dite. Deux « boutiques » à l'extrémité Ouest, une à l'extrémité Est sont plus étroites à cause des nécessités du plan; la présence de la Curie obligea, en effet, l'architecte à écorner le monument d'un côté; il eut sans doute d'autres empêchements du côté opposé. En plusieurs endroits, on distingue encore des traces du dallage qui était en marbre de couleur. D'après les médailles anciennes, la basilique avait deux étages.

La nef centrale est longue de 80 mètres environ; elle était fameuse, au dire de Pline[1], par ses vingt-quatre colonnes de marbre phrygien. Les trois nefs, dont elle semble avoir été composées[2], comme la plupart des édifices de ce genre, mesuraient : les nefs latérales 4 m. 50 de largeur, la nef centrale 9 mètres. L'un des piliers de la basilique qui se trouvait juste au-dessus de l'égout qui coule sous la basilique, le traverse et va reposer sur le sol au-dessous. L'ouverture se voit encore.

Vers le v° siècle les piliers furent remplacés par des colonnes plus rapprochées que ne l'étaient les piliers (3 m. 77 au lieu de 5 m 31). Une restauration hâtive dut être entreprise alors, car on a trouvé parmi les dalles du seuil une des plaques de marbre de la Regia qui contenaient les Fastes consulaires.

La première clepsydre introduite à Rome fut établie dans cette basilique, en 159 av. J.-C., par Publius Cornelius Scipio Nasica, comme il a été dit.

Au vii° siècle, un oratoire fut élevé à l'extrémité de la basilique, du côté de l'Argiletum, et une église, S. Giovanni in Campo, de l'autre côté, dans l'avant-dernier entre-colonnement.

La rue qui sépare la basilique *Æmilia* du *Comitium* est l'*Argiletum*, une des rues les plus populeuses et les plus fréquentées de l'ancienne Rome; elle menait du quartier de Subura au Forum.

Sur les degrés par lesquels on descendait de la basilique vers le Forum, en face du troisième pilier du côté de la Curia, se trouve un autel voué à la Venus Cloacina. Le mot n'avait pas alors le sens désavantageux qu'on lui a attribué depuis. C'était une Vénus qui présidait aux purifications. Cet autel

---

1. Pline, *Hist. Nat.*, XXXVI, 102.
2. Le monument n'ayant pas été entièrement dégagé, un doute plane sur sa disposition et ses dimensions; on a même pensé qu'il y avait trois nefs latérales au lieu de deux.

très ancien avait été élevé, racontait-on, à l'endroit où, les hostilités ayant pris fin entre les Romains du mont Palatin et les Sabins du Capitole, entre les pâtres et les agriculteurs, le roi Titus Tatius, roi des Sabins, y avait conclu la paix avec Romulus et sacrifié des victimes. Là aussi Virginie avait péri de la main de son père qui voulait la soustraire aux entreprises d'Appius Claudius Crassinus (450 av. J.-C.).

Cet autel se compose d'une assise circulaire de 2 m. 40 de diamètre; du côté occidental, c'est-à-dire vers le Comitium, l'arête est entaillée de façon à laisser la place pour deux marches très usées par le frottement. Des médailles datant de l'an 39 ou 38 av. J.-C. représentent ce monument à ce qu'on croit; une balustrade de bronze entoure la plate-forme sur laquelle se distinguent un pilastre du côté opposé à l'entrée, plus deux statues féminines et deux colonnettes surmontées d'un oiseau. Plus tard, on rattacha la fondation de cet autel à l'égout de la *Cloaca Maxima* qui passait assez près et qui avait servi à purifier et à assainir le Forum. (Voir plus loin.)

LE TEMPLE D'ANTONIN ET DE FAUSTINE
(Templum Antonini et Faustinæ.)

Quand mourut, en l'an 141 de notre ère, la femme de l'empereur Antonin le Pieux, il pensa ne pouvoir mieux honorer sa mémoire qu'en la mettant au nombre des divinités et en lui élevant un temple, bien que la pureté de ses mœurs ne la qualifiât pas pour un tel honneur. A la mort de l'empereur, survenue vingt ans plus tard, en 161, le Sénat lui rendit même hommage. On fit précéder l'inscription primitive qui portait: DIVÆ. FAVSTINÆ. EX. s (ENATVS). c (ONSVLTO) des mots suivants inscrits au-dessus: DIVO. ANTONINO. ET, et le temple réunit dans un même culte l'empereur et l'impératrice.

Élevé sur un soubassement, il domine de 4 m. 60 environ le sol environnant. Les six colonnes qui ornent la façade sont des monolithes de cipolin de 17 mètres de haut, de 1 m. 45 de diamètre à la base, couronnés de chapiteaux corinthiens en marbre blanc qui supportaient un entablement également de marbre blanc. Il y a deux colonnes en retour de chaque côté. Sur la plupart de ces colonnes se voient des graffiti, dessins ou inscriptions [1]. Sur les côtés, la frise est ornée de guirlandes de

---

1. Reconnus et décrits pour la première fois par M. Lacour-Gaye *Mélanges de l'École française*, vol. I, p. 226.

fleurs soutenues par des griffons affrontés et par des bucranes, avec des vases, des couteaux de sacrifices, des coupes. Une partie de la cella subsiste; elle est en blocs de péperin. Un large escalier, récemment dégagé (1899), descendait vers le Forum; au centre de cet escalier ont été retrouvés les fragments d'un autel. Tout le temple était couvert de plaques de marbre.

Devant la façade, on a placé les débris des deux statues d'Antonin et de Faustine qui se trouvaient dans le temple. Ce temple devint une église vers le viie siècle, sous l'invocation de S. Lorenzo in Miranda; c'est ce qui l'a sauvé d'une destruction plus complète.

LA NÉCROPOLE
(Sepulcretum).

Tout à côté du temple d'Antonin et de Faustine, de récentes explorations ont mis au jour, à 3 ou 4 mètres au-dessous du pavé de la Voie sacrée, une nécropole archaïque; on y distingue deux sortes de tombes taillées dans le roc et destinées, les unes, peut-être moins anciennes, aux ensevelissements; les autres, d'une époque plus reculée, aux cendres des corps incinérés. Dans les premières ont été retrouvés surtout des cadavres d'enfants, un cercueil de bois, des ornements d'ivoire, d'ambre et de verre, pas d'or, deux morceaux seulement d'argent. Les urnes funéraires ont la forme des huttes primitives avec un toit conique, ou bien sont semblables à des vases.

Le type des tombes du Forum est identique à celui qu'on reconnaît dans les nécropoles albaines récentes; la disposition des sépultures, les vases, les fibules sont identiques: à cet égard Rome est bien, conformément à la légende, une colonie albaine, et même assez récente.

Parmi les vases accessoires, il y a des vases grecs, de petits lécythes protocorinthiens, des skyphoi ornés de palmettes dites phéniciennes. Aucune trace d'objet proprement étrusque.

Dater la nécropole est difficile. Les tombes les plus anciennes sont probablement du ixe siècle ou plutôt même du viiie, vers le temps où se place, selon la légende, la fondation de la « Rome carrée ». Les plus récentes ne paraissent pas postérieures au vi^e siècle (ni même plus précisément, à la première moitié du vi^e siècle), c'est-à-dire que l'on a cessé d'enterrer là précisément au temps où une Rome nouvelle se fonda, sous les Rois, ayant pour centre le Forum.

Ainsi, contrairement à la critique philologique, très peu respectueuse de la tradition, l'archéologie en confirme les données.

LE TEMPLE DE ROMULUS
(Templum Divi Romuli).

Entre le temple d'Antonin et de Faustine et la basilique de Constantin se trouve le petit temple rond de Romulus. Il ne s'agit pas du fondateur de Rome, mais d'un fils de l'empereur Maxence, mort jeune (309) et qui fut néanmoins divinisé ; Maxence ne put l'achever ; ce fut Constantin qui le dédia. Il a été fort peu modifié. La rotonde a 17 mètres de diamètre ; de chaque côté sont deux ailes. La construction est en blocage revêtu de tuf ; le marbre qui garnissait les parois a disparu. Le dôme était percé d'une ouverture comme au Panthéon ; on l'a surmonté, depuis que le temple est devenu église [1], d'une lanterne. La porte centrale donnant sur le Forum est encadrée de deux colonnes de porphyre rouge qui existent encore ; elles sont surmontées d'une corniche en marbre blanc. Les portes de bronze existent encore également.

Ce petit monument est un des mieux conservés de la Rome antique.

LE TEMPLE DE ROME
(Templum (?) Sacræ Urbis.)

Ce monument qui est attenant au temple de Romulus appartient moins au Forum Romain qu'au Forum de la Paix vers lequel il est orienté. Était-ce un temple, était-ce la bibliothèque du temple de la Paix, on ne sait ? Ce qui le rend surtout intéressant, c'est qu'on a découvert parmi ses ruines la plus grande partie de ce qui subsiste du plan de la ville que le commandeur Lanciani a reconstitué dans la cour du musée des Conservateurs. La présence de ce plan s'explique ainsi. On conservait dans ce temple les archives cadastrales, les pièces relatives aux travaux publics ; or, lorsque Septime-Sévère eut reconstruit nombre d'édifices et opéré des travaux de voirie importants après le grand incendie de Commode, il fit établir un plan de la ville qu'on apposa sur l'une des parois du temple ;

1. SS. Cosma e Damiano in Silice.

ce plan s'effondra et fut heureusement recouvert de débris, ce qui l'a préservé de l'anéantissement. Les parois du temple, en blocs de péperin, subsistent en partie.

LE TEMPLE DE VÉNUS ET DE ROME
(Ædes Romæ et Veneris.)

Ce temple était compté parmi les sept merveilles de Rome, au dire de l'historien Ammien Marcellin. Comment en aurait-il été autrement, puisqu'il était dédié aux deux déités tutélaires de la ville, *Venus Felix*, la mère d'Énée, l'ancêtre des Romains, et *Roma Æterna*, le génie de Rome? Il dominait de très haut d'un côté la vallée du Forum, de l'autre celle du Colisée. L'empereur Hadrien en posa, à ce qu'il semble, la première pierre en 121, le 21 avril, jour anniversaire de la fondation de la ville; il en avait donné le plan qui fut critiqué par Apollodore; la dédicace eut lieu en 135, cependant il ne fut achevé que sous le règne d'Antonin. Il s'élevait à l'emplacement du vestibule de la Maison Dorée de Néron. La plate-forme qui le supportait avait 103 mètres de largeur, 145 mètres de longueur, disent certains archéologues, 165, disent les autres; du côté du Colisée, elle était fort élevée à cause de la grande déclivité du sol; les caves sur lesquelles elle reposait servaient à placer les accessoires de l'amphithéâtre; les parois en sont en blocage. Une colonnade régnait tout autour, simple sur les côtés, peut-être double à chaque extrémité, en granit rouge et en granit gris; elle formait le péribole; au centre, sur une plate-forme de sept degrés était le temple composé de deux *cellæ* adossées, car chaque divinité devait avoir la sienne avec une entrée en face de la statue; ce temple était décastyle, c'est-à-dire que le porche avait dix colonnes; il était construit en blocage revêtu de marbre et décoré à l'intérieur de colonnes entre lesquelles se trouvaient des niches. Ces colonnes avaient 1 mètre de diamètre.

Peu de choses subsiste de cet ensemble; ce qui frappe le plus, ce sont les deux absides des *cellæ* accolées; c'est merveille de voir comme elles se soutiennent par l'étonnante solidité de leur construction[1]. De-ci de-là des débris de pavage, des traces de niches, des fragments de perrons, des morceaux de colonnes. L'œuvre de destruction avait commencé de bonne heure. Le pape Honorius Ier, qui régna de 625 à 640, obtint de

---

1. Choisy, *Art de bâtir chez les Romains*, p. 58. Rivoira, *Architecture lombarde* (éd. anglaise), vol. 1, p. 100.

l'empereur Heraclius la permission de prendre les tuiles dorées qui couvraient le temple pour en orner l'église Saint-Pierre[1]. Paul Ier (757-767) édifia une chapelle en l'honneur de Saint-Pierre et Saint-Paul dans la partie du temple tournée vers le Forum. Dès le règne de Léon IV (847-855), la chapelle de Paul Ier avait fait place à une église dédiée à la Vierge et qui reçut l'épithète de S. Maria Nova, à cause de l'autre église dédiée à la Vierge dont il a été parlé et qui devint *S. Maria Antica*. En 1615, Paul V en renouvela la façade avec le concours des moines olivétains qui habitaient le monastère voisin et qui firent construire à leurs frais le plafond, lequel est fort riche. Depuis, l'église a pris le nom de S. Francesca Romana qu'elle porte encore actuellement.

La construction du temple de Vénus et de Rome amena de grandes modifications dans toute la région avoisinante, le tracé de la Voie Sacrée fut modifié, le Colosse élevé en face du Colisée fut déplacé, peut-être aussi l'arc de Titus.

LA BASILIQUE DE CONSTANTIN[2]
(Basilica Nova).

L'empereur Constantin se posait en protecteur et en restaurateur de sa capitale : « *Conservator Urbis suæ* », ainsi qu'il le mettait en légende sur ses monnaies ; très attaché aux anciennes traditions et très soucieux de relever le prestige de Rome, il s'occupa activement d'en réparer ou d'en achever les monuments ; il remit en état le temple de Romulus, le Cirque de la Voie Appienne, peut-être le *Lapis Niger*, la tombe supposée de Romulus, et acheva la basilique qui porte son nom.

Maxence, qui en avait posé la première pierre, détruisit pour l'édifier le marché aux épices, *Horrea Piperataria*, que Domitien avait construit ; un incendie l'avait d'ailleurs en partie ruiné au temps de Commode, en l'an 191. Maxence n'eut le temps que de voir les fondations de la basilique. Le plan adopté par lui donnait à la basilique une entrée vers l'Est, du côté tourné vers le Colisée. Un porche de 8 mètres de large servait de péristyle ; trois portes s'ouvraient dans la nef centrale, une porte donnait

---

1. C'est ce que rapporte le *Liber Pontificalis*, mais peut-être s'agit-il en fait de la basilique de Constantin. Duchesne, *Mélanges de l'Ecole de Rome*, 1886, p. 25. Ces tuiles existaient encore en 1606 ; peut-être Paul V les fit-il fondre avec tant d'autres reliques de l'antiquité.

2. C. Fea, *La Basilica di Costantino*, Rome, 1819. N. Ratti, *Sulle Rovine del Tempio della Pace*, Rome, 1813.

dans chaque nef latérale. En face était l'abside de 20 mètres de diamètre. Constantin ouvrit une nouvelle entrée sur le Forum et la décora de colonnes de porphyre rouge dont on a retrouvé des fragments. En face, il établit une autre abside. C'est ce changement de plan qui donne à la basilique son caractère particulier ; elle a deux axes Nord-Sud, Est-Ouest ; pourtant l'orientation du monument est Est-Ouest. La grande nef centrale a 80 mètres de longueur, 35 mètres de hauteur ; les nefs latérales ont 16 mètres de largeur ; le monument a, en tout, 100 mètres de long sur 65 mètres de large. Huit colonnes monolithes de 19 mètres soutenaient les voûtes ou plutôt ornaient l'intérieur, car les voûtes sont là comme ailleurs pour ainsi dire d'une seule pièce, tant les matériaux qui les composent se sont solidement agglomérés. Les murs qui, en certains endroits, mesurent 6 mètres d'épaisseur, sont en briques et en blocage. Ce qui reste de la voûte dans la nef centrale est orné de caissons, décoration préférée des plafonds romains. Des fragments du pavement qui était de marbre ont été retrouvés.

Du vi^e au viiie siècle, la basilique porta le nom de *Templum Urbis Romæ*, ensuite elle fut appelée *Templum Romuli*, puis encore, vers le xive siècle, *Templum Pacis*, à cause d'une confusion avec l'un des monuments voisins. Ce ne fut qu'au commencement du xixe siècle que son véritable nom lui fut restitué.

Le terrible tremblement de terre de 1349 qui abattit jusqu'à mi-hauteur la Torre dei Conti, éloignée de 300 mètres de la basilique, dut en hâter ou en déterminer la ruine si, comme quelques auteurs le pensent, elle était demeurée intacte jusqu'alors[1]. Au milieu du xve siècle, il ne restait déjà plus debout que les trois arches qui subsistent encore ; Pogge les vit et s'étonna de leur grandeur[2]. Des huit colonnes monolithes, une seule n'avait pas été renversée. Jusqu'en 1547, on ne s'occupa guère du monument qu'envahissait la végétation et qui, d'autre part, ne pouvait être utilisé, ainsi que les autres ruines, ni comme habitation ni comme lieu de défense ; cette année, le 11 février, le premier des conservateurs fit au Conseil communal la déclaration suivante : « Les restes de notre passé ont été détruits ou menacent ruine par suite des injures du temps ou du peu de considération où les tiennent les habitants ; nous devons, en ce qui nous concerne, avoir à cœur ces souvenirs de la gloire

---

1. A. Nibby, *Roma antica*, part. II, p. 238 et suiv., dit qu'il y découvrit des traces de fresques chrétiennes, preuve qu'après le ve siècle la basilique était encore entière.

2. *De Varietate Fortunæ*, Paris, 1722, lib. I, p. 10.

de nos ancêtres, lesquels ont mérité l'immortalité par leurs hauts faits et leurs grandes vertus, leurs victoires et leur génie. » Et il concluait en conseillant d'accepter les propositions d'Euryale Silvestri, lequel demandait qu'on lui cédât la partie haute du monument[1]. Elle était devenue une sorte de forêt; arbustes et plantes de toute sorte y croissaient à l'envi. Or, Silvestri, qui était un riche amateur d'antiquités venu à Rome quelque vingt ans auparavant, après le sac de 1527, offrait de faire enlever, à ses frais, toute cette végétation. Derrière la basilique, il possédait un monticule qu'il avait converti en un jardin archéologique plein de statues, de marbres, de pierres sculptées, comme c'était la mode alors[2]. Aldroandi, qui en donne l'énumération[3], y vit des Bacchus, des Faunes, des têtes d'empereurs, des tables de marbre et quantité de fragments que Silvestri avait trouvés dans une vigne lui appartenant. Silvestri avait-il demandé la concession du haut de la basilique seulement en vue d'assurer la conservation du monument, ou bien voulait-il en faire une annexe de son musée ? Il existait alors toutefois, semble-t-il, une ruelle qui peut-être séparait la basilique et le monticule qui s'élevait derrière.

A la mort de Silvestri, ses neveux vendirent le palais qu'il habitait, le jardin avec ses collections, et probablement la jouissance du sommet de la basilique à un petit-neveu de Léon X, Ottaviano de Médicis, alors archevêque de Florence (13 février 1567)[4]. Il y continua les traditions de son prédécesseur et accumula dans le jardin les antiquités; toutefois, le 14 mars de l'année 1591, il céda le palais et ses dépendances au duc de Zagarolo, don Marzio Colonna, sa vie durant.

Montaigne parle en ces termes de la basilique : « A voir sulemant ce qui reste du tample de la Paix le long du Forum Romanum duquel on voit encore la chute /toute vifve come d'une grande montaigne dissipée en plusieurs horribles rochiers, il ne samble que deus tels bâtiments peussent (tenir) en toute l'espace du mont du Capitole[5]... »

Après l'année 1662, Paolo Mercati était propriétaire du palais ; il y logea les *Mendicanti* qui y résident encore; les *Mendicanti*, les Mendiantes, était une confraternité organisée pendant

1. *Archiv. Stor. Not. Capit.*, Cred. I, vol. XXXVI, fol. 551.
2. LANCIANI, *Scavi*, vol. II, p. 72, 209 et suiv.
3. ALDROANDI, Venise, 1556, p. 276.
4. *Archiv. di Stato, Roma*, Prospero Campana Not. Prot., 437, fol. 168. Ottaviano fut élu pape en 1605, sous le nom de Léon XI.
5. *Voyage d'Italie*, éd. Lautrey, p. 222.

l'année jubilaire 1650 par une pieuse dame romaine et définitivement constituée en 1660 par le P. Caravita[1]; les filles
pauvres qui étaient recueillies par cette confraternité devaient
aller par les rues et sur les places, chantant des hymnes et des
cantiques et sollicitant des aumônes, d'où leur nom. Elles
allaient jouer un rôle important dans l'existence du monument.
Il semblerait, en effet, que leur rêve ait été, durant des années,
de transformer le haut de la basilique en jardin suspendu. De
fait, la vue devait en être splendide ; de là on dominait tout le
Forum, alors appelé Campo Vaccino, car les vaches y paissaient
l'herbe drue qui poussait entre les quelques vestiges qui émer-
geaient du sol ; on avait devant soi le cirque admirable formé
par le Capitole, le Palatin parsemé de ruines et le Cælius. Les
Mendiantes en firent donc un lieu d'agrément; elles laissèrent
les plantes pousser à foison sur les voûtes, peut être y appor-
tèrent-elles dès lors de la terre.

On ne s'occupait guère de la conservation du monument; tout
au contraire, le pape Paul V ayant besoin d'une colonne, en
1613, songea à celle qui restait, appliquée à la paroi de briques,
entre les deux arches de gauche ; on la voit représentée, un peu
enfouie, dans toutes les gravures antérieures à cette date ; le
pape avait décidé d'en orner la place qui se trouve devant la
façade de Sainte-Marie-Majeure : ce fut un laborieux travail, car
la colonne était des plus pesante ; il fallut de grands efforts
pour la soulever et la coucher sur le berceau de bois grâce
auquel on put l'amener à destination ; l'opération, commencée le
23 octobre 1613, ne fut achevée que le 15 avril suivant[2] ; on
avait employé plus de soixante chevaux; enfin, le 19 juillet, on
plaçait sur le sommet une statue de bronze de la Vierge due au
sculpteur français Bartolet et fondue par Orazio Censore et
Domenico Ferreri; l'architecte Maderno avait dessiné le piédestal et dirigeait les travaux; le cardinal trésorier Giovanni Serra
lui versa, pour couvrir la dépense : 16 400 écus.

« Je ne puis vous dire ce qu'était le temple, écrit en 1736 le
président De Brosses[3], mais seulement que cette colonne isolée
est la plus belle chose en architecture qui existe dans tout l'uni-
vers; qu'elle me donne autant et peut-être plus de satisfaction
à la vue qu'aucun autre édifice complet, en me présentant l'idée
du plus haut degré de perfection où l'art soit jamais parvenu. Il
y a une quinzaine de jours que le tonnerre est tombé sur cette

1. Q. QUERINI, *La Beneficenza romana*, Rome, 1892, p. 300.
2. GIACINTO GIGLI, *Diario*, Cod. Vat. Lat. 8717. CANCELLIERI, *Mercato*, p. 184
n. 8. F. CERASOLI, *Diario di cose romane*, Rome, 1894, p. 16.
3. DE BROSSES, *Lettres familières*, Paris, 1895, vol. II, 216.

colonne, au diable soit de l'étourdi, il a cassé tout net un des angles de la corniche à feuille d'acanthe... »

Peut-être existait-il aussi une deuxième colonne enfouie, ou tout au moins une base ; Sangallo le jeune s'en serait servi, au dire de Dosio, dans la construction de Saint-Pierre.

Il ne faut pas accorder trop de créance à l'hypothèse d'après laquelle le groupe d'Alexandre Farnèse et une Victoire qui est au Musée des Conservateurs auraient été tirés d'une autre colonne [1].

Au cours du XVIIIe siècle, un marchand de bois installa sa marchandise sous une des voûtes ; le Conseil communal jugea qu'il compromettait la solidité de l'édifice et le déshonorait ; une résolution fut prise décidant son expulsion, mais ce ne fut pas chose facile ; il prétendait avoir des brefs, il fallut batailler, négocier [2]. Cependant le Conseil était informé que les Mendiantes transportaient de la terre sur le haut de la basilique et y plantaient des fleurs et même des arbustes (23 juillet 1714). Ordre fut donné à l'architecte du Peuple romain d'aller les arracher. En même temps le Conseil fit bâtir autour de la basilique un mur de protection. Le marquis Emilio Cavalieri, qui apparemment avait des droits de propriétaire ou de locataire, dut remettre au premier des conservateurs les clés de la porte « comme chose relevant du Peuple romain ». Mais ce beau local le tentait, car il rêvait d'établir sous l'arche centrale un manège ; il offrit d'en payer la jouissance 3 écus par an et le Conseil accepta (15 novembre 1714). Restait à expulser le marchand de bois. Ce ne fut qu'en février 1715 qu'on y parvint, et alors le marquis s'était ravisé. On dut recommencer à traiter ; cette fois il fut convenu que le marquis Cavalieri pourrait transformer en manège le terrain convoité, mais n'aurait pas le droit d'en disposer autrement, qu'il entretiendrait à ses frais le mur d'enceinte et fournirait comme location chaque année deux livres de cire de Venise ; la commune gardait à sa charge l'entretien des murs antiques. Cet accord devait être ratifié par le Souverain Pontife ; le fiscal se rendit donc auprès de lui, mais il dut informer le Conseil, dans la séance du 16 mars 1715, que le pape refusait son assentiment et voulait qu'on cédât au marquis la jouissance de la basilique sans bail et sans loyer, à la seule condition qu'il y ferait un manège « et pas autre chose ».

Le Conseil s'occupait sans cesse de la basilique ; il faisait

1. G. GUATTANI, *Roma descritta*, p. 62, n. 1. CANCELLIERI, *Stor. dei Possessi*, p. 99, note. Cf. A. UGGERI, *Giornale*, vol. II, pl. VV. Peut-être le bloc venait-il du Forum de la Paix.

2. *Archiv. Stor. Capit.*, Cred. I, vol. XLIV, fol. 38, 39, 45, 48.

arracher les plantes qui y poussaient, enlever les gravats qui en encombraient les abords, il rappelait aux conservateurs de « veiller au maintien de la juridiction du Peuple romain sur les arches du temple de la Paix ». L'architecte du Peuple vint prévenir le Conseil, le 27 juin 1716, que les Pères Olivétains de l'église Santa Francesca Romana avaient ouvert deux portes sous les arches, afin de faciliter le passage; non contents de cela, ils occupaient une bande de terrain attenante à la basilique, avaient muré une porte donnant sur la rue et ouvert une issue du côté du jardin. Et le Conseil de protester contre cette appropriation et d'envoyer dire au pape que le Peuple considérait que la basilique lui appartenait. Le pape fit réponse qu'il en informerait le camerlingue, afin qu'il parlât du fait aux Pères.

Vingt-huit ans plus tard, en 1744, on s'aperçut que les Mendiantes avaient recommencé à apporter de la terre sur la plateforme du haut et à y faire des plantations. « Elles grimpent sur l'édifice à son grand préjudice », disait le premier conservateur.

La preuve que le sommet des arches était devenu un lieu de promenade et de plaisance, c'est qu'on y menait les étrangers comme pour voir une curiosité.

« Il y a de petits jardins au-dessus des voûtes du temple de la Paix, dit La Lande en 1765, mais on ne doit y marcher qu'avec précaution à cause des trous qu'il y a déjà dans les voûtes et de ceux qui peuvent s'y ouvrir à chaque instant. Pour y aller, on est obligé de passer dans le Conservatoire *Delle Mendicanti* où il y a 120 orphelines[1]. »

Le marquis Emilio Cavalieri étant mort, le manège passa à son fils Gaspare, le 21 février 1755 ; une tribune avait été installée pour les spectateurs[2]. Mais le nouveau possesseur ne jouit pas longtemps de sa concession, car, deux ans plus tard, les Mendiantes étaient mises en possession pour sept ans du terrain situé « sous les arches[3] ».

En 1814, des réparations furent commencées pour empêcher la chute de certaines parties de la basilique plus spécialement menacées[4] ; quatre ans après, le fameux archéologue Fea entreprit des fouilles qui permirent enfin de restituer au monument

1. LA LANDE, *Voyage d'un Français en Italie*, Venise, 1769, vol. IV, p. 323.
2. FICORONI, *Le Vestigia e Rarità di Roma antica*, Rome, 1744, p. 70. En 1749, la Commune avait fait des travaux d'entretien dont le coût n'est pas spécifié. *Archiv. Capit.*, Cred. VII, vol. XLIX, fol. 237.
3. *Arch. Stor. Capit.*, Cred. VII, vol. XLIX, fol. 94.
4. A. NIBBY, *Roma antica*, part. II, p. 249.

son nom et d'en comprendre la forme primitive; on retrouva des fûts de colonnes, des fragments et le pavement de la Voie Sacrée. En 1828, sous la direction de Nibby, un mur fut construit autour de la basilique et le jardin établi sur le haut supprimé, mais les terres qui y avaient été apportées ne furent enlevées qu'en 1871[1]. Il y fallut beaucoup de temps, à ce qu'on raconte encore à Rome.

En 1849, la basilique, qui semble avoir été vouée par le destin, ainsi que la plupart des monuments de Rome, aux usages les plus divers, avait été transformée en une salle d'exercice pour les troupes françaises qui défendaient le Saint-Siège. Les quelques fragments du pavé, déjà fort endommagé, qui restaient encore, disparurent alors.

Sous la basilique se trouvait le passage qu'au moyen âge on nommait *Arco de' Latrone* ou *Latroni* à cause des nombreux méfaits qui se perpétraient en ce lieu obscur et écarté! Il avait été pratiqué dès l'antiquité, lors de la construction de l'édifice, pour faciliter les communications entre le Forum de la Paix, situé derrière, et la *Sacra Via*. Ce passage a 4 mètres de large et 15 mètres de long. Sous le pontificat de Félix IV (526-530), quand le temple voisin *Divi Romuli* fut devenu l'église Santi Cosma e Damiano, le passage, muré à l'une de ses extrémités, devint un lieu de sépulture; on y pratiqua des *loculi* qui se voient encore; plus tard et jusqu'à une époque récente, on y rangeait, dit Lanciani, des barils de vin!

L'ARC DE TITUS

L'arc de Titus, élevé en commémoration du triomphe de Titus sur les Juifs, se trouve au sommet de la Velia, dos d'âne qui sépare le vallon du Forum de la dépression où fut construit le Colisée; la *Sacra Via* passait auprès[2], c'est pourquoi cet arc portait dans l'antiquité le nom de *Arcus in Sacra Via Summa*. Le titre de Divus donné à l'empereur et la représentation de son apothéose indiquent que la construction en fut achevée seulement après sa mort (81), au temps de Domitien. Seule la partie centrale est antique; d'ailleurs les restaurations se distinguent aisément, car elles sont en travertin, alors que la construction

1. Au temps de Moroni, *Dis. di Erud.*, on croyait que la colonne de Néron (?) s'élevait au centre de la basilique, que les Romains y déposaient leurs trésors, que lors d'un incendie on avait vu des fleuves de métal en fusion couler jusque sur la *Sacra Via*....

2. Peut-être fut-elle détournée lors de sa construction.

primitive est recouverte de marbre pentélique[1]. L'arc a 15 m. 40
de hauteur, 13 m. 50 de largeur et 4 m. 75 d'épaisseur. Deux
colonnes encadrent l'arche qui a 8 m. 30 de hauteur sur 5 m. 30
de largeur; du côté du Forum, elle est surmontée d'une inscription qui avait disparu, mais qu'on a restituée d'après l'anonyme
d'Einsiedeln[2]; elle portait :

IMP · TITO · CÆSARI · DIVI · VESPASIANI · F · VESPASIAN (O) · AVG · PON-
TIFICI · MAX(IMO) · TRIB · POT · X · IMP · XVII · COS · VIII · PP · PRINCIPI ·
SVO · S · P · Q · R · QVOD · PRÆCEPTIS · PATR(IS) · CONSILIISQVE · ET · AVS-
PICIS · GENTEM · IVDÆORUM · DOMVIT · ET · VRBEM · HIER·OSOLYMAM ·
OMNIBUS · ANTE · SE · DVCIBVS · REGIBUS · GENTIBVS · AVT · FRVSTRA ·
PETITAM · AVT·OMNINO · INTENTATAM · DELEVIT

« A Titus César Vespasien, souverain pontife, revêtu pour la
dixième fois de la souveraineté tribunitienne, salué imperator
pour la dix-septième fois, consul pour la huitième fois, père de
la patrie, le sénat et le peuple romain, en souvenir du triomphe
remporté grâce aux instructions de son père, à ses décisions et
sous ses auspices, sur la nation des Juifs et sur la ville de
Jérusalem qu'aucun général, aucun roi, aucune nation n'avaient
pu auparavant réduire et n'avaient pas même osé attaquer. »

Du côté du Colisée, l'inscription qui subsiste porte seulement :

SENATVS · POPVLVSQVE · ROMANVS · D·VO · TITO · DIVI · VESPASIANI ·
F (ILIO) · VESPASIANO · AVGVSTO ·

« Le Sénat et le peuple romain au divin Titus, fils du divin
Vespasien, Vespasien Auguste. »

L'architrave, richement ornée, a 0 m. 43 de hauteur, la corniche,
0 m. 65; une scène du cortège triomphal y est représentée, avec
des bœufs couronnés, des personnages et un brancard supportant une statue couchée, peut-être le Jourdain; l'attique, qui est
moderne, a 4 m. 40. On vient de découvrir parmi les dessins conservés au palais de Windsor la reproduction d'une partie perdue
de la frise (FROTHINGHAM, *American Journal of Archeology*,
1914.)

A droite et à gauche de la voûte sont des Victoires reposant
sur une petite boule qui symbolise la terre; à la clé de voûte,
Rome d'un côté, le Génie du Peuple romain ou peut-être la
Paix, de l'autre, avec la corne d'abondance.

1. Voir plus loin ce qui est dit de ces restaurations. Le gros œuvre est en
travertin.
2. URLICHS, *Codex Urbis, Einsidlense*, p. 63.

C'est à l'intérieur de l'arche que sont les bas-reliefs qui font de ce monument une relique précieuse. Du côté gauche, en allant du Forum au Colisée, on voit Titus, petit et gras, sur un quadrige conduit par la déesse Rome; une Victoire le couronne; il est entouré de licteurs et passe sous un arc de triomphe; l'attelage est de trois-quarts, le char de face, l'artiste a voulu qu'il parût venir droit sur le spectateur. Un homme nu, probablement une divinité, le génie du peuple romain (?), précède le cortège; les magistrats, les prêtres, les généraux de la nation vaincue sont conduits enchaînés à ses côtés. Il y a en tout dix-huit personnages et l'on dirait une foule[1]. En face, la suite du cortège, les dépouilles de Jérusalem, les trompettes d'argent, la table sainte et le chandelier à sept branches, qui valut à l'arc, au moyen âge, le nom de *Septem lucernarum*, *Sette Lucerne* ou *Del Testamento*; ces dépouilles sont précédées d'écriteaux portés par des personnages à chevelure flottante. Au fond, la ruine de Jérusalem (70 après J.-C.); les murs de la ville, ébranlés par l'incendie, semblent sur le point de s'abattre; des femmes, des enfants, des vieillards sont groupés, en proie à la terreur.

Au plafond, l'apothéose de Titus porté au ciel par un aigle aux ailes éployées.

L'entrée triomphale que cet arc représente a été racontée avec beaucoup de précision par Josèphe, qui en fut témoin oculaire (*Bell. Jud.*, VII, 5).

« Durant la nuit précédente, les soldats étaient venus se ranger autour du temple d'Isis (aujourd'hui église S. Maria della Minerva) où reposaient les empereurs. Au point du jour, couronnés de laurier et vêtus de soie, ceux-ci se rendirent au portique d'Octavie. Devant le portique, un tribunal était dressé et supportait deux sièges d'ivoire; Vespasien et Titus montèrent sur cette estrade, parmi les acclamations. Vespasien ordonna le silence, et, la tête couverte d'un pan de sa robe, prononça les invocations aux dieux. Puis les soldats se rendirent aux casernes où les attendait le festin d'usage. Les empereurs retournèrent à la porte triomphale (dont l'emplacement exact est inconnu); ils y prirent quelque nourriture, revêtirent les vêtements triomphaux, sacrifièrent aux dieux voisins de la porte. Puis le cortège passa devant les théâtres, pour que chacun pût bien le voir. On portait des échafaudages extraordinaires, atteignant la hauteur de trois ou quatre étages, sur lesquels étaient représentées des scènes de la guerre. En dernier lieu on voyait les dépouilles du temple, la lourde table d'or, le chandelier

---

1. CAGNAT et CHAPOT, *Manuel d'Archéologie romaine*, p. 632.

étrange, la loi des Juifs; les empereurs, escortés par Domitien, suivaient immédiatement. »

Ce ne fut guère qu'au commencement du xviiie siècle que l'on songea à empêcher la ruine complète de l'arc. Dans sa séance du 7 mai 1715, le Conseil communal chargea deux des conservateurs d'aller avec l'architecte du Peuple romain faire une inspection; dès le 18 mai, ils rendirent compte de leur mission et, le pape Clément XI ayant donné son approbation, les travaux commencèrent. On s'aperçut alors que les moines avaient singulièrement abusé de leur voisinage; non contents d'appuyer la charpente d'un toit sur un des bas-reliefs et de détériorer une muraille, ils avaient occupé l'intérieur de l'arc et percé une fenêtre dans une des faces. Le fiscal, qui était l'intermédiaire entre le Conseil communal et le Saint-Siège, fut chargé d'aller protester auprès du pape (16 juillet 1716)[1]. La fenêtre tout au moins fut bouchée.

L'architecte du Peuple romain, Alessandro Specchi, mena rapidement les travaux, qui étaient achevés l'année suivante, mais ne furent payés par la Chambre capitoline, sans doute avec le secours de la Chambre apostolique, que quatre ans plus tard, en 1721; la dépense ne s'éleva qu'à la somme de 142,81 écus.

La véritable restauration de l'arc et son dégagement datent du pontificat de Pie VII, quand le cardinal Guerrieri, alors trésorier général de l'Église, chargea l'architecte Stern, en 1818, d'entreprendre ce travail. L'Église avait d'autant plus à cœur cette réfection qu'elle voyait dans ce monument un témoignage de l'asservissement du peuple juif et une confirmation des Écritures, ainsi que l'écrivait le cardinal Pacca, doyen du Sacré Collège, aux conservateurs, en leur promettant de lever tous les obstacles. Ces obstacles ne tardèrent pas à se manifester. L'architecte Stern étant mort, les travaux se trouvèrent un moment suspendus, mais le cardinal Pacca obtint que Valadier fût chargé de les reprendre; c'est alors que l'opposition éclata; on reprocha à Valadier d'avoir démoli l'arc sous prétexte de le restaurer, et l'on disait que ce ne serait plus l'arc de Titus, mais l'arc de Pie VII; on prétendit qu'en déplaçant les bas-reliefs on en avait brisé plusieurs. Le cardinal Pacca en écrivit tout alarmé aux conservateurs[2]. Cependant Valadier put mener à bien son œuvre,

---

1. *Arch. Stor. Capit.*, Cred. I, vol. XLIV, fol. 96.

2. « Au lieu de soutenir l'arc par des armatures de fer... ce malheureux l'a refait, dit Stendhal. Il a osé tailler des blocs de travertin d'après la forme des pierres antiques et les substituer à celles-ci qui ont été emportées je ne sais où. Il ne nous reste donc qu'une copie de l'arc de Titus. » (*Promenades dans Rome*, Paris, 1893, vol. 1, p. 325.)

l'archéologue Fea, surintendant des antiquités, s'étant déclaré en sa faveur. Par économie, les parties ajoutées furent faites en travertin, le reste étant de marbre blanc. Il y eut de grandes difficultés pour le paiement des frais. En 1818, l'entrepreneur de maçonnerie Ravaglini avait reçu un bon de 1400 écus, mais il ne lui en fut versé que 500 et il dut attendre jusqu'en 1820 pour avoir le reste. En 1823, les travaux étant achevés[1], on lui devait 4396 écus qui lui furent remboursés par acomptes de 100 écus par mois. Le total de la dépense s'éleva, après vérification par Valadier, à 11 191 écus.

Au temps de Stendhal les Juifs s'abstenaient encore de passer dans le voisinage de cet arc élevé en l'honneur de celui qui avait détruit leur nation[2].

LA VOIE SACRÉE

(Sacra Via. — Clivus Sacer).

On a retrouvé en bien des endroits du Forum le pavé de cette voie célèbre, « la reine des voies », où a défilé tout ce que Rome compta d'illustre. Bien qu'elle fût sacrée, on n'avait aucun scrupule à la déplacer. Il est certain qu'elle passait un peu au nord de l'arc de Titus, c'est-à-dire près ou même à l'emplacement du Temple de Vénus et de Rome avant sa construction et descendait de là vers la Regia pour atteindre, en passant devant la basilique Julia, la colline du Capitole. La longueur totale en était de près de 800 mètres. Près de l'arc de Titus, elle portait le nom de *Summa Sacra Via*, plus loin de *Infima Sacra Via*[3]. Quelques maisons particulières s'élevaient en bordure, surtout à l'époque républicaine, avant que le Forum fût encombré de monuments ; on a retrouvé sur la Velia des débris de mosaïques et de murs en couches superposées dont la plus profonde se trouve à 12 mètres au-dessous du sol actuel. Des boutiques s'ouvraient sur la *Sacra Via* ; celles du côté Nord furent supprimées de bonne heure ; celles du côté Sud, entre l'*Atrium Vestæ* et l'arc de Titus, durèrent plus longtemps ; on y vendait

1. Diario, *Il Chracas*, Rome, 3 janvier 1824.
2. Stendhal, *Rome*, vol. I, p. 24. « Les Juifs fanatiques de Rome, dit Graf, répugnent encore aujourd'hui à passer sous cet arc qui leur rappelle les malheurs d'Israël. » *Roma nella Memoria...*, Turin, 1882, vol. I, p. 400.
3. Le *Clivus Sacer* est le tronçon de la *Sacra Via* compris entre le temple de Romulus et la porte du Palatin ; il passait sous un grand arc triomphal de Domitien dont le commandeur Boni vient de déblayer les fondations.

surtout des bijoux et de la joaillerie: il semble qu'on les ait
groupées en un portique, *Porticus Margaritaria,* qui fut brûlé et
reconstruit en 191 et dont il reste quelques traces. Ceux qui
habitaient sur cette voie reçurent le surnom de *Sacravienses.*

LA CLOACA MAXIMA

Cet égout, l'une des merveilles de Rome, disait-on au temps
d'Ammien Marcellin, mérite en effet ce titre, car, depuis les deux
mille cinq cents ans qu'il existe, il est resté intact[1]; les eaux qui
y coulent ne l'ont point rongé, les tremblements de terre ne l'ont
point ébranlé et les lourdes charges qu'il a eu à supporter ne
l'ont point écrasé. Il est vrai que toutes ses parties n'ont pas
une égale antiquité; certaines sections ont été refaites par les
Empereurs, d'autres remontent à la période républicaine,
quelques-unes seulement lui sont antérieures; que reste-t-il de
l'œuvre attribuée à Tarquin l'Ancien et à Tarquin le Superbe,
on ne saurait le dire dans l'état actuel des recherches. L'égout
commence vers l'Argiletum, c'est-à-dire dans cette rue qui descendait du quartier de Subura vers le Forum, puis il s'infléchit
devant la basilique Æmilia, traverse obliquement l'area du
Forum, longe le Vicus Tuscus en passant sous l'extrémité de la
basilique Julia, gagne le Vélabre, passe près du Janus et va
se jeter dans le Tibre à côté du petit temple dit de Vesta, place
S. Maria in Cosmedin. Ce tracé tortueux s'explique si l'on admet
que la *Cloaca Maxima* n'est autre que le ruisseau du Spinon
d'abord canalisé et endigué, puis recouvert comme l'est la
Bièvre. Plaute parle des gens qui se réunissent au Forum « le
long du canal ».

La construction de cet égout varie suivant les régions; elle
est généralement en blocs de péperin non cimentés auxquels on
a ajouté des blocs de lave; en certains endroits la voûte primitivement en péperin a été refaite en blocage recouvert de
briques; on y retrouve des pierres provenant de constructions
de l'époque républicaine; l'égout a 4 m. 20 de haut[2] sur 3 m. 20
de large; à l'ouverture, 4 m. 50 sur 3 m. 30.

1. M. Boni a retrouvé au Forum d'autres égouts très anciens, par exemple
sous le temple de Saturne.

2. Autant qu'on peut l'affirmer malgré les couches de dépôt qui couvrent le
fond.

LES FORUM IMPÉRIAUX.

LE FORUM D'AUGUSTE[1]

Au nord du Forum, entre le Quirinal et l'Oppius, les empereurs des premiers siècles, Jules César, Auguste, Vespasien, Nerva, Trajan, créèrent des forums, les forums impériaux, pour dégager le Forum Romanum et surtout pour témoigner de leur gloire et de leur munificence[2]. Ces forums ne ressemblaient guère au véritable Forum que des siècles d'histoire avaient façonné; ils avaient été tracés d'un seul coup, une ordonnance exacte y présidait. Il ne subsiste presque rien du forum de Jules César, *Forum Julium*, ni du forum de Vespasien, ou *Forum Pacis*. On ne s'occupera donc ici que du forum d'Auguste, de celui de Nerva et de celui de Trajan.

Le forum d'Auguste formait un rectangle de 125 mètres de long sur 90 mètres de large avec quelques irrégularités, car l'empereur, tout-puissant qu'il fût, n'avait pu décider certains propriétaires à lui céder leurs terrains. Au fond, du côté opposé au Forum, s'élevait le temple de Mars Ultor, l'un des plus beaux de la ville. Auguste avait fait vœu de l'élever avant la bataille de Philippes, mais, à cause des lenteurs de l'architecte, il ne fut inauguré que quarante ans plus tard, vers le commencement de l'année 2 avant notre ère. Des fêtes solennelles furent alors célébrées. Il était entouré de colonnes, excepté par derrière; la façade en comptait huit; actuellement il n'en reste en tout que trois, ayant 15 m. 50 de hauteur et 1 m. 76 de diamètre[3]; elles sont en marbre blanc et d'ordre corinthien; peut-être appartiennent-elles non au monument primitif, mais à la restauration faite par Hadrien, bien que l'art en soit admirable. La cella était en péperin avec le revêtement habituel de marbre.

Ce temple, dont Pline vante la splendeur, était riche en trésors; on y admirait des vases en fer ciselé, une statue d'Apollon en ivoire, quatre chefs-d'œuvre d'Apelle; l'un de ces tableaux représentait une victoire d'Alexandre le Grand; au temps de Claude on remplaça la tête d'Alexandre par celle d'Auguste, et Apelle se trouva avoir célébré la gloire d'un em-

---

1. FERDINAND DUTERT, *Le Forum romain et les forum impériaux*, Paris, 1876. CORRADO RICCI, *Per l'Isolamento degli Avanzi dei Fori Imperiali*, Rome, 1913.

2. Au IVe siècle après J.-C., il existait à Rome dix-sept forum.

3. Via Bonella.

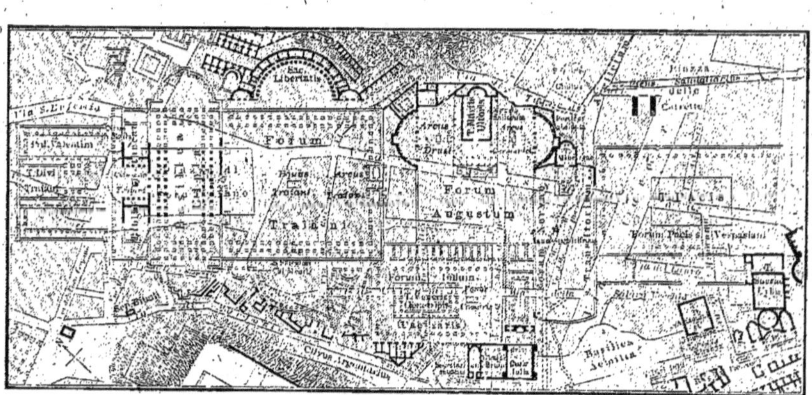

Fig. 6. — Les Forum Impériaux.
(Platner, *The Topography of Ancient Rome*.)

pereur romain! Ce temple contenait aussi des étalons de mesures comme le temple de Castor; on y conservait la caisse de retraite militaire, dite *Ærarium militare*, et des dépôts confiés par des particuliers. Mais à la suite d'un vol audacieux, le vol du casque de la statue de Mars, les déposants prirent peur; pendant quelque temps le temple cessa d'être une chambre de sûreté. Le Sénat avait approuvé un décret d'Auguste qui faisait du nouveau temple le symbole religieux de la force militaire de Rome. Tous les citoyens devaient, après avoir pris la toge virile, se rendre dans le temple. Les triomphateurs venaient y déposer leurs couronnes ainsi que les insignes enlevés à l'ennemi. C'est là qu'on délibérait sur l'attribution des triomphes. C'est de là que partaient les magistrats qui se rendaient dans les provinces. On exposait devant son entrée les chevaux qui allaient courir au cirque[1]. Lors de la procession des Frères Arvales, il y était fait une station[2].

Ce forum était entouré d'une muraille énorme, faite en gros blocs de péperin non cimentés, haute de plus de 36 mètres; deux bandeaux de travertin la coupent à l'extérieur; à l'intérieur, elle était garnie d'un revêtement de marbre et de stuc. Son objet était de séparer le forum des quartiers sordides qui l'entouraient et de le mettre à l'abri des incendies. Cette muraille formait deux vastes absides de chaque côté du temple de Mars et c'est cette partie qui en a été conservée. Des niches y étaient pratiquées formant deux rangées à 2 m. 5o et à 15 mètres du sol; elles étaient alternativement demi-circulaires et rectangulaires; dans l'espace intermédiaire courait un ornement de marbre blanc. Au-dessus de la rangée supérieure des niches, il y avait une corniche. Dans chaque abside, le nombre des niches est de quinze, dont une plus grande au milieu; il y en avait quatre dans la partie qui se trouvait entre l'abside et la partie postérieure du temple. Ces niches, du moins celles du bas, contenaient les statues des triomphateurs romains depuis Énée : Marius et Sylla, Romulus et Scipion, Appius Claudius et Caius Duilius; une inscription rappelait leurs mérites[3]. Mais il arrivait souvent que ces triomphateurs « n'avaient jamais entendu de trompettes qu'au théâtre ». Néron y fit mettre des statues de dénonciateurs et Domitien celles de ses favoris. Dans les niches supérieures étaient peut-être des trophées. La Via Bonella passe par une des anciennes portes de cette muraille. Le sol véritable, le sol ancien, se trouve à cet endroit à 6 mètres plus bas comme on

1. G. Ferrero, *Grandeur et Décadence de Rome*, Paris, 1908, chap. vii.
2. Voir p. 120.
3. Plusieurs de ces inscriptions ont été retrouvées.

l'a constaté. Ce passage porte actuellement le nom de Arco dei Pantani, c'est-à-dire des bourbiers, parce que, jusqu'au xvie siècle, ce bas-fond était sans écoulement.

Ce forum servit parfois de cour de justice; Trajan y siégea avant que son forum eût été achevé.

Une grande partie reste encore à déblayer.

Ces *ruines* alimentèrent longtemps les fours des chaufourniers

Fig. 7. — Le Forum d'Auguste (Piranesi, 1756).

romains; en l'année 1477 particulièrement, rapporte fra Giacomo da Verona, « le sol en fut presque entièrement fouillé pour en tirer des blocs de marbre dont quelques-uns étaient couverts d'inscriptions admirables [1] ».

LE FORUM DE NERVA
(Forum Transitorium — Forum Pervium — Palladium).

Afin de faciliter la communication entre le forum d'Auguste et celui de la Paix, Domitien transforma, vers l'an 86 de notre ère, l'ancienne rue appelée Argiletum, en un forum auquel on donna, à cause de sa destination, le nom de *Transitorium* ou *Pervium*. Le temple de Minerve qui s'y trouvait lui fit attribuer parfois celui de *Palladium*; comme l'empereur Nerva acheva

1. R. Lanciani, dans *Bulletino Archeolog.* 1889, p. 29.

durant son règne si court (96-98), il est généralement connu sous le nom de forum de Nerva.

Sa longueur était de 180 mètres environ sur 40 mètres seulement de large. Il était entouré, comme le forum d'Auguste, d'une muraille en avant de laquelle étaient des colonnes; les deux colonnes, le *Colonnacce*, que l'on voit au croisement de la Via della Croce Bianca et de la Via Alessandrina, en faisaient partie ainsi que le mur adjacent. Ces colonnes, d'ordre corinthien et cannelées, avaient 10 mètres de hauteur et 0 m. 90 de diamètre; la distance de l'une à l'autre est de 5 m. 30. Celles qu'on voit sont enfouies de 5 m. 50 à cause de l'exhaussement du sol. La frise et l'entablement, lequel a 4 m. 40 de hauteur, se poursuivent sur le mur et sur les chapiteaux des colonnes; la frise est décorée de scènes de la vie privée relatives aux industries que patronnait Minerve; la déesse enseigne à tisser, à filer, à teindre; elle punit Arachnée qui a voulu rivaliser avec elle. Le haut-relief placé dans l'entré-colonnement représente Minerve; il a plus de 2 m. 50 de hauteur. Le mur est en *opus quadratum* formé de blocs de péperin revêtus de marbre.

Sur ce forum s'élevait un temple voué à Janus Quadrifrons[1]; à l'extrémité Nord, existait un autre temple voué à Minerve que Domitien vénérait particulièrement. Ce temple était hexastyle, c'est-à-dire que le porche en était orné de six colonnes; à cause de l'étroitesse du lieu, il n'y avait pas de colonnes latérales. D'importants vestiges de ce temple subsistaient encore à la fin du xvie siècle, ainsi que le montrent les gravures de cette époque.

Les moines de S. Adriano en avaient commencé la destruction au xive siècle pour alimenter leur four à chaux; en novembre 1520, une équipe d'ouvriers envoyés par le cardinal Trivulzio, se mit à fouiller le sol près de l'arche appelée alors Arco di Noe ou Arcanoe, afin d'y chercher des pierres et du marbre; le conseil communal s'opposa aussitôt à ce travail mais vainement, et la démolition du forum se poursuivit longtemps; en 1594, le pape Clément VIII enleva de gros blocs pour le maître-autel de Saint-Pierre; enfin, en 1606, le pape Paul V fit prendre dans le forum la plus grande partie des matériaux dont est

---

1. Il y avait à Rome, comme on sait, une *Porta Janualis* ou temple de Janus Bifrons, dont les portes restaient ouvertes en temps de guerre et ne furent que rarement fermées; faut-il admettre que les deux sanctuaires coexistèrent et placer le Janus Bifrons au bas de l'Argiletum, près de l'entrée de la Curie où, à vrai dire, il a été impossible d'en découvrir la moindre trace; ou bien est-ce que l'ancien temple fut transféré sous Domitien dans le nouveau forum?

construite la fontaine du Janicule. L'arc de Noé disparut alors
avec les restes du temple de Minerve.

Actuellement, le podium du temple sert d'assise à une maison.
Le sous-sol de toute cette région est abondant en débris.

LE FORUM DE TRAJAN
(Forum Trajani.)

Le forum de Trajan est une énigme pour les archéologues. Il
a été longtemps admis qu'une colline, *Collis Latiaris,* unissait
primitivement le Capitole et le Palatin; il fallait donc, quand on
se rendait du Champ-de-Mars au Forum ou inversement, soit là
gravir, soit faire le tour du mont Capitolin en passant par le
Vélabre. Trajan, poursuivant une œuvre entreprise par Domitien, aurait supprimé cet obstacle en creusant une large brèche
dans la colline; la colonne Trajane avait été élevée en commémoration et en témoignage de ce gigantesque travail, et sa hauteur indiquait précisément l'épaisseur des terres enlevées. Leur
masse avait même été évaluée par certains érudits; on l'estimait
à 800 000 mètres cubes et l'on savait qu'elles avaient été transportées hors de la ville, entre la Via Salaria Nova et la Via
Salaria Vetus. L'inscription que porte le socle de la colonne
semble confirmer cette tradition. Mais voici que l'examen
géologique des deux collines a démontré que les couches de
terrain suivaient la courbure du sol actuel, et que, par conséquent, la dépression avait existé de tout temps. Bien plus, il a
été découvert, sous le pavé du forum, une voie ancienne aboutissant à l'ancienne porte Ratumena[1]; à côté, on a trouvé les
ruines de plusieurs maisons superposées indiquant que le lieu
avait été habité pendant une longue période[2]. On a donc été
amené à admettre que la colonne indiquait la hauteur de la
colline voisine et à interpréter d'une façon qui, cependant, paraît
peu acceptable, l'inscription du socle.

Quoi qu'il en soit de ces suppositions, la colonne Trajane, qui
demeure à peu près le seul vestige d'un magnifique ensemble,
est une des merveilles de Rome[3].

Elle fut élevée « par le Sénat et par le peuple », suivant la
formule consacrée, en l'an 113, pour perpétuer le souvenir du

1. Porte de l'enceinte de Servius située entre le Capitole et le Quirinal à
l'emplacement de la Via Marforio.

2. Article du commandeur Boni dans *Nuova Antologia,* 1901.

3. Frœhner, *La Colonne Trajane,* Paris, 1872-1874.

triomphe remporté par l'empereur sur les Daces. La base en est un cube de 5 mètres environ de côté, orné de trophées sur trois faces, la quatrième face est occupée par la porte qui donne accès à l'escalier intérieur et qui est surmontée de l'inscription dédicatoire :

SENATVS · POPVLVSQVE · ROMANVS · IMP · CÆSARI · DIVI · NERVÆ · F ·
NERVÆ · TRAIANO · AVG · GERM · DACICO · PONTIF · MAXIMO · TRIB · POT ·
XVII IMP · VI COS · VI P · P · AD · DECLARANDVM · QVANTÆ · ALTITVDINIS ·
MONS · ET · LOCVS · TANT [IS · OPER] IBVS · SIT · EGESTVS

« Le Sénat et le peuple romain à César Nerva Trajan, fils du divin Nerva, Auguste, Germanique, Dacique, Souverain Pontife, revêtu dix-sept fois de la puissance tribunitienne, proclamé six fois impérator, et six fois consul, Père de la Patrie, pour commémorer la hauteur de la colline et du lieu qui, par de si grands travaux, furent dégagés. »

Des aigles soutenant des guirlandes occupent les quatre coins de la corniche. Plusieurs auteurs anciens, Dion Cassius, Eutrope et Cassiodore[1], affirment que les cendres de Trajan, enfermées dans une urne d'or, furent déposées en ce lieu[2]. Les imaginations de ce genre étaient fréquentes à Rome. Au moyen âge, la légende voulait que les cendres de César eussent été placées dans une sphère de métal qui servait d'ornement terminal à l'obélisque de Saint-Pierre, quand il se trouvait encore sur le côté méridional de l'église; or, vérification faite, il n'en était rien.

Le diamètre de la colonne est de 3 m. 60 à la base et de 3 m. 30 au sommet; elle est composée de trente-quatre blocs de marbre grec; les bas-reliefs forment vingt-trois spirales de 0m. 60 de hauteur à la base, de 1 mètre de hauteur en haut et d'un développement de 200 mètres environ; ils ont été sculptés ou tout au moins terminés sur place, en sorte que les joints ne se peuvent discerner que difficilement; ils représentent des scènes de la campagne de Dacie, passage du Danube sur un pont de bateaux, marche, allocution de l'empereur aux légionnaires, sacrifices, combats, siège d'une ville romaine par les ennemis, attaque d'une forteresse, soumission des chefs.... « L'empereur est partout, il est représenté une cinquantaine de fois sur la

1. Eutrope et Cassiodore dérivant peut-être de Dion, celui-ci serait donc la seule autorité.
2. Au cours des fouilles accomplies sous la direction du commandeur Boni, en 1906, on a mis à jour, sous le piédestal, une chambre qui était peut-être celle où l'on déposa les cendres de Trajan et de sa femme Plotine.

colonne; chef de l'armée et souverain pontife, tantôt il combat et tantôt il sacrifie. Sa taille est d'ordinaire plus grande que celle des soldats qui l'entourent, mais il vit de la même vie qu'eux et partage leurs épreuves[1].... » Plus de deux mille cinq cents personnages figurent dans ces scènes. Il n'est pas de source plus exacte ni plus complète pour les costumes, les coutumes, les usages militaires des Romains au iie siècle, d'autant que le travail est des plus achevé et très artistique; grâce à des moulages, on peut en étudier le détail.

On a découvert que ces bas-reliefs avaient dû être coloriés comme tant d'autres motifs architecturaux de Rome; primitivement la colonne apparaissait donc bariolée de rouge, de bleu, de jaune et peut-être dorée par endroits. Cette polychromie offense notre goût et nous serions tentés de la trouver peu artistique si les Grecs n'avaient usé du même procédé.

Les spirales de la colonne de Marc-Aurèle étant moins nombreuses que celles de la colonne Trajane, vingt au lieu de vingt-trois, et cette dernière se trouvant en contre-bas, elle paraît sensiblement moins élevée; pourtant ces deux colonnes, abstraction faite des piédestaux, ont exactement la même hauteur, soit 29 mètres ou cent pieds. C'est pourquoi on les nommait parfois, l'une et l'autre, *Centenaria*. On avait également donné à la colonne Trajane le surnom de *Cochlis*, à cause de la spirale des bas-reliefs.

Un escalier intérieur de 184 marches conduit à la plate-forme supérieure sur laquelle se dressait une statue de Trajan que l'on voit très nettement représentée dans quelques médailles de cette époque. En 1588, le pape Sixte V fit placer sur la colonne une statue de saint Pierre en bronze; certains travaux de réparation furent accomplis à la même époque.

Sur la paroi de l'escalier, se voient, vers le haut, des *graffiti* dont l'un surtout est intéressant, car il rappelle le passage à Rome, en 663, de l'empereur Constant II qui emporta une grande partie des statues, des bronzes, des objets d'art que les barbares n'avaient pas détruits ou pillés. Cet escalier est, au reste, parfaitement éclairé par des lucarnes si bien dissimulées parmi les bas-reliefs qu'on peut à grand'peine les distinguer de l'extérieur.

C'est par erreur qu'on a affirmé que le représentant de la France, Basseville, fut assassiné au pied de la colonne Trajane, le 23 nivôse, an Ier (13 janvier 1793); en réalité, il périt dans la maison du banquier Moutte, où il avait cherché refuge.

---

1. S. Reinach. *Répertoire*. Cichorius, *Die Trajans Säule*, Berlin, 1896.

La colonne Trajane se dressait au milieu d'une cour dont les dimensions semblent singulièrement exiguës, car elle n'avait que 24 mètres sur 16. L'un des quatre côtés était formé par le temple de Trajan et de Plotina, que l'empereur Hadrien avait élevé à ses parents d'adoption ; il y inscrivit son nom, ce qu'il ne fit pas sur les nombreux monuments élevés par ses ordres[1] ; ce temple octastyle périptère, autrement dit ayant huit colonnes sur le devant et entouré de colonnes sur les côtés, se trouvait au centre d'un péribole. Les deux églises S. M. di Loreto et S. Nome di Maria séparées par le palais Bonelli en occupent l'emplacement et l'on n'en a rien dégagé que de rares débris.

De part et d'autre de la colonne se trouvaient les deux corps de bâtiment de la Bibliothèque Ulpia, destinés, l'un, aux écrits grecs, l'autre, aux écrits latins ; comme la colonne, cette bibliothèque datait de l'an 113. La bibliothèque latine servait d'archives, de même qu'auparavant le *Tabularium* du Capitole ; il fallait donc que le bâtiment fût à plusieurs étages, étant donné l'espace étroit qu'il occupait en plan, 50 à 60 mètres carrés ; on y conservait des registres des actes des empereurs ; ils étaient composés de tablettes d'ivoire et portaient, en conséquence, le nom de *Libri Elephantini* ; d'autres registres étaient formés de feuilles de lin, c'étaient les *Libri lintei*. Les historiens romains du IIe et du IIIe siècle puisèrent dans ce dépôt qui était sous la garde du préfet de la ville. La biographie d'Aurélien qui se trouve dans la compilation connue sous le titre d'« Histoire Auguste »[2] contient un récit attribué à l'historien Vopiscus qui confirme ce fait. Un jour que le préfet, qui était alors Julius Tiberianus (291), revenait d'une cérémonie, dans un char avec Vopiscus, celui-ci lui dit, à ce que rapporte Vopiscus : « Vous trouverez les éléments de l'histoire que vous écrivez dans ces registres de lin où l'empereur avait ordonné qu'on enregistrât quotidiennement ce qu'il faisait ; j'aurai soin que la bibliothèque Ulpia vous les fasse tenir. » Une partie des livres de cette bibliothèque fut transportée plus tard dans la bibliothèque des Thermes de Dioclétien.

L'empereur Hadrien fit retirer de cette bibliothèque, en 118, les registres indiquant les sommes dues au trésor public par les contribuables et ordonna qu'on les détruisît ; il leur fit ainsi abandon de plus de 170000000 de francs. Plus tard, Marc Aurèle vendit sur le forum de Trajan une partie du garde-

---

1. SPARTIANUS, Vie d'Hadrien, § 19 ; dans *Histoire Auguste*.
2. Cette histoire est, à vrai dire, en partie apocryphe ; la vie d'Aurélien a été composée à des dates diverses mais une partie peut en être attribuée à Vopiscus.

meuble impérial, vases de cristal, coupes d'or, étoffes de prix,
afin de se procurer de l'argent, sans grever le budget, pour mener à bien la guerre contre les Marcomans.

La cour, ainsi que les bibliothèques, étaient décorées de
statues; les écrivains y avaient leurs effigies même de leur
vivant; Sidoine Apollinaire le raconte en ce qui le concerne.

Le côté Sud de la cour était fermé par la basilique, *Basilica
Ulpia*[1]; c'était un des plus beaux monuments de Rome tant par
l'élégance de ses lignes que par la somptuosité de sa décoration;
la longueur en était de 85 mètres, la largeur de 54 mètres, à
peu près les dimensions de Saint-Paul Hors les Murs; quatre
rangées de colonnes partageaient l'édifice en cinq nefs dont celle
du centre mesurait 25 mètres de largeur; ces colonnes, au
nombre de quatre-vingt-seize, étaient en marbre jaune; une
partie en a été employée dans la construction de Saint-Pierre et
du Latran; chaque extrémité de la nef se terminait par un hémicycle dont l'un portait le nom de *Libertatis*[2], peut-être parce
qu'on y affranchissait les esclaves; on sait, en effet, que les
manumissions s'accomplissaient au forum de Trajan. Il semble
qu'une galerie entourait la nef[3] ou bien qu'il existait un
deuxième étage, car on a retrouvé des traces d'escalier; le
toit était en tuiles de bronze doré dont parle Pausanias; le
pavement était en marbres rares et en mosaïques que les
fouilles accomplies par ordre de l'empereur Napoléon Ier ont
mis au jour et qui ont été dérobés depuis ou détruits. De très
beaux morceaux de sculpture, retrouvés alors, sont conservés
au musée du Latran.

Trois portes donnaient sur un escalier de quelques marches
qui conduisait au forum. Celui-ci, qui a la forme d'un rectangle
de 120 mètres sur 95, était entouré d'une colonnade double sur
trois des faces, simple sur la face méridionale qui était limi-
trophe du forum d'Auguste; des statues étaient placées entre
chaque colonne dont une en ambre de l'empereur Auguste et
une en ivoire de Nicomède; au centre s'élevait la statue équestre
de Trajan; Ammien Marcellin raconte qu'en pénétrant dans ce
forum, « la plus étonnante création du genre humain », l'empereur Constance fut frappé d'étonnement et regarda, émerveillé,
les édifices « que nulle plume ne peut décrire et que l'humanité
ne saurait créer qu'une fois dans le cours des siècles ». Puis il
considéra la statue équestre de Trajan et dit à ceux qui l'entouraient qu'il en voudrait bien une semblable à Constantinople; à

1. Une partie du plan de la basilique figure dans la *Forma Urbis*.
2. Plan de Rome de Septime-Sévère.
3. Comme dans la basilique du palais Flavien au Palatin.

quoi un jeune prince perse, Hormisdas, attaché à sa cour, lui répondit qu'il faudrait d'abord pourvoir le coursier d'une écurie semblable.

De chaque côté du forum, s'appuyant d'une part sur la colline du Capitole, de l'autre sur celle du Quirinal, étaient deux puissants hémicycles de 70 mètres de diamètre, destinés à empêcher les éboulements et dont on retrouve quelques vestiges près de la *Salita del Grillo*[1]; on y constate l'existence d'une série de chambres voûtées, de boutiques[2], d'une galerie avec des traces de stuc et de mosaïque blanche et noire; on croyait naguère que c'étaient là les restes des bains de Paul-Émile. Les architectes de la Renaissance s'inspirèrent dans la construction des palais de la disposition architectonique de ces murailles formées de grands cintres surmontés de tympans.

Les travaux du forum de Trajan avaient été dirigés par Apollodore de Damas qui construisit un pont sur le Danube.

Au centre de la colonnade qui séparait le forum de Trajan de celui d'Auguste se trouvait un arc de triomphe admirable dont mainte monnaie a conservé le souvenir. Il était sensiblement plus long que les autres arcs de triomphe, percé au centre d'une porte de chaque côté de laquelle se trouvaient trois colonnes séparées par des statues; un groupe de guerriers décorait le sommet; au milieu d'eux, sur une plate-forme, un char à six chevaux portait l'empereur debout, couronné par une victoire. Quelques-uns des bas-reliefs qui ornent l'arc de Constantin furent peut-être pris sur cet arc dont les restes ont été complètement détruits en 1526; son emplacement est voisin du milieu de la rue del Priorato.

C'est dans ce forum que les Romains des derniers siècles de l'Empire, désertant le Forum romain où ne les appelaient plus les discussions publiques, venaient calmement s'entretenir, au milieu de tant de chefs-d'œuvre, de ce qui les passionnait alors, la poésie, les subtilités de la littérature, les habiletés des sophistes; on y tint des cours d'amour; Favorinus parlait de morale ou de grammaire; Fronton, Dion Chrysostome, Hérode Atticus y réunissaient leurs disciples; au vi° siècle, on y récitait des vers, au dire du dernier des poètes latins, Venantius Fortunatus, évêque de Poitiers.

1. Les restes qui subsistent de l'autre côté, sur le penchant du mont Capitolin, sont sans importance.

2. Assez bien conservées pour qu'on ait pu y reconnaître le mode de fermeture dont il sera parlé à propos des boutiques du Palatin.

LA MAISON DORÉE DE NÉRON
LES THERMES DE TITUS - LES THERMES DE TRAJAN
(Domus Aurea — Thermæ Titianæ et Thermæ Trajani)

Au nord du Colisée, sur cette partie du mont Esquilin qu'on nomme Oppius, sont les restes souterrains et enchevêtrés de constructions diverses; là se trouvait, en effet, une partie de la Maison Dorée de Néron dont quelques dépendances étaient en face sur la pente Nord du Palatin; dans l'espace intermédiaire, sur la Velia, devaient s'étendre des jardins et surtout ces bois sauvages, ces espaces découverts et « ces perspectives », qui, au cœur de cette Rome surpeuplée, parurent aux contemporains un luxe plus insensé même que la décoration ruineuse du palais.

Les appartements étaient décorés d'œuvres d'art pillées en Grèce; la salle à manger possédait un plafond en coupole représentant le ciel et qui était animé d'un mouvement circulaire. La mort de l'empereur arrêta la réalisation complète de ses plans grandioses. Il ne subsiste plus de la Maison dorée que quelques pièces et des corridors revêtus de stuc et parfois ornés de fresques, car Titus se servit des assises de cet édifice pour établir ses bains qu'il inaugura en grande hâte aussitôt après avoir achevé le Colisée en l'an 80. Ces bains avaient 105 mètres sur 120 mètres. De ces Thermes, que Palladio a décrits sous le nom de thermes de Vespasien, aucune trace ne reste plus aujourd'hui.

Trajan choisit à peu près le même emplacement pour les vastes bains, œuvre d'Apollodore, dont il dota ce quartier. La disposition en était la même que dans les autres bains : un frigidarium, un tepidarium et un caldarium circulaire; autour un péribole avec palestre et bibliothèques. La construction centrale mesurait 280 mètres sur 210 mètres; le péribole, 340 sur 330 mètres, soit un peu plus de onze hectares. Il subsistait de notables parties de cet édifice à l'époque de la Renaissance; aujourd'hui on n'en retrouve plus que quelques débris enfouis sous terre. On visite, sous l'exèdre, quelques restes de la Maison Dorée.

C'est entre les thermes de Trajan et les Sette Sale que fut découvert le groupe du Laocoon, le 14 janvier 1506, dans la vigne de Felice de Fredi. Michel-Ange fut des premiers à l'aller voir dans la fosse d'où il émergeait.

L'archéologue Vacca, qui écrivait dans les dernières années du xvie siècle, raconte dans ses Mémoires qu'il vit tirer des bains de Titus[1] « quantité de figures de marbres et une infinité d'ornements telle que celui qui voudrait les énumérer entrerait dans une grande mer ».

Au Nord, sur la partie la plus haute de l'Esquilin, les ruines appelées *Sette Sale* sont un *Castellum* ou réservoir destiné à l'alimentation de la Maison Dorée, puis à celle des bains; c'est une série de *neuf* salles longues et voûtées en blocage; dans chaque salle, on remarque deux ouvertures qui ne se font pas face, afin que l'eau ait à parcourir un plus long trajet et dépose les impuretés. Les parois sont tapissées de carbonate de chaux comme dans tous les réservoirs romains.

LE COLISÉE

(Amphitheatrum Flavium)

L'immense amphithéâtre dont l'empereur Vespasien jeta les fondements vers l'an 75, à l'emplacement du lac sur lequel Néron avait donné tant de fêtes féeriques, fut inauguré par Titus en 80 et embelli par Domitien[2]; c'est en raison de la part qu'avaient ainsi prise à son édification les trois empereurs de la famille Flavienne que le monument reçut le nom de *Amphitheatrum Flavium*; cependant il n'était rien moins que terminé quand disparut le dernier de ces empereurs.

On admet que le quatrième étage, qui figure sur une médaille de Titus, était en bois et ne fut bâti en pierre que plus tard. Ceci expliquerait les dégâts occasionnés par le feu du ciel dont le monument fut frappé, notamment le 3 août 217 sous le règne de Macrin; ces dégâts furent si importants qu'on dut renoncer pendant plusieurs années à donner des spectacles. Élagabal commença des travaux de restauration que poursuivirent Sévère-Alexandre (218-222) et Gordien III (238-244); une médaille de cet empereur montre le Colisée avec l'étage supérieur construit définitivement en pierre; à gauche se voit le colosse de Néron, à droite une statue plus petite sous un édicule, dans l'arène un éléphant monté combattant un taureau. Des statues décoraient

1. Au XVIe siècle, le nom de thermes de Titus était improprement employé pour désigner les thermes de Trajan.

2. D'une façon générale, F. Gori, *Memorie del Colosseo*, Rome, 1875. Gio, Marangoni, *Delle Memorie... dell' Anfiteatro Flavio*, Rome, 1746. Neralco, *Descrizione del Colosseo*, Rome, 1763. Parker, *The Flavian amphitheatre*, Oxford, 1876. P. Colagrossi, *L'Anfiteatro Flavio nei suoi venti secoli di storia*. Rome, 1912. Filippo Clementi, *Il Colosseo*, Rome, 1912. Fr. Cerasoli, *Nuovi Doc. sulle Vicende del Colosseo*, Rome, 1903.

les baies de la deuxième et de la troisième galerie. Au fond on distingue l'empereur.

On avait eu tant de hâte à achever la partie supérieure que les entrepreneurs avaient pris des matériaux dans les monuments ruinés du voisinage; peut-être aussi faut-il attribuer ces pillages autant à la disette d'argent qu'au manque de matériaux neufs. Commode établit un passage souterrain du Colisée à son palais, à la *Domus Vectiliana*, située sur le mont Cælius, car il était un amateur passionné des jeux du cirque, auxquels il prenait part personnellement.

De nouveau atteint par la foudre et incendié, le Colisée fut restauré par Decius en 250; le tremblement de terre de 442 causa de grands dommages que Théodose II et Valentinien III s'efforcèrent de réparer en 445; Lampadius, préfet de la ville, présida à cette restauration, ainsi qu'en témoigne une inscription gravée sur une dalle de marbre grec qui avait déjà servi à un autre usage et qu'on voit encore actuellement au Colisée. Le *podium*, les entrées et les sièges furent réparés. Messius Phœbus, au temps de l'empereur Anthemius, fit aussi quelques travaux au Colisée entre 467 et 472. En 486, un « abominable tremblement de terre » nécessita de nouvelles réparations que le préfet Decius Marius Venantius Basilius accomplit à ses frais en 508; Eutharich en 519 fit également travailler au Colisée.

Lors de l'inauguration, cinq mille bêtes féroces y avaient été sacrifiées devant les cinquante mille spectateurs qui pouvaient y prendre place[1].

La description que donne Dion Cassius, qui y assista, des jeux célébrés au Colisée sous le règne de l'empereur Commode est des plus curieuse, tant par l'abondance des détails que par ce qu'elle révèle touchant l'état d'esprit des Romains à la fin du IIe siècle.

« Le premier jour, l'empereur tua cent ours à lui tout seul, à coups de flèches, du haut du pourtour de l'arène; elle était entièrement divisée par des cloisons diamétrales surmontées d'un chemin circulaire et se coupant deux à deux, afin que les bêtes, partagées en quatre compartiments peu distants, pussent être percées plus aisément. Au milieu de la lutte, lorsqu'il était fatigué, il buvait dans une coupe en forme de massue du vin miellé rafraîchi que lui présentait une femme et, au même instant, le peuple et nous tous nous criions *Vivat*, comme on a coutume de crier dans les festins.

1. Sur la contenance du Colisée, voir la Dissertation du professeur Ch. HULSEN, dans *Bull. Arch. Com.*, Rome, 1894, p. 312, et PLATNER, *The Topography and Monuments of Ancient Rome*, p. 334.

« Voilà ce qui eut lieu le premier jour; les suivants, étant descendu du haut de sa place sur le sol même de l'arène, il tua d'abord toutes les bêtes qui s'approchèrent de lui, bêtes dont les unes lui étaient amenées, les autres présentées dans des cages, puis il égorgea un tigre, un hippopotame et un éléphant.... Ensuite, au sortir de dîner, il combattit comme gladiateur. Il se servait de l'armure de ceux qu'on appelle *Secutores*, le bouclier au bras droit et l'épée de bois à la main gauche, car il était fier d'être gaucher.... Après lui combattaient les autres gladiateurs; le premier jour ce fut lui qui, au bas de l'amphithéâtre, en costume de Mercure, les réunit deux par deux, tenant une verge d'or et assis sur un trône d'or. Après cela il remonta sur son siège ordinaire, d'où il vit avec nous le reste du spectacle. Un très grand nombre de personnes y perdirent la vie. Comme quelques gladiateurs tardaient à tuer leurs adversaires, il les fit attacher deux par deux et leur ordonna de combattre tous à la fois. De cette façon, ceux qui étaient liés ensemble combattirent un contre un; quelques-uns même tuèrent des gens sur lesquels ils n'avaient aucun droit, se trouvant embarrassés par la foule et le manque d'espace.

« Ce spectacle dura quatorze jours. Quand l'empereur combattait, nous autres sénateurs nous nous rendions chaque fois à l'amphithéâtre avec les chevaliers.... Outre les acclamations ordinaires, nous criions sans cesse comme on nous l'avait ordonné : « Tu es le maître, tu es le premier, tu es le plus heureux « de tous les hommes, tu es vainqueur, tu le seras à jamais, « Amazonius! [1] »

« Beaucoup parmi le peuple ne vinrent pas à l'amphithéâtre, à cause d'un bruit qui avait couru que l'empereur avait dessein de tirer sur les spectateurs, comme Hercule sur les Stymphalides. Cette crainte était commune à tous. L'empereur fit même à l'égard des sénateurs une chose qui n'était pas le moindre indice de notre perte. Après avoir tué une autruche et lui avoir coupé la tête, il s'avança vers l'endroit où nous étions assis et, tenant cette tête dans sa main gauche, tandis que, de la droite, il brandissait l'épée ensanglantée, il ne prononça aucune parole et remua la tête en ouvrant la bouche, comme pour nous montrer qu'il pourrait bien nous en faire autant.. Quelques-uns s'étant à cette vue pris à rire, eussent été tués sur-le-champ si je n'eusse mis dans ma bouche des feuilles de laurier tirées de

---

1. Ce surnom est encore une preuve de l'étonnant avilissement des Romains à cette époque. Commode portait ce nom en souvenir de sa maîtresse Marcia dont il conservait un portrait en amazone. Il fit donner au mois de novembre le nom d'*Amazonium*.

ma couronne et conseillé à ceux qui étaient près de moi d'en faire autant, afin que le mouvement de nos lèvres ne permît pas de soupçonner que nous riions[1] ».

Le Colisée mesure sur le grand axe 187 mètres et sur le petit 152 mètres extérieurement. Sa hauteur est de 48 mètres environ. Les arcades qui y donnaient accès étaient au nombre de 76 ; au-dessus de chacune d'elles était un numéro en beaux caractères ; ceux des portes XXIII à LIV subsistent encore ; il y avait en outre quatre entrées situées aux extrémités des axes ; c'est par là que pénétraient l'empereur, les hauts personnages ainsi que les cortèges ; peut-être étaient-elles surmontées de quadriges ainsi que semblent l'indiquer les médailles ; celle qui faisait face à la partie de l'Esquilin appelée Oppius, et qui se trouve entre les arcades numérotées XXXVIII et XXXIX, paraît avoir été reliée aux Thermes de Titus par une galerie.

Au rez-de-chaussée, cinq galeries entouraient le centre de l'arène ; la galerie extérieure communiquait par des arcades avec le dehors, elle n'existe plus que partiellement ; dans la deuxième prenaient naissance les escaliers qui menaient aux étages supérieurs ; la troisième donnait accès au premier *moenianum* (voir plus loin) ; la quatrième donnait accès au *podium* ; là cinquième était revêtue de marbres et pavée de mosaïques, ce qui semblerait indiquer qu'elle servait de promenoir aux personnages élevés, ou bien que les gladiateurs s'y réunissaient avant d'entrer dans l'arène ; les portes y menaient directement.

Les trois premiers étages sont éclairés par des arcades ; au dernier étage, qui fut ajouté plus tard, comme on l'a dit, les ouvertures sont quadrangulaires et espacées de deux en deux baies. Les arcades du rez-de-chaussée sont séparées par des colonnes engagées, posées sur un stylobate de trois degrés ; elles sont d'ordre dorique. Par une singulière conception architecturale, — dont on trouve déjà l'exemple à Pergame, — chaque étage est orné de colonnes d'un ordre différent, de plus en plus compliqué à mesure qu'on s'élève, ionique au premier étage, corinthien au deuxième. On aperçoit, tout en haut, des pierres saillantes, placées l'une au-dessus de l'autre à une assez grande distance ; la plus haute est percée d'un trou ; elles servaient à fixer les mâts auxquels on attachait les cordes du *velarium* destiné à préserver les assistants contre les ardeurs du soleil. Les suppositions qui ont été faites touchant la disposition du *velarium* ne sont fondées que sur des hypothèses. C'étaient des marins qui plaçaient le *velarium* ; on a supposé que ces

1. DION CASSIUS, *Hist. Rom.*, liv. LXXII, § 18.

marins provenaient de la flotte de Misène parce que, non loin du Colisée, ont été retrouvés les restes d'un camp de marins de la flotte de Misène.

Les trous dont sont parsemés les parois et les piliers, du haut en bas de l'édifice, sont le fait des Romains du moyen âge qui, pour se procurer du métal, arrachèrent les crampons de fer scellés avec du plomb, qui reliaient les pierres entre elles. Cependant pas une pierre ne s'est déplacée, tant la construction est solidement et judicieusement établie.

Les couloirs haut voûtés, qui mènent de l'extérieur à l'intérieur, étaient garnis d'un revêtement de stuc qui subsistait, en partie, encore au xviii° siècle, mais a depuis malheureusement disparu ; à peine en reste-t-il quelques traces. On a aussi retrouvé quelques graffiti représentant des combats de gladiateurs.

Le Colisée est l'exemple le plus frappant et le plus magnifique de l'extrême habileté avec laquelle les architectes romains savaient employer les divers matériaux dont ils disposaient ; les portiques extérieurs, les arcades, les escaliers sont en travertin ; d'autres parties sont en péperin ; celles où la pression était moins forte sont en briques ou en une sorte de conglomérat. Pour alléger la maçonnerie des voûtes, on a surtout fait usage de tufs volcaniques très poreux. On constate aussi dans la construction des voûtes la profonde connaissance des Romains en stéréotomie.

L'extrême confusion des galeries et des dégagements n'a pas encore été bien démêlée. La division du travail, qui était poussée très loin, peut rendre compte des diversités qui s'observent entre le travail des différents chantiers qu'on occupa simultanément à la construction.

L'arène mesurait 86 mètres sur 52, autant qu'on en peut juger, car le mur de protection qui la limitait a presque entièrement disparu. On lui donnait le nom d'*arena* à cause du sable qu'on étendait pour absorber le sang des combattants, hommes ou bêtes. Une partie du sous-sol a été dégagée ; on connaît mieux sans doute, grâce à ce travail, les substructions du monument, mais son aspect artistique y a perdu ; les réduits où l'on gardait les bêtes féroces ont été ainsi mis au jour avec les plans inclinés qui servaient à faire monter les cages au niveau du sol ; on a pu reconnaître les rainures des ascenseurs qui furent en usage plus tard, les dégagements, tout un enchevêtrement de couloirs et de galeries ; ces substructions, d'époques très différentes, datent, les premières, de la fondation de l'édifice, les dernières, du règne de Théodoric. Une dérivation d'un aque-

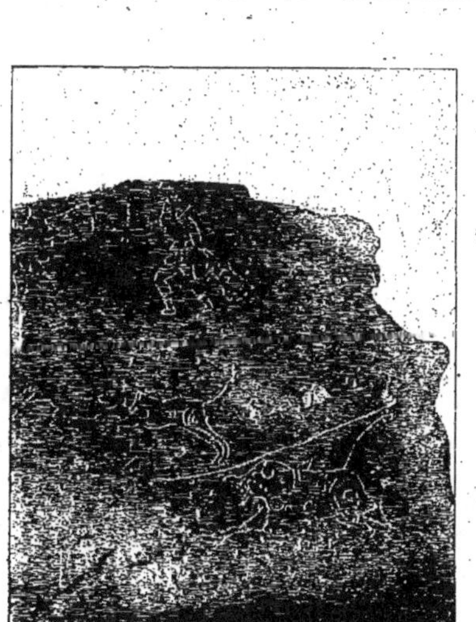

Fig. 8. — Graffiti du Colisée. — Gladiateurs.

duc permettait d'inonder l'arène et d'y donner des spectacles nautiques.

Autour de l'arène régnait un *podium* composé de quelques rangs de gradins; il était réservé au Sénat, à divers magistrats, aux préteurs, aux douze frères Arvales [1], ainsi qu'aux Vestales. Revêtu et dallé de marbre et surmonté d'une colonnade de marbre, il était couvert d'un velarium; une grille de bronze protégeait les assistants dans le cas où une bête féroce aurait franchi le mur de protection; les sièges étaient de marbre. Ils avaient été pillés en Grèce si l'on en juge par leur élégance et leur ornementation; un certain nombre sont devenus des trônes d'évêques; on en voit, par exemple, dans l'église S. Pietro in Vincoli, dans l'église S. Gregorio et dans l'église S. Stefano Rotondo; la *biga* du Vatican semble de même provenance. On y plaçait des coussins, *pulvini*. La plupart portaient inscrits, surtout dans les derniers temps de l'Empire, les noms des titulaires ou de leurs familles. Quand un siège changeait de propriétaire, on martelait le nom du précédent. Auparavant, les places étaient accordées, en bloc, aux collèges, aux corporations; les duumviri présidaient dans tout l'amphithéâtre à la répartition des places; chaque corps avait droit à tant de pieds, non à tant de places. Ainsi on trouve des inscriptions portant : Aux ex-consuls, 110 pieds; aux maîtres d'école, . . . pieds.... On connaît plus de deux cents inscriptions de ce genre. Les disputes de préséance étaient continuelles et des plus âpres; ainsi qu'en témoigne Martial; on dut graver sur marbre les « lieux assignés — *loca assignata* ».

Lors des fouilles entreprises, en 1810, par ordre de Napoléon, on a retrouvé quelques bas-reliefs et quelques stucs qui ornaient le *podium*. De loin en loin, des escaliers conduisaient dans le couloir qui entourait l'arène, d'autres escaliers donnaient accès aux gradins supérieurs.

Deux loges se faisaient face aux extrémités du petit axe de

---

1. Les frères Arvales étaient une confrérie de douze prêtres voués au culte de la Terre. Ils étaient les représentants des douze fils mythiques d'Acca Larentia, héroïne de l'histoire romaine primitive. Leur sanctuaire, le bois sacré de la *Dea Dia*, a été retrouvé au 5ᵉ mille de la via Campana, sur la rive droite du Tibre (entre Rome et Porto) ; on peut encore le visiter. C'est aussi là qu'on a recueilli, depuis 1867, les fragments épigraphiques de leurs procès-verbaux annuels. Ils célébraient une fête annuelle en mai, accompagnée de banquets, de chants, de processions et de danses (nous possédons le texte de leurs chants, qui est pour nous incompréhensible). Leur office propre était de purifier la terre et d'assurer une bonne récolte ; Dea Dia est une incarnation, comme Acca Larentia, de la Terre-Mère. A la différence des autres collèges sacerdotaux, le collège des Arvales n'était pas fermé à la plèbe.

l'arène, l'une appelée *pulvinar* était réservée à l'empereur, l'autre aux consuls. Ces loges étaient plus élevées que le *podium* ; on y avait accès par des escaliers spéciaux.

Les places qu'occupait la foule des spectateurs étaient divisées en trois étages, le *moenianum primum, secundum, summum* ; leur ensemble formait la *cavea* ; les deux étages principaux (*moeniana* I et II) comptaient ensemble tout au plus cinquante rangs ; ils correspondent aux trois portiques superposés de la façade extérieure ; le dernier étage, selon M. Hülsen, ne peut avoir compté plus de onze gradins. Entre les deux étages principaux et l'étage supérieur, l'accès était interdit par un mur de 5 mètres, d'ailleurs décoratif, grâce à ses portes, fenêtres et niches, et surmonté d'une colonnade, c'était le *balteus* (baudrier). Les rangs étaient partagés en secteurs, en travées, *cunei*. On a retrouvé près de l'amphithéâtre de Frosinone, dans le Latium, un jeton d'ivoire qui était un billet d'entrée ; il porte le numéro de la travée, cvn (*cuneus*) VI. et le numéro du rang qui était un des rangs inférieurs, in. xviii. Il ne reste aucune trace de la tribune d'où celui qui donnait les jeux y assistait, *editoris tribunal*.

Les places du haut, celles qui, avant le grand incendie de 217, étaient en bois et qu'on appelait, par suite, *in ligneis*, servaient aux gens de la plèbe, à ceux qu'on appelait *pullati*, parce qu'ils étaient revêtus d'une toge brune ; on les répartissait par tribus. C'est là aussi qu'on relégua les femmes de condition médiocre. Les hommes mariés furent, à une certaine époque, séparés des célibataires.

Du haut de ce qui subsiste de ces gradins, la vue s'étend au loin sur l'admirable campagne romaine, la chaîne de l'Apennin, les monts de la Sabine, tandis que, plus près, tout autour de soi, gisent les restes du Palatin, les ruines des Thermes de Trajan, celles du Forum que domine au fond le palais du Capitole ; la Torre delle Milizie s'élève au Nord, dans la partie de la ville qui tapisse le versant de l'Esquilin et qu'on nommait les *Carinæ*.

Les Romains étaient fiers du Colisée. « Que la barbare Memphis ne vante plus ses merveilles, écrivait le poète Martial, ni Babylone l'effort de son travail assidu, que les doux Ioniens ne célèbrent plus leur temple de Diane Trivienne et qu'ils cachent leur autel couvert de cornes, que les Cariens ne portent pas aux nues leur Mausolée dont le sommet semble atteindre le ciel, toute œuvre le cède à l'amphithéâtre Césarien, seul entre tous il doit être célébré par la Renommée[1]. » Bien des siècles plus

---

1. *De Spectaculis.*

tard un personnage de l'Arétin devait dire de même : « Le Colisée ? C'est le trésor et la consolation de Rome [1] ». On le mettait au nombre des sept merveilles de la ville, qui étaient le Janicule, les aqueducs, les égouts, le Forum de Trajan, l'Odéon et les Thermes d'Antonin (Caracalla) [2]. Au temps de Théodose et même sous Théodoric, on y célébrait encore des jeux, et, lorsque les combats sanglants des gladiateurs furent interdits, on les remplaça par des joutes, des courses, des combats entre bêtes fauves [3].

Aussi la légende s'empara-t-elle de bonne heure de ce monument. On racontait que Virgile l'avait construit de même que le Capitole et que, comme pour le Capitole, la durée de la ville était liée à sa conservation.

> Tant que durera le Colisée, Rome durera ;
> Quand tombera le Colisée, Rome tombera ;
> Quand Rome tombera, le monde tombera.

écrivait Bède le Vénérable au VIIIe siècle.

Entre le Colisée et le Forum, sur un socle dont les arasements ont pu être retrouvés, se dressait une statue colossale de bronze, haute de 112 pieds (30 m. 50), qui avait été élevée en l'honneur de Néron ; après sa mort on en avait fait une statue du Soleil ; Commode en fit un Hercule et lui donna ses propres traits ; après sa mort, elle redevint une statue du Soleil [4].

Bientôt on établit une corrélation entre cette statue colossale et le colossal édifice : on pensa qu'il avait été destiné à la contenir et que c'était son temple.

« Le Colisée, dit le livre des *Mirabilia*, était un temple du Soleil, d'une grandeur et d'une beauté sans pareilles, tout couvert d'un toit d'airain doré sur lequel la foudre, les éclairs et le tonnerre étaient représentés ; par des fissures innombrables tombait de l'eau qui imitait la pluie (ce qui ne devait pas laisser que de gêner quelque peu les fidèles) ; on y voyait aussi les constel-

---

1. *La Cortigiana*, Venise, 1594, acte premier.

2. Polemius Silvius, évêque de Sion (432-448). Son ouvrage porte le nom de *Laterculus* ; c'était une sorte de calendrier, *Monumenta Germ. Hist. Auct. Ant. Chron. Minora*, I, p. 545. MIGNE, *Patrologie, Ind.* 1, 1865, p. 411, et vol. XIII, p. 671.

3. CASSIODORE, *Var.*, liv. V, let. 22 ; *Monumenta Germ. Auct.*, XII, p. 165, 5. GRISAR, *Roma alla caduta del Impero*, Rome, 1897, vol. I, p. 56. LANCIANI, *The Ruins*, p. 193.

4. Il a été récemment démontré que le colosse était placé sur un char traîné par un quadrige figurant le char du soleil. (PRÉCHAC, comptes rendus de l'*Académie des Inscriptions*, 1914).

lations ainsi que le Soleil et la Lune dans leurs chars, conduits par des chevaux; au centre du temple était la statue de Phébus, qui du pied touchait le sol et de la tête la voûte; le dieu tenait à la main une statue de Pallas.

« Le pape saint Sylvestre (qui vivait au IVᵉ siècle) fit détruire ce temple qui attirait trop l'attention des pèlerins, parce qu'il trouvait mauvais qu'on vînt à Rome pour y voir les édifices profanes plutôt que les églises. »

Le colosse avait donc donné son nom au Colisée. A la vérité, il y avait longtemps qu'on le nommait ainsi; sans doute dès l'antiquité, les Romains, frappés de ses dimensions, le désignaient déjà par le qualificatif de *Colosseum*, *Amphitheatrum colosseum*, car le mot était de latinité courante, Pline l'emploie, et il venait du grec. Anastase le Bibliothécaire, qui vivait au VIIIᵉ siècle, l'appelle le Colisée. Un autre amphithéâtre, celui de Capoue, qui était également très vaste, reçut de même le nom de *Colosseum*.

Mais une étymologie si simple ne suffisait pas à l'imagination populaire; à défaut de celle que l'on vient de rappeler, ou plutôt comme dérivation de celle-ci, on en imagina une autre. Quand les adorateurs du soleil arrivaient au temple, les prêtres leur demandaient s'ils vénéraient la statue : « *Colis eum* », et ils répondaient : « *Colo eum* », d'où *Colisseum* qui, au reste, se disait fréquemment au moyen âge *Colideum*.

Le tremblement de terre de 1349 fit des ravages dans ce qui restait encore intact du monument; de cette époque date peut-être le commencement de l'état ruineux où nous le voyons à présent[1]. Des parties entières s'effondrèrent, le sol fut jonché de pierres; le légat du pape, Pietro Boëri, évêque d'Orvieto, lui écrivait en 1362 qu'il les avait mises en adjudication, mais qu'il ne s'était présenté d'autre acquéreur que les Frangipani, qui cherchaient peut-être par ce moyen détourné à reprendre pied en ce lieu. Ceci montre d'ailleurs que le Souverain Pontife considérait le Colisée comme lui appartenant puisqu'il disposait de ses débris.

La Compagnie du Saint-Sacrement qui, à ce qu'il semble, en avait reçu une partie en don, acquérait peu à peu le reste; elle avait été fondée en 1223 par le cardinal Giovanni Colonna, dotée

---

1. La démolition du monument avait dû commencer bien antérieurement, depuis qu'on avait besoin de pierres; on avait déjà arraché, avec un soin méticuleux, tous les crampons de métal qui unissaient les assises et pratiqué ces innombrables trous qui se voient sur tous les piliers. Guattani, *Roma antica*, p. 11, n. 1. Svaresio, *Diatriba de Foraminibus lapidum in priscis ædificiis*, dans *Novus Thesaurus antiq.* Grævii, Venise, 1735, vol. I, p. 313.

de statuts en 1231, et s'était établie dans la région du Latran d'où elle étendait ses possessions vers le Cælius et le Palatin. D'un acte daté de 1369, il ressort que la Compagnie acheta de Cola Cecco di Giovanni (des Annibaldi) une maison située dans le Colisée pour le prix de 30 florins; trois ans plus tard, elle acheta de Giovanni et Andrea d'Annibaldi « la moitié d'une maison entière » située dans le Colisée, au milieu d'autres maisons pour le prix de 30 florins d'or. Ces maisons se trouvaient, d'après le texte de l'acte, voisines de l'hôpital San Giacomo, par conséquent du côté du monument qui fait face à la Via San Giovanni et au Latran, dans cette partie qui menaçait ruine au temps de Pie VII et qu'il dut soutenir au moyen d'un énorme contrefort de briques[1].

Néanmoins il ne parait pas que l'édifice entier ait appartenu à la confrérie, mais bien le tiers, le reste demeurant à la Commune. En effet, un état cadastral de l'année 1435 porte que le tiers de tout le Colisée appartient à la confrérie, tandis que les deux autres tiers sont à la Chambre urbaine, plus « une crypte ou maison » et un four dans l'arène (*rota*) que loue un certain Paolo di Stefano; « au-dessus de cette cave, ajoute le document, est un emplacement où l'on dépose de la paille ». Outre ces maisons et ces hangars, il existait une église dans l'intérieur du Colisée, sur l'arène; elle portait le nom de San Salvatore de Rota Colisei; c'était apparemment une toute petite église; un seul prêtre la desservait. Une seconde église, placée peut-être dans une des arcades, en tout cas voisine de la *Meta Sudans*, d'où son nom, s'appelait Santa Maria de Metrio; un seul prêtre aussi la desservait. Une troisième église, Santa Maria della Pietà, se trouvait également construite dans une arcade. Cette dernière église fut reconstruite en 1622 par l'archiconfrérie du Gonfalon.

On retirait toujours des pierres du Colisée. En 1439, le 16 et le 21 décembre, un Allemand transporta pour le pape, du Colisée au Latran, en vue de la décoration de l'intérieur de la basilique, des blocs de travertin; ce travail lui fut payé 36 bolognini.

Nicolas V enleva, dans le Colisée, plus de deux mille cinq cents charretées de travertin dont il était besoin pour les constructions si nombreuses qu'il entreprit[2]. Pie II, cet autre pape

---

1. L'antique église S. Giacomo del Coliseo avec son hôpital fut démolie en 1815. On y admettait surtout des femmes. *Archiv. di Stato, Catasto S. Sanctorum*, 1435, p. 59. GATTI, *Bull. Arch. Com.*, 1895, p. 118.

2. E. MÜNTZ, *Les Arts...*, vol. I, p. 105. La charretée était une mesure de capacité ayant 30 centimètres de côté.

humaniste, si épris aussi de l'antiquité, fit tout de même que son prédécesseur; pour édifier le péristyle de la basilique de Saint-Pierre, il fit emporter force matériaux et non de ceux qui avaient croulé (1460). Paul II ne le ménagea pas plus quand il fit élever le palais de Saint-Marc; ce fut la partie méridionale du monument qui pâtit alors; à l'exemple du pape, le cardinal Riario pour bâtir son palais qui fut ensuite la Chancellerie, et le cardinal Alessandro Farnèse, pour le palais qui est devenu le Palais Farnèse, empruntèrent la matière première au Colisée. On raconte que l'un des « conservateurs », Lorenzo Cafarelli, voulut s'interposer et arrêter ces déprédations; il maltraita les ouvriers, mais ne put empêcher les destructions de se poursuivre.

Cependant le Colisée allait devenir un édifice consacré au culte; il l'était déjà même un peu, ce qui aurait dû le protéger.

En l'année 1490, la confrérie du Gonfalon sollicita du pape Innocent VIII l'autorisation de représenter dans le Colisée des drames sacrés. Cette confrérie était déjà ancienne; elle avait été fondée en 1263 par saint Bonaventure et se composait de citoyens romains voués à des œuvres pieuses et charitables. Le pape ayant acquiescé ainsi que les conservateurs, un accord intervint, à la date du 17 mars 1490, entre les deux confréries du Saint-Sacrement et du Gonfalon, dans lequel il était dit que la confrérie du Saint-Sacrement, propriétaire depuis cent vingt ans environ de certaines maisons et d'habitations que lui avait vendues la famille des Annibaldi, cédait à la confrérie du Gonfalon ces demeures ainsi que la partie du monument qui lui appartenait, car ladite confrérie ne pouvait s'en passer pour les représentations « en l'honneur de Dieu et de ses saints » qu'elle projetait d'instituer. La confrérie du Gonfalon s'engageait à n'en pas faire un autre usage et à les restituer dès que la confrérie du Saint-Sacrement l'en requerrait. L'acte fut signé dans le palais des conservateurs au Capitole, apparemment pour bien prouver qu'il s'agissait d'une propriété communale.

L'emplacement choisi pour y établir la scène fut cette partie de l'arène où se trouvait l'église Della Rota, c'est-à-dire le côté oriental; ce lieu conserva longtemps l'appellation de *Du Théâtre*; les arcades servaient de fond et de coulisses; le public se tenait dans l'arène; on établissait dans les galeries supérieures les machines destinées à soutenir les anges et les apparitions; des décors grossiers représentaient Jérusalem, Béthanie, le jardin de Gethsémané, la maison d'Hérode; on montait des échafaudages pour figurer le Mont des Oliviers et le Calvaire. Les peintres décorateurs et les machinistes étaient pris parmi les membres de la confrérie; quant aux frais, ils étaient couverts en partie par des personnes charitables; en 1517, un donateur offrit 60 ducats « pour que la tradition de ces spectacles ne se perdît pas ».

La représentation de 1541 fut peut-être la dernière, en tout cas l'une des dernières. On n'en donnait plus en 1558.

Ces représentations dramatiques, où l'on voyait, à côté du Christ et de saintes personnes, le Diable avec ses cohortes de démons, et plus encore peut-être le passé légendaire du Colisée, en faisaient un lieu de terreur, propice aux incantations. En 1522, comme la peste régnait dans la ville, un Grec nommé Demetrios persuada aux Romains qu'ils apaiseraient la colère céleste en sacrifiant selon les anciens rites un taureau au Colisée; une foule immense assista à la cérémonie.

Cependant on continuait à excaver à force dans le Colisée. En 1519, la confrérie du Gonfalon prit quelques pierres tombées par terre, ce dont il fut dressé un acte notarié; elles étaient destinées à parfaire un autel situé dans le monument. Adrien VI autorisa Madeleine Brugmans, de Brême, à faire des fouilles, d'accord avec quelques associés, au Colisée et à Santa Croce in Gerusalemme sans leur imposer de redevance (27 juillet 1523).

Le Colisée était la suprême ressource dans les cas de nécessité. Lors d'une inondation du Tibre, en 1557, une arche, peut-être deux, du Pont Palatino ou Santa Maria furent emportées; seize ans plus tard, au commencement de l'année 1573, le pape fit savoir au Conseil communal qu'il en désirait le rétablissement pour l'année du jubilé 1575. Aussi, le 12 mars, le premier conservateur, Prospero Boccapaduli, qui fit tant pour la viabilité et l'embellissement de la ville, proposa d'engager les entrepreneurs à soumissionner après avoir opéré le dépôt d'un cautionnement. Le 4 avril, le Conseil décida d'employer à ce travail 1250 « lieux » de 100 écus pris sur la gabelle de la viande récemment affermée. Le 3 mai, le premier conservateur, qui était alors Antonio Velli, exposa que les plans et les devis étaient prêts et approuvés et que la dépense n'excéderait pas 25 000 écus. Mais si tout était décidé en théorie, en fait les travaux avançaient lentement, manque de matériaux; c'est pourquoi, dans la séance du 15 octobre 1574, le premier conservateur ayant d'abord exposé « que les œuvres commencées doivent avoir une fin », ajouta que puisqu'on ne pouvait pas se procurer des pierres au dehors, il convenait d'en prendre au Colisée où, disait-on, on en trouverait quantité; et le Conseil, à l'unanimité, décida qu'on tirerait du Colisée le marbre et le travertin nécessaires, à condition que ce fussent des blocs « tombés et non adhérents[1] ».

Sixte V fit déblayer le Colisée ; à la date du 16 avril 1590, il alloua, à cet effet, un crédit de 250 écus aux *Magistri Viarum* et d'autres versements suivirent jusqu'à sa mort (27 octobre 1590), versements qui s'élevèrent à 2 700 écus[2]. En revanche, il avait eu l'idée singulière et furieusement inesthétique de transformer le Colisée en un atelier de lainerie ! L'arène aurait servi à l'installation des métiers ; les fabricants auraient eu leurs boutiques et leurs logements dans les galeries ; à chacun deux pièces, une salle et un magasin, pour lesquels il ne leur serait réclamé aucune redevance. Le pape pensait que tous les pauvres viendraient chercher un honnête moyen d'existence dans cette industrie et qu'il éteindrait ainsi du coup la misère et la mendicité ! Des conduites d'eau furent établies et l'architecte Fontana commença les travaux. Cent hommes et soixante charrettes étaient journellement occupés au transport des terres et des matériaux. Même une somme de 15 000 ducats fut remise à des industriels qui promettaient d'introduire à Rome les secrets de la fabrication et le commerce de la laine.

Pour peu que le pape eût vécu un peu plus, le Colisée devenait une cité ouvrière[3] !

Si les lainiers ne s'installèrent pas au Colisée, des fabricants de colle y travaillèrent quelque temps ; il s'agissait de colle faite avec des os, que l'on appelait *cervona* ; ces industriels s'étaient établis dans les couloirs supérieurs, du côté de San Clemente, par conséquent, du côté du Latran, au-dessus du « théâtre ». Le Conseil communal informé envoya ses gardes pour les mettre en prison (21 mars 1594), mais ceux-ci montrèrent un bail en due forme consenti par la Compagnie du Gonfalon qui leur accordait la jouissance de ce local moyennant une livre de cire par an. Ceci n'arrêta pas les conservateurs, qui « les tinrent d'autant plus longtemps en prison qu'ils voulaient bien montrer que le Colisée relevait uniquement du Peuple romain ». Ils ne furent relâchés que sur leur promesse formelle de déguerpir promptement. Cependant le Conseil passait en 1604 une convention avec la Confrérie du Saint-Sacrement par laquelle il se faisait autoriser à retirer des pierres et du traver-

---

1. *Archiv. St. Capit.*, Cred. I, vol. XXXVIII, fol. 548.
2. *Archiv. di Stato Roma*, Depos. gen., 1590, fol. 21, 30, 37, 62.
3. GIO. MARANGONI, *Memorie dell' Anfiteatro Flavio*, § 60, p. 60. D. FONTANA, *Di alcune Fabbriche fatte in Roma*, Naples, 1603, p. 18, et *Della Trasportazione dell' Obelisco Vaticano*, Rome, 1590, Parte II, p. 18. MILIZIA, *Vita dei più celebri architetti*, Rome, 1768, p. 302.

tin du Colisée, en compensation de la faculté donnée naguère par lui à la Confrérie de démolir l'arc dit de Basile qui se trouvait près de son hospice. Les matériaux extraits du Colisée devaient servir à rebâtir la grande salle du palais sénatorial fort délabrée, et le Conseil avouait que, son trésor étant vide et son désir de faire ces travaux très grand, il ne voyait pas d'autre moyen de les mener à bien.

Deux organisateurs de spectacles obtinrent du Conseil communal, en 1671, la permission de donner au Colisée des courses de taureaux pendant six années, à la condition de ne pas gêner la circulation en dehors des jours de courses et de réserver aux magistrats une loge de vingt places. Mais, sur les représentations du cardinal Barberini, le pape Clément X intervint et les courses n'eurent pas lieu. A l'occasion du jubilé de 1675, on planta une énorme croix tout en haut du monument, mais elle fut bien vite abattue par le vent. La même année, le pape Clément X fit opérer quelques travaux de restauration.

Le Colisée continuait à être la principale carrière de pierre de la ville et l'on y puisait sans cesse. Pour paver la place du Capitole et la voie qui y donnait accès, on y prit dix-neuf charretées, puis encore d'assez grandes quantités de travertin (1698).

Le vendredi 2 février 1703, le jour de la Purification, tandis que le pape tenait chapelle au Vatican et qu'on prononçait les paroles : « *Ut nullis nos permittas perturbationibus concussio* », un tremblement de terre se fit sentir qui provoqua dans Rome une extrême frayeur et causa un assez grand nombre de dégâts ; il y eut trois secousses distinctes. Trois arcades de la seconde enceinte du Colisée, du côté de l'église Saint-Grégoire, dans la partie qui est, en effet, la plus ruinée, s'écroulèrent, et aussitôt les tailleurs de pierre d'accourir et de solliciter la faveur d'enlever les blocs qui gisaient sur le sol. Le 28 mars, l'un d'eux, Perini, offrit de payer 2,30 écus la charretée ; mais comme le pape exigeait que l'argent fût versé au Mont de Piété, au crédit du Colisée, et que les travaux fussent contrôlés par le camerlingue, on répondit à Perini de patienter jusqu'à Pâques. Le 18 avril, le Procurateur du Peuple se rendit auprès du camerlingue et lui représenta que si la vente se faisait en plusieurs lots, elle rapporterait plus et peut-être jusqu'à 80 écus ; le 2 mai, l'architecte du Peuple romain reçut mission de traiter avec ceux qui se présentaient et de recevoir l'argent d'une première vente ; mais le 30 juillet, le Conseil apprit que le pape (Clément XI) venait de céder toutes les pierres tombées « au Tribunal des voies » afin qu'il les employât au port de Ripetta ; une compensation devait être allouée à ceux qui avaient déjà

traité pour leur achat. Quelque temps après, en novembre, le
fiscal évaluait le travertin ainsi cédé à 464 écus.

Ainsi le pape agissait en propriétaire tout-puissant, et il l'était.
Cependant le Conseil communal et les représentants, les « gardiens » de la Confrérie du Saint-Sacrement étaient toujours en
compétition touchant la propriété du monument dont la Confrérie
continuait à revendiquer le tiers (1705).

Il était dit que le Colisée servirait aux destinations les plus
inattendues : en 1714, Clément XI en avait fait une fabrique de
salpêtre qui devait alimenter la poudrerie voisine située sur le
Palatin, près de la route qui conduisait à la Villa Mills et portait le nom Via della Polvereria. Cette poudrerie fut transportée
sous Napoléon Ier sur l'Esquilin, près de Saint-Pierre-aux-Liens,
dans quelques salles encore debout des Thermes de Trajan. Là
rue voisine prit alors le nom de Via della Polvereria, qu'elle a
conservé.

Le Colisée cependant était très mal fréquenté ; sous ses
voûtes obscures vivaient tout un monde de vagabonds et de
miséreux que les sbires ne pouvaient surveiller à cause de la
clôture en planches ; c'est pourquoi leur chef demanda, en 1760,
à y percer une petite porte qui ne nuirait en rien, assurait-il, à
l'aspect de l'édifice, et ceci lui fut accordé par le Conseil. Les
malandrins continuèrent pourtant à avoir leur retraite au Colisée,
et l'on était persuadé à Rome, au cours du xviiᵉ siècle, qu'une
population de sauvages y vivait à l'état de nature, tout nus et
tout noirs, couverts de poils et fort dangereux pour ceux qui
violaient leur domaine.

Le 22 juin 1804, le cardinal Giuseppe Doria Pamfili, pro-
camerlingue, adressa une lettre au trésorier général pour lui
exposer que, depuis nombre d'années, on déposait du fumier
dans les galeries du Colisée afin de favoriser la production du
salpêtre destiné à la poudrerie voisine ; il en résultait que les
pierres étaient attaquées et corrodées et qu'en outre les charre-
tiers en entrant et en sortant, l'hiver en allumant de grands
feux, causaient d'irréparables dommages « à ce rare édifice ».
Dans une autre lettre, datée du 2 juillet suivant, il estimait à
douze mille charretées la « terre nitreuse » et à six cents charretées le fumier accumulés dans le monument ; il rappelait que
ces dépôts étaient jadis recouverts de paille, mais qu'un jour un
fabricant de salpêtre y avait mis le feu, pensant tirer du salpêtre des cendres : mauvais calcul, dit le cardinal, car si la
paille chaude contient du sel, il s'évapore lorsqu'on la brûle. Il
proposait, en conséquence, d'offrir aux agriculteurs d'enlever le
fumier en le payant 30 bolognini la charretée.

D'ailleurs, une commission réunie l'année précédente concluait de même dans un rapport daté du 13 juin 1804 ; il déclarait que « soixante-dix ans de salpêtrage » uni à l'action du fumier avaient gravement compromis certaines parties de l'édifice ; des pilastres ne tenaient plus que par miracle ; les arcades du côté oriental, faisant face à Saint-Jean de Latran, étaient particulièrement atteintes ; un grand travail de consolidation s'imposait.

Deux architectes se présentèrent, concluant l'un et l'autre que, pour sauver la partie orientale, qui était la plus menacée, il n'y avait d'autre recours que de construire un éperon allant de la base au faîte, l'un en estimait le coût à 3100 écus, l'autre à 3200 (novembre 1806). Ce travail fut donc décidé et confié, par un rescrit de Pie VII, à un certain maître maçon du nom d'Antonio Valenti (22 novembre 1806). Il avait été convenu que le trésorier général verserait à Valenti 100 écus par semaine ; mais comme on le pressa d'activer les travaux et d'engager à cet effet le plus d'ouvriers possible, il demanda que cette allocation fût portée à 400 écus ; on consentit à lui en donner 250. L'œuvre achevée, il fut décidé qu'il fallait commémorer par une inscription l'intervention du pape, et une plaque de marbre avec des lettres en plomb retenues par des crampons de fer fut apposée sur l'éperon ; elle coûta 240 écus.

Des fouilles accomplies en 1813 sous la direction de Carlo Fea donnèrent lieu à plus de polémiques que de découvertes.

En l'année 1836, la ville fut dévastée par une épidémie de choléra ; comme on ne savait où enterrer les morts, le cardinal-vicaire s'avisa de les faire porter au Colisée ! Le cardinal secrétaire d'État Lambruschini protesta, mais, pendant un temps, le Colisée devint un charnier. Quand enfin le scandale eut cessé par suite de l'intervention du pape, ce fut bien autre chose. On décida de procéder dans l'arène aux distributions de pain aux indigents ; cinq ou six mille personnes affluèrent, au grand détriment des piliers et de tous les soubassements. Le gardien du Colisée, auquel avait été accordé, depuis quelques années, l'appui d'un corps de garde, protesta, « pour couvrir sa responsabilité », par une lettre adressée au camerlingue à la date du 29 mai 1837[1]. Ce malheureux gardien avait fort à faire ; grâce au mauvais état des clôtures, les vauriens pénétraient sans cesse, comme jadis, dans ce « local », s'y installaient et dégradaient même les parties hautes. Le secrétaire de la Commission

---

1. *Archiv. di Stato, Roma, Arch. del Camerlengato*, tit. IV, *Ibid.*, fasc. 2663-2411. Les fasc. 131, 836, 1231, 1591 contiennent des actes de peu d'importance relatifs au Colisée : autorisations de faire des fouilles et de prendre des mesures.

des Antiquités fut fort étonné, un jour de mars 1838, de voir un homme courir sur la corniche de la deuxième galerie; on lui répondit que c'était chose commune.

Mais l'utilité des gardiens se faisait surtout sentir les nuits de pleine lune.

Le peuple romain, que les spectacles grandioses et artistiques ont toujours touché profondément, aimait à se réunir dans les nuits d'août au Colisée pour y voir se lever la lune entre le Monte-Porzio et Frascati, et l'amphithéâtre s'éclairer peu à peu et se transformer sous sa lumière blanche et si doucement mystérieuse. Cette coutume, qui s'est perdue, durait encore au milieu du siècle dernier.

Que de belles pages ont été écrites sur la splendeur d'une nuit de lune au Colisée! Et quelle association émouvante, en effet, et plus apte à suggérer de poétiques pensées que celle de ce débris colossal du passé, témoin de tant d'années révolues, et de « la souveraine maîtresse des mélancolies profondes », selon l'expression de Shakespeare. Nul n'a peut-être parlé de façon plus magnifique de ce magnifique spectacle que lord Byron dans *Manfred*. « ... Dans le lointain, le chien de garde hurlait par delà le Tibre; plus près, sortait du palais des Césars le long cri du hibou; l'appel distant des sentinelles s'élevait et s'évanouissait sur l'aile d'une douce brise.... Et toi tu brillais, lune roulante, sur tout ceci; tu répandais une large et tendre lumière qui adoucissait l'âpre austérité et la désolation rugueuse de ces lieux; elle semblait remplir le vide qui sépare les siècles passés de celui d'aujourd'hui; elle laissait sa beauté à ce qui fut beau autrefois et rendait beau ce qui ne l'était pas[1]. »

Mais ces contemplations n'étaient pas sans danger pour ceux qui s'y livraient, non pas tant à cause des vagabonds dont le Colisée était encore infesté que de l'antagonisme qui existait entre les différents gardiens chargés de les surveiller. On en a la preuve dans un rapport bien curieux adressé par le gardien du Colisée, un certain Stoisman, au *Presidente delle Armi*. « Un des spectacles qui réjouissent le plus les yeux des étrangers, dit-il, est l'Amphithéâtre Flavien au clair de lune. Là se réunissent fréquemment beaucoup d'illustres familles; un Espagnol vint, il y a peu de temps, amenant quelques-uns de ces aveugles qui chantent dans les rues de la ville, car il voulait unir le plaisir des oreilles à celui des yeux.... Or, la sentinelle n'a pas voulu les laisser passer et ils ont tous été jetés hors du

---

1. *Manfred*, acte III, sc. IV. Voir aussi le beau passage de *Childe Harold*, ch. IV, st. 128 : « Les rayons de la lune semblent la torche naturelle de ces lieux, car il leur faut une lumière divine... ».

monument. D'autres visiteurs ont subi le même sort.... » (8 octobre 1838.) Le cardinal Giustiniani intervint; plus tard, en 1841, un règlement fut promulgué, mais la querelle continua. Le même Stoisman se plaignait en cette année que le sergent de garde avait repoussé de vive force des visiteurs que lui, en sa qualité de gardien, s'apprêtait à conduire dans le Colisée pour y admirer le monument éclairé par la lune ; Anglais et Allemands éprouvaient les mêmes aventures. Pour un peu, l'arène aurait revu les sanglants combats d'autrefois.

Stendhal écrivait, en 1828 : « Il y a quelques jours un Anglais est arrivé à Rome.... Il a vu au Colisée une centaine de maçons et de galériens qui travaillent toujours à consolider quelque pan de mur ébranlé par les pluies. L'Anglais les a regardés faire, puis nous a dit le soir : « Par Dieu ! le Colisée est ce que j'ai « vu de mieux à Rome. Cet édifice me plaît. Il sera magnifique « quand ils l'auront fini ». Il a cru que ces cent hommes bâtissaient le Colisée[1] ! »

Le ministre Guido Baccelli a fait déblayer le Colisée et on a même retrouvé les traces de la plate-forme qui l'entourait ; cinq des cippes qui la limitaient ont été découverts en place et on peut les voir du côté Nord, en contre-bas de la Via del Colosseo actuellement Niccolo Salvi.

Ce fut en 1874 que commença le dégagement des substructions de l'arène.

L'abondante végétation qui couvrait les ruines du Colisée a été supprimée au commencement du siècle dernier.

« On a dépouillé les murs à demi croulés du Colisée des plantes et des arbustes qui en accompagnaient si bien la vieillesse, écrit Ampère[2]. Toutefois, en arrachant toutes ces plantes, on a ébranlé et fait choir bien des pierres, et d'aucuns pensent que le mal a surpassé le bien. »

META SUDANS

Entre l'arc de Constantin et le Colisée se dresse un informe pilier de maçonnerie; c'est peut être l'exemple le plus frappant de l'état de délabrement dans lequel nous sont parvenus les monuments antiques. Il ne nous est donné de voir que des squelettes. Ce pilier, qui a 9 mètres de hauteur et 5 mètres à la base, servait d'armature à une fontaine de marbre, la *Meta Sudans*. Il

1. STENDHAL, *Promenades dans Rome*, 30 mai 1828.
2. AMPÈRE, *L'Empire romain à Rome*, Paris, 1881, p. II, p. 156.

est impossible d'en restituer l'apparence bien que ce monument ait été, ce semble, représenté sur une monnaie de Vespasien. Son nom lui venait-il d'une ressemblance avec les bornes qui délimitaient la piste dans les cirques ou de ce qu'il servait à indiquer la limite des quatre régions qui précisément se touchaient en ce point? on n'en sait rien. On ne sait pas non plus si Sénèque fait allusion à cette fontaine quand, à propos des bruits du dehors qui ne doivent pas troubler le sage dans ses méditations et son travail, il parle des fabricants de flûtes qui venaient essayer leurs instruments près de la fontaine voisine, la *Meta Sudans*; quelques-uns pensent qu'il fait là allusion à une fontaine de ce nom située, non à Rome, mais à Baïes[1]. Nibby pense qu'elle fut construite par Titus en 80, c'est-à-dire après la mort de Sénèque (65)[2]; peut-être existait-il une autre fontaine à la même place et ce serait elle qu'on voit sur les monnaies de Vespasien. Cassiodore la dit construite en 95 sous le règne de Domitien.

En 1773, on croyait encore que les chrétiens étaient battus de verges au pied de la *Meta Sudans* et qu'on leur lisait là leur sentence. On croyait aussi que les gladiateurs venaient s'y désaltérer[3].

L'ARC DE CONSTANTIN

L'arc de Constantin situé près du Colisée, à côté de la *Meta sudans*, entre le Palatin et le Cælius, est le plus grand et le mieux conservé de Rome. Il mesure 25 m. 50 de longueur sur 7 m. 70 de largeur et 20 m. 50 de hauteur; l'arche centrale est haute de 11 m. 50 et large de 6 m. 50; les arches latérales ont 7 m. 40 sur 7 m. 30; les colonnes corinthiennes qui soutiennent les statues ont 7 mètres de hauteur et un diamètre de 0 m. 75 à la base.

Sur les piédestaux des colonnes se voient des prisonniers enchaînés et des victoires.

Cet arc est orné en outre de nombreux bas-reliefs.

Côté Nord. Vers le Colisée.

Bas-reliefs rectangulaires de la frise. En commençant par la gauche, côté du Cælius.

I. L'empereur est reçu à l'entrée de la ville par la déesse Rome sous les traits d'une femme casquée; au fond une porte

1. Ep. à Lucilius, LVII.
2. Nibby, *Roma antica*, I, 370.
3. *Voyage en Italie* (anonyme), La Haye, 1783, I, 226.

cintrée et, à côté, un temple tétrastyle. C'est peut-être la porte Capena et le temple de Mars qui était tout voisin, sur la voie Appienne ou bien encore la Porte triomphale et le temple de Fortuna Redux.

II. Scène en dehors de cette porte à ce qu'il semble; un éphèbe soutient une roue, à côté de lui l'empereur; derrière, un homme, à droite des soldats dont un tient un cheval. La femme avec la roue symbolise une voie pavée, *via munita*; si l'arc date du temps de Marc-Aurèle, la voie serait la Via Flaminia par laquelle l'empereur était revenu. L'homme est probablement un ingénieur.

III. Trajan, assis sur un trône, est entouré de sa cour; l'empereur s'adresse à des personnages massés à ses pieds parmi lesquels une femme avec un enfant; au fond un monument. Il s'agit dans ce bas-relief de commémorer la fondation d'une institution destinée à venir en aide aux enfants pauvres.

IV. L'empereur sur un trône reçoit la soumission d'un prince barbare; peut-être est-ce le roi d'Arménie. Dans le fond des soldats romains portant des aigles.

Médaillons. En commençant par la gauche.

I. L'empereur avec deux personnes chasse le sanglier à cheval.

II. L'empereur fait une libation ou verse des grains d'encens sur un autel devant un Apollon qui tient un trépied; derrière un laurier dont les branches garnissent le fond; un serviteur est derrière l'empereur, un autre tient un cheval.

III. L'empereur entouré de sa cour considère un lion tué à la chasse.

IV. L'empereur en costume de sacrifice, la tête voilée, verse une libation sur un autel; deux serviteurs derrière lui; dans le ciel, au milieu des nuages, Jupiter et, à ses côtés, une Minerve plus petite.

Les bas-reliefs qui se trouvent immédiatement au-dessus des petites arches représentent, celui de gauche l'empereur haranguant la foule du haut de la tribune des Rostres, celui de droite une distribution au peuple, *congiarium*[1]. Le premier des bas-reliefs donne un tableau des plus intéressant du Forum; les monuments représentés sont, de gauche à droite, quatre arcades de la basilique Julia, l'arc de Tibère, les Rostres et l'arc de Septime-Sévère.

---

1. Généralement distribution de vin, de sel, d'huile, quelquefois d'argent.

Fig. 9. — Arc de Constantin. — La Meta Sudans. — Au fond, l'arc de Titus et la tour appelée Cartularia.
(Du Perac, 1575.)

Sur la frise, au-dessus de la porte centrale se lit l'inscription :

IMP · CAES · FL · CONSTANTINO · MAXIMO · P · F · AVGVSTO · S · P · Q · R ·
QVOD INSTINCTV · DIVINITATIS · MENTIS · MAGNITVDINE · CVM · EXER-
CITV · SVO · TAM · DE · TYRANNO · QVAM · DE · OMNI · EIVS · FACTIONE ·
VNO · TEMPORE · IVSTIS · REMPVBLICAM · VLTVS · EST · ARMIS · ARCVM
TRIVMPHIS · INSIGNEM · DICAVIT

Sous la voûte :

LIBERATORI · VRBIS · FVNDATORI · QVIETIS

« A l'Empereur César Flavius Constantin Auguste le Grand, le Pieux, l'Heureux qui, grâce à l'inspiration divine et à son propre génie, et avec son armée, a vengé l'État, dans le même moment du tyran et de toute sa faction, le Sénat et le peuple de Rome ont dédié cet arc décoré de triomphes. — Au libérateur de Rome, au fondateur d'une ère de paix. »

Côté Sud.
Bas-reliefs rectangulaires.
En commençant par la gauche :

I. Trajan sur un trône élevé devant un édifice à arcades reçoit un roi barbare.

II. Trajan sur un trône reçoit des prisonniers avec leur roi Decebalus, conduits par des soldats romains dont quelques-uns portent des étendards.

III. Harangue de l'empereur à ses soldats; il est sur une estrade.

IV. Trajan, entouré de soldats, fait une libation sur un autel à trois pieds.

Médaillons.
En commençant par la gauche :

I. Trajan, s'apprêtant à partir pour la chasse, près de son cheval; à ses côtés ses favoris.

II. L'empereur offre un sacrifice sur un autel qu'ombrage un arbre; le sacrifice semble destiné à Hercule dont la statue est au fond.

III. Trajan à cheval poursuit un ours.

IV. L'empereur offre une libation sur un autel ombragé par un arbre; derrière, une statue de Diane, déesse de la chasse.

Les bas-reliefs qui se trouvent immédiatement au-dessus des petites arcades représentent à gauche le siège de Suse ou de Vérone, à droite la bataille du pont Milvius.

Parois latérales.
Face tournée vers le Palatin :
Médaillon. — Allégorie du soir ou de la lune.
Bas-relief au-dessous. — Cortège triomphal.

Face tournée vers le Cælius :
Médaillon. — Allégorie de l'aurore ou du soleil.
Bas-relief au-dessous. — Cortège triomphal.

Sous la voûte :
Trajan rentrant à Rome couronné par la Victoire.
Romains combattant les Daces.

Ces bas-reliefs semblent avoir formé un tout avec ceux placés sur les faces latérales et avoir été coupés.

Sur les côtés, de part et d'autre, se lisent les deux inscriptions :

VOTIS · X · VOTIS · XX

SIC · X · SIC · XX

Ce qu'on peut expliquer par : « On s'est acquitté des vœux formés pour le xe anniversaire, on en forme autant pour le xxe [1]. »

Les bas-reliefs qui ornent le passage médian, sous la voûte et les petits côtés de l'attique, faisaient primitivement partie d'une vaste frise qui décorait peut-être le forum de Trajan.

Les huit panneaux oblongs qui décorent les grands côtés de l'attique ont été rapprochés des bas-reliefs exposés aujourd'hui dans l'escalier du palais des Conservateurs ; sur les bas-reliefs de l'arc de Constantin, la tête de l'empereur a été refaite ; sur ceux du Musée, la tête est celle de Marc-Aurèle.

Les médaillons circulaires des faces principales paraissent à M. Arndt contenir une figure qui serait celle d'Antinoüs et il les a datés en conséquence du temps d'Hadrien ; plus récemment M. Stuart Jones les a datés du temps de Domitien.

Les médaillons circulaires des faces latérales et les frises qui sont au-dessous des médaillons de la face principale sont du temps de Constantin.

S'il se confirmait, comme on l'a récemment soutenu, que les bas-reliefs les plus anciens ne sont pas rapportés, mais ont été sculptés *in situ*, il faudrait conclure que l'arc tout entier ne date pas du temps de Constantin, mais d'une époque antérieure,

---

1. Constantin fêta à Rome en 315 ses *decennalia*, en 326 ses *vicennalia*.

peut-être du règne de Domitien, et a seulement été remanié en l'honneur de Constantin[1].

Plusieurs salles existent dans l'intérieur de l'arc; on remarque des *noms inscrits sur les parois*, entre autres celui de Michel-Ange (?) daté 1494. On était convaincu à Rome, au XVII° siècle, qu'elles servaient jadis aux joueurs de flûte qui y saluaient les entrées des triomphateurs. *Un escalier, construit, comme celui de l'arc dit de Janus*, en blocs empruntés à d'autres édifices, y conduit; la porte qui y donne accès s'ouvre dans la paroi tournée vers le Palatin.

Le nom qu'il portait fut une protection pour l'arc qui passa, au XII° siècle environ, des mains des moines de San Gregorio entre celles des Frangipani, maîtres de toute la région voisine; ils en firent un réduit fortifié.

Assez tôt, le monument devint propriété du Peuple romain, et il n'en est pas d'autres à Rome dont le Conseil communal se soit occupé plus diligemment et pour lequel il ait été fait plus de dépenses. Les Romains l'avaient en particulière vénération.

Vacca rapporte que, sous le pontificat de Pie IV, un « Goth » *vint vers le pape portant un vieux livre dans lequel il était dit qu'un trésor existait a Rome et qu'il était indiqué par un bas-relief où l'on voyait une figure tenant d'une main une corne d'abondance et désignant de l'autre un point du sol*. Après avoir longtemps cherché, le Goth découvrit son bas-relief dans l'arc de Constantin; il s'en vint donc demander au pape l'autorisation d'entreprendre des fouilles; le pape lui répondit que l'arc appartenait aux Romains et de s'entendre avec eux. Le Conseil communal ayant accordé la permission sollicitée, une excavation fut commencée, mais comme elle était poussée sous l'arc même et semblait devoir en amener l'effondrement, les Romains protestèrent, s'ameutèrent, d'autant plus qu'ils soupçonnaient fort le Goth de n'avoir d'autre but, « à l'exemple de ceux de sa nation », que de chercher la ruine des souvenirs du nom romain. Le fouilleur fut très heureux de s'en tirer avec la vie sauve, et la recherche du trésor dut être abandonnée[2].

Peu d'années après, en 1570, le Conseil vota une somme de 100 écus pour dégager l'arc qu'entouraient des bâtisses et dési-

1. FROTHINGHAM, *American Journal of Archæology*, 1912 et 1913. SALOMON REINACH, *Les Médaillons de l'arc de Constantin à Rome*, Paris, 1910. A. MONACI, *La Palestina e le sculture dell' Arco di Costantino*, dans *Bulletino di Arch. Cristiana*, an XIII, Rome, 1907, p. 55.

2. FLAMINIO VACCA, *Memorie*, dans NARDINI, *Roma antica*, vol. III, p. 40, § 103.

gna trois surveillants des travaux[1]; mais l'arc ne fût pas tout à
fait débarrassé des constructions parasites qui y avaient été
appliquées; une maison avait été construite du côté du mont
Cælius, et l'on voit actuellement encore la trace des trous qui
furent pratiqués dans la pierre pour en soutenir le toit. Sans
doute le Conseil avait assez à faire d'empêcher la végétation
d'envahir et de détruire le monument. En 1652, il est compté un
écu et 80 b. à un ouvrier pour avoir enlevé un certain nombre
de figuiers; deux ans après il était dépensé 3 écus pour un
travail plus complet; cet article revient souvent dans les comptes
du Conseil; en 1718, par exemple, il fallut arracher une forêt
d'arbustes, d'épines et de plantes; un homme dut se suspendre
à une corde pour opérer ce travail; il représenta au Conseil les
dangers qu'il avait courus et obtint un écu. En outre, le Conseil
votait sans cesse des crédits pour la restauration du monument.
On transporta du côté du Colisée de grandes quantités de terre
qui encombraient les arches et cachaient les bas-reliefs inférieurs; la dépense fut de 7 écus; il en coûta autant pour établir
une voie pavée pour le transport des matériaux; on la dalla avec
des pierres antiques.

Une restauration complète s'imposait. Un pape florentin,
Clément XII, d'esprit éclairé, venait précisément de monter sur
le trône (1730); il fit savoir au Conseil communal qu'il mettait à
sa disposition, pour opérer ce travail, une somme de 10000 écus
à prélever par termes successifs sur le Mont de Piété, et aussitôt
il fut décidé qu'un échafaudage serait construit pour permettre
à l'architecte du Peuple romain, Filippo Barigioni, de se rendre
compte des travaux à faire (27 septembre 1731); le 9 octobre,
le Conseil désigna, comme surveillants, le marquis Girolamo
Teodoli et Alessandro Capponi, leur conférant tous les pouvoirs
nécessaires « sans limitation pour la dépense ou pour tout autre
chose que ce soit »; le 28 octobre, ils obtenaient de la Secrétai-
rerie d'État un bref de nomination les confirmant dans cette
charge, et les travaux commencèrent presque aussitôt.

Il fut accordé 200 écus à Filippo de Rossi, administrateur des
biens de la famile Cornovaglia, pour prix de la petite maison
qui était adossée à l'arc.

L'un des principaux travaux à faire était la restauration des
statues de captifs barbares en marbre de Phrygie qui ornent le
sommet des colonnes; l'une d'elles, sur la face opposée au
Colisée, faisait défaut, ainsi qu'une des huit colonnes, peut-être
celle qui la supportait: les sept autres statues avaient été fort

---

1. *Archiv. Nat. Capit.*, Cred. I, vol. XXXIX, fol. 219.

maltraitées, il leur manquait les mains, les bras et la tête. La tradition voulait qu'un matin de l'année 1534 les Romains se fussent aperçus avec indignation que les sept têtes avaient subitement disparu; on accusa du larcin un collectionneur, et les soupçons se portèrent sur Lorenzino de Médicis, celui qui devait trois ans plus tard assassiner Laurent de Médicis; il était très curieux d'antiquités et la voix publique l'accusait de s'être déjà plus d'une fois approprié par fraude des pièces pour son musée. Il était peu vraisemblable, à vrai dire, qu'on fût parvenu à scier en une nuit, à cette hauteur, les sept têtes; néanmoins le pape dut éloigner Lorenzino[1].

D'ailleurs le Conseil communal convoqué en hâte avait voté la peine de l'exil contre le coupable; le sénateur fit plus, il mit sa tête à prix. Cependant le cardinal de Médicis alla trouver le pape. Lorenzino ne fut pas poursuivi et bientôt l'affaire s'assoupit.

Deux siècles s'étaient donc écoulés quand on songea enfin à réparer le dommage; le plâtrier Carlo Giardoni reçut en deux fois 100 écus pour une maquette de la statue manquante, et le sculpteur Pietro Bracci eut 3oo écus pour l'avoir sculptée; il lui fut compté, en outre, 32o écus pour la sculpture des huit têtes à 40 écus l'une, car pour la statue manquante, on avait compté, semble-t-il, la tête à part. Bracci reçut 105 écus pour « les mains et les bras » des *huit* statues et 65 écus pour treize têtes de marbre qu'il refit pour les bas-reliefs (décembre 1732-décembre 1733). Une longue inscription rappelle que la restauration de l'arc est due à Clément XII.

On avait déblayé les alentours, mais bientôt le sol s'exhaussa de nouveau et l'arc fut enseveli jusqu'à la moitié du piédestal des colonnes.

Après avoir entouré d'un mur l'arc de Septime-Sévère, Pie VII en fit autant, en 1805, pour l'arc de Constantin, « non seulement parce qu'il est un monument ancien, dit l'abbé Uggeri, mais parce qu'il est érigé à la gloire de Constantin le Grand ». Uggeri se plaint que l'intendant des antiquités ait fait, à cette occasion, remplir de stuc les trous pratiqués jadis pour arracher les scellements de métal. Il rappelle que, de son temps, cet arc était

---

1. En outre on n'a jamais trouvé trace à Florence de ces sept têtes. On a pensé qu'une tête de barbare captif, exhumée dans le voisinage de l'arc et qui est actuellement au Vatican dans la chambre des Bustes, appartenait à une de ces statues, mais elle est en marbre blanc, tandis que les barbares de l'arc de Constantin sont en *paonazzetto*. HELBIG, *Guide dans les Musées de Rome*, trad., 1893, t. 1, p. 167. MISSON, *Nouveau Voyage d'Italie*, La Haye, 1702 (1ʳᵉ édit., 1668), vol. II, p. 234.

surnommé, sans doute par les gens qui étaient à la fois spirituels et archéologues : la Pie d'Ésope, « parce qu'il est revêtu d'ornements pris ailleurs ».

Stendhal vit cet arc, en 1827, « au centre d'une petite cour en contre-bas, environnée d'un mur de soutènement de huit ou dix pieds de haut ».

Lorsque le pape Léon XII fit niveler le sol entre le Palatin et le Colisée, le mur fût détruit et le public put de nouveau apprécier dans toute leur beauté les lignes du monument; en 1835, quand on pava la rue qui mène à San Gregorio, le sol fut surélevé autour de l'arc. Ce n'est qu'en ces temps derniers qu'il a été finalement dégagé.

LE PALATIN[1]

La position et la configuration du Palatin devaient forcément le faire choisir pour lieu d'habitation par les pâtres latins qui erraient à travers la campagne romaine en quête d'un refuge contre les déprédations dont ils étaient les victimes. Il était isolé des autres collines qui l'entouraient « comme pour lui rendre hommage », le Capitole au Nord, l'Aventin au Sud-Ouest, le Cælius au Sud-Est, l'Esquilin au Nord-Est; des vallées profondes qu'il domine de 3o à 4o mètres l'en séparaient; c'étaient le Vélabre, le Vallis Murciæ où fut le Cirque Maxime et la vallée du Forum. Des ruisseaux traversant ces dépressions y formaient des marécages qui défendaient les approches de la colline. Une source située tout proche, la fontaine de Juturne, fournissait l'eau nécessaire comme il a été dit. A son défaut un puits de 17 mètres de profondeur, creusé à une époque reculée, et une citerne établie dans le roc, pouvaient alimenter les habitants. C'est pourquoi il semble que, dès les temps les plus lointains, le mont Palatin ait été un lieu de séjour; on y a découvert des débris d'objets préhistoriques, pointes de flèches en silex, poteries, haches ainsi que les traces[2] de demeures primitives, chaumières rondes bâties en roseau et couvertes de chaume semblables à celles dont on retrouve des reproductions nombreuses en petit dans les tombes albaines. Aussi la légende

1. G. Boni, *Les Nouvelles découvertes du Palatin*, Bruxelles, 1914. Alfonso Bartoli, *Il Palatino*, Rome, 1911. C. L. Visconti et Lanciani, *Guida del Palatino*, Rome, 1875, 1893. Domenico Cancogni, *Le Rovine del Palatino*, Milan, 1909.

2. Ces traces sont des trous disposés circulairement qui peuvent avoir servi à établir des tentes ou les piliers d'une cabane.

a-t-elle groupé sur le Palatin les souvenirs les plus lointains et
partant les plus sacrés de Rome ; c'est là que s'élevait la hutte
du berger Faustulus qui avait recueilli Romulus et Remus,
c'est là que se trouvait la caverne dans laquelle vivait la louve
qui les allaitait, le Lupercal, d'où partait chaque année la
confrérie des Luperci pour faire demi-nus, dans une course
désordonnée, le tour du Pomœrium de la Roma Quadrata
(15 février) ; c'est là que se voyait le cornouiller sacré sorti d'un
javelot que Romulus avait lancé du haut de l'Aventin où il prenait les auspices ; c'est là qu'était l'Auguratorium d'où les au-
gures, dominant la plaine, observaient les présages. Ces reliques
dont la plupart subsistaient encore au iv⁰ siècle de notre ère, au
moment de la chute de l'Empire, occupaient la partie Ouest du
Palatin. Alors que dans la suite le reste de la colline fut boule-
versé, ce coin respecté demeura intact ; on n'y éleva que des
temples. Par sa position et par son passé, le Palatin devait donc
être et était le centre du monde romain, *l'Arx Imperii*.

De même que le mont Capitolin, le mont Palatin était formé
de deux sommets séparés par une dépression¹, l'une le Cermalus, à l'Ouest, dominant le Vélabre l'autre, le Palatin proprement dit, au Sud-Est, vers le Colisée. L'origine du mot Palatin,
qui s'appliqua peu à peu à toute la colline, est inconnue ; on l'a
fait venir de Palès, divinité des troupeaux², de *Palare*, errer, à
cause des troupeaux qui y pâturaient, de Pallantia, mère de
Latinus, de Pallas.... En fait, il est le plus souvent impossible
d'établir l'étymologie certaine des lieux-dits.

Le périmètre de la colline est d'environ 1 700 mètres ; elle a la
forme d'un rectangle dont le grand côté mesure 480 mètres et
c'est ce qui fit donner à la bourgade qui s'établit sur le Palatin
le nom de *Roma quadrata*³. Une muraille épaisse de 1 m. 50
environ, haute à ce qu'assurent quelques archéologues de 4 à
5 mètres l'entourait primitivement ; elle était composée de blocs
de 1 m. 40 sur 0 m. 60, non équarris, placés alternativement dans
le sens de leur longueur et de leur largeur ; aucun ciment ne
les relie ; la muraille s'élevait, comme dans toutes les constructions défensives de ce genre, à mi-hauteur du versant de la
colline qui d'ailleurs est généralement assez abrupt ; l'escalade

---

1. Les recherches conduites par le commandeur Boni, tendent, d'après son
interprétation, à démontrer le contraire.

2. Palès est connu sous les deux sexes ; l'incarnation masculine semble la
plus ancienne.

3. Du moins des archéologues autorisés en ont jugé ainsi ; d'autres pensent
que l'aspect géométrique actuel résulte des constructions impériales. Quelques-uns donnent une autre signification à l'expression *Roma Quadrata*.

en devenait plus difficile car on ne pouvait approcher d'échelles.
Quelques fragments de cette muraille, contemporaine des premiers temps de Rome, subsistent entre l'entrée actuelle près de
S. Teodoro et le commencement de la vallée du Circus Maximus.

Trois portes s'ouvraient dans cette enceinte, car une ville
n'aurait pas mérité le nom de ville, dit Servius Honoratus,

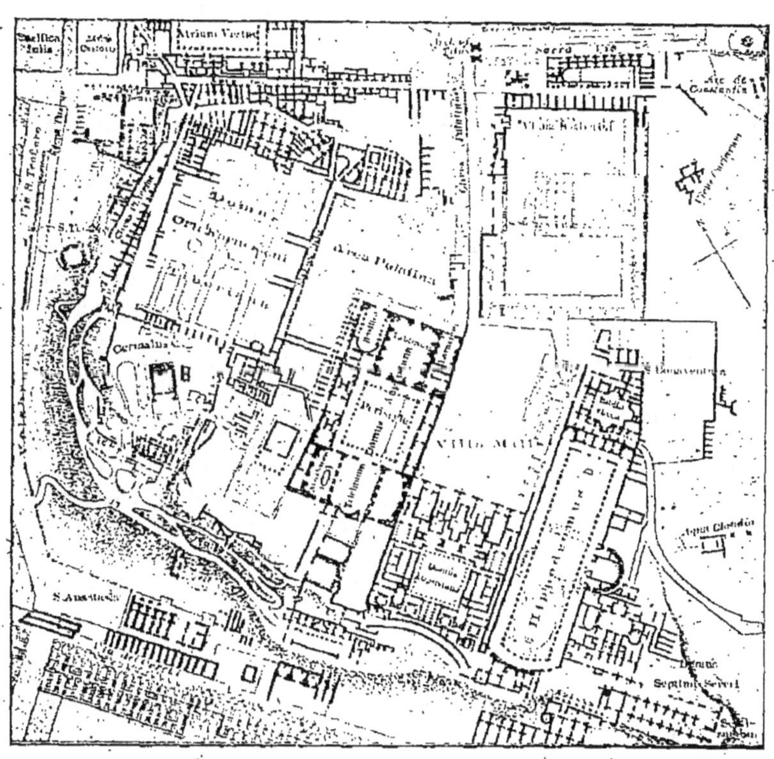

Fig. 10. — Le Palatin. — (Platner, *Topography of Ancient Rome.*)

(*Ad Aen.*, I. 422), si elle n'avait eu ce nombre d'entrées. L'une
des portes était la porte Mugonia située non loin de l'arc de
Titus, sur la voie qui conduisait de la *Sacra Via* au Palatin; elle
semble avoir eu son emplacement vers le haut de la colline et
l'on a cru en retrouver des traces. L'autre porte, appelée
Romana ou Romanula, s'ouvrait à l'angle Nord-Ouest de l'enceinte, sur le *Clivus Victoriæ* et conduisait à la fontaine de
Juturne et au lieu où les Vestales entretenaient le feu sacré, à

moins qu'il ne faille la reporter, comme on le pense maintenant, plus au Sud, du côté de l'église S. Teodoro et même plus près encore des Scalæ Caci; elle se trouvait donc, dans cette hypothèse, assez près du fleuve et servait à y aller. On a même prétendu que, de ce fait, lui venait son nom; il est certain que jamais une porte ne reçoit le nom de la ville même où elle se trouve, mais qu'on lui donne le nom du lieu auquel elle conduit; or le Tibre s'appelait Rumon (?) dans les premiers temps; la porte tournée de ce côté en aurait pris son nom lequel passa ensuite à la bourgade et à la ville formée des diverses agglomérations établies sur les collines environnantes. L'emplacement et même le nom de la troisième porte sont inconnus; elle ne pouvait se trouver, semble-t-il, que du côté Sud à cause des marais qui bordaient la colline ailleurs.

Scalæ Caci. — Parmi les constructions des premiers temps dont il subsiste quelques débris se trouvent les *Scalæ Caci*, sorte de degrés creusés dans le roc et qui permettaient de descendre du haut de l'extrémité occidentale du Palatin vers la vallée du Circus Maximus; ils devaient leur nom au célèbre brigand Cacus qui vola les bœufs d'Hercule et fut tué par lui[1]; c'est par cet escalier que s'enfuit Vitellius, en 69, quand ses troupes eurent été mises en déroute par les partisans de Vespasien; au sommet se trouvait une plate-forme qui était peut-être l'*Auguratorium*; une poterne y donnait accès; on en découvre encore les vestiges; en bas, il aboutissait à la grotte du Lupercal. Caligula le fit réparer, mais les travaux amenèrent la destruction du cornouiller sacré, ce dont le peuple romain s'émut considérablement. Les degrés ont disparu, mais les deux parois latérales en pierres de grandes dimensions se voient encore.

Temple de Cybèle ou Magnæ Matris. — A gauche de cet escalier, en montant, était un temple auquel on a donné le nom de temple de Cybèle ou *Magnæ Matris*. Au cours des guerres puniques, les livres sibyllins consultés annoncèrent que la victoire appartiendrait aux Romains s'ils amenaient à Rome une pierre noire de forme conique apparemment un météorite, qui représentait la tête de la déesse Cybèle dans un temple de Pessinonte. Une ambassade fut la chercher en 205 av.-J.-C. et la ramena, mais le vaisseau qui la portait s'enlisa dans le Tibre, près de Rome; une Vestale, Claudia Quinta, accusée d'avoir violé son vœu de chasteté, prouva son innocence en liant sa ceinture à la proue du vaisseau et en le ramenant jusqu'au

---

1. Virgile, *Énéide*, chant VIII, v. 190.

port; un bas-relief du musée Capitolin rappelle cet épisode.
Ce fétiche d'abord placé dans un temple, comme on va voir, fut
plus tard transporté par Elagabal dans le *lararium* de son palais;
lorsque ce lararium fut exploré vers 1725-1730, Bianchini trouva
une pierre « ayant la forme d'un cône et de couleur noire »;
ne s'en occupa pas et elle disparut !

Les censeurs avaient fait élever un temple dès l'arrivée de la
pierre afin de l'y déposer; il fut dédié en 191[1]; en attendant,
la pierre avait été entreposée dans le temple de la Victoire situé sur le flanc occidental du Palatin près du Vélabre.

Dans son testament, Auguste se vante d'avoir restauré le
temple de Cybèle en l'an 8, après un incendie. Il ne reste de ce
monument que des pans de murs fort épais, 2 m. 90 à 5 m. 50,
en couches alternées de tuf et de péperin. C'était un temple
d'ordre corinthien, prostyle, hexastyle, de 35 mètres de longueur
sur 18 mètres de largeur. En janvier 1872 une statue sans tête et
sans bras représentant Cybèle assise entre deux lions et datant
du Ier siècle, fut trouvée dans le pronaos. Elle fut laissée
en place, demi-couchée; depuis on l'a dressée contre la paroi
du temple. Plusieurs autels portant le nom de la déesse et des
inscriptions commémoratives ont été trouvés en ce lieu.

Temple de Jupiter Victor. — A droite de l'escalier, séparé
par un massif de constructions de la fin de l'époque républicaine, s'élevait le temple de Jupiter Vainqueur, *Jovis Victoris*
ou *Propugnatoris*, dont la plate-forme subsiste seule[2]; elle a
44 m. de longueur sur 25 m. de largeur; au-dessous se trouve
tout un réseau de passages souterrains, tantôt étroits, tantôt
s'élargissant en salles et qui s'étend fort loin; il est à remarquer d'ailleurs que le sol a été grandement exhaussé dans cette
partie de la colline par les travaux accomplis au temps de
l'Empire. Les constructions dont il vient d'être parlé se trouvent donc profondément enterrées et c'est d'ailleurs à cet en-
fouissement qu'on en doit la conservation.

Le temple fut voué en 295 av. J.-C. lors de la bataille de
Sentinum.

Temple de Jupiter Stator. — A l'autre extrémité de la
colline, près de la porte Mugonia, Romulus avait, disait-on,
fondé un temple en l'honneur de Jupiter « qui arrête » (les

1. On lit dans le Traité de Cicéron sur la vieillesse, § 45, que l'usage d'avoir
des compagnons de table fut introduit à Rome sous la questure de Caton « à
l'époque où l'on établit le culte de Cybèle, *sacris Idæis Magnæ Matris acceptis* ».
2. Récemment ces restes ont été attribués au temple d'Apollon, fondé par
Auguste.

fuyards). Au cours d'une rencontre avec les Sabins dans le Forum, les Romains, ayant été repoussés, rentraient dans l'enceinte du Palatin en désordre et la porte Mugonia semblait sur le point d'être prise, quand Romulus invoqua Jupiter promettant de lui élever un temple s'il était vainqueur, et le combat fut sur-le-champ rétabli; d'aucuns prétendent que Romulus se contenta, le péril passé, de lui dresser un autel et que le temple ne fut élevé qu'en 294 av. J.-C. par le consul Atilius Regulus. Le Sénat s'y réunissait au temps de la République; Cicéron y prononça la première Catilinaire. La demeure de Tarquinius Priscus était voisine. Ce temple fut brûlé lors de l'incendie de Néron. Rien n'en subsiste que quelques soubassements en pierres d'Albe [1].

DEMEURES PRIVÉES. — Le Palatin était, jusqu'aux premiers temps de l'Empire, le quartier préféré des Romains opulents et de ceux que leurs occupations appelaient au Forum. Leurs maisons étaient étagées sur le versant de la colline tourné vers le Nord, c'est-à-dire vers le Forum; la preuve qu'elles s'échelonnaient sur la colline, c'est que Cicéron menaça un jour Clodius de surélever sa maison pour lui enlever la vue.

La maison de Cicéron, qui avait appartenu à Livius Drusus, assassiné en 90 av. J.-C. fut en partie rasée, en partie attribuée à Clodius lorsque celui-ci l'eut fait exiler. Rentré à Rome, Cicéron fut remis en possession de la partie de sa maison dans laquelle s'était établi Clodius; ce qui avait été démoli fut reconstruit aux frais du trésor public (57 avant J.-C.), tout comme il advint de la maison de M Thiers, en 1871. Cicéron se vante de la belle vue sur la ville dont il jouissait. Au 1er siècle, cette maison appartenait à Statilius Sisenna. Le frère de Cicéron possédait non loin de là une maison qui fut brûlée par ordre de Clodius.

La maison de Clodius avait appartenu à Quintus Scius; il y ajouta celle de Scaurus qui était fort somptueuse.

Quintus Lutatius Catulus, qui bâtit le Tabularium, possédait une maison contiguë à celle de Cicéron : elle occupait l'emplacement d'une maison ayant appartenu à Marcus Fulvius Flaccus, lequel, impliqué dans les troubles survenus au temps de Caius Gracchus, périt en même temps que lui en l'an 121 av. J.-C. Sa maison avait été alors rasée par ordre du Sénat. C'est un peu après que Catulus acheta le terrain et y bâtit une nouvelle

1. Il y avait un autre temple de ce nom au Portique d'Octavie. Il n'en demeure aucune trace.

demeure ainsi qu'un péristyle public qu'il orna avec les dépouilles des Cimbres et qui fit l'admiration des Romains (an 101 av. J.-C.); Cicéron en parle dans son plaidoyer *Pro Domo*.

Le célèbre orateur Publius Licinius Crassus possédait également une maison dans le voisinage; elle avait un vaste atrium ombragé de grands arbres et orné de colonnes de marbre de l'Hymette au nombre de six, ce qui passa pour une folle prodigalité. On l'évaluait un million et demi.

Æmilius Scaurus, beau-fils de Sylla, avait fait l'acquisition d'une maison à côté de celle de Clodius; Clodius l'acheta fort cher pour agrandir la sienne[1].

Sur le versant tourné vers le Vélabre, une rangée de petites maisons étaient adossées à l'ancienne enceinte de la Roma Quadrata, devenue inutile depuis que la ville s'était étendue bien au delà et que la muraille de Servius Tullius la défendait. La maison de l'orateur Hortensius, le rival et souvent l'adversaire écouté de Cicéron, était également sur le Palatin et avait un aspect très simple; on n'y voyait pas de marbres ni de pavé en mosaïque; Auguste l'acheta[2]. Catilina avait également sa maison sur le mont Palatin.

Non seulement, il y eut des maisons sur le Palatin même quand il devint séjour des empereurs, comme il y en eut si longtemps dans la cour du Carrousel, mais il s'y trouvait aussi des boutiques. La maison dite de Livie contient un certain nombre de pièces, sans communication avec l'intérieur, qui étaient destinées à servir de boutiques. Il en est de même du palais de Tibère.

Demeure d'Auguste. — C'est dans une des maisons de la région *Ad Capita Bubula*, située dans la partie Sud-Est du Palatin, que naquit Auguste à l'aube du 21 septembre 63 av. J.-C. Plus tard, il habita la maison de l'orateur Licinius Calvus, au nord du Palatin, puis celle d'Hortensius. Lorsque la fortune lui eut souri, il acheta la maison qu'avait édifiée Catilina[5] et quelques autres et se fit construire une demeure plus vaste que n'avait été celle d'Hortensius, mais en déclarant qu'elle appartiendrait à l'État. Il y rangeait ses collections géologiques et archéologiques et sa bibliothèque et y vécut vingt-huit ans, de l'année 26 av. J.-C. à l'année 3 quand un incendie la

---

1. C. F. Mazois, *Palais de Scaurus*, Paris, 1859.
2. Suétone, *Aug.*, 72.
3. On n'est pas tout à fait fixé sur son emplacement. Les dernières discussions des archéologues ont jeté beaucoup d'obscurité sur la topographie du Palatin.

détruisit; aussitôt une souscription publique s'organisa et d'énormes sommes furent recueillies pour réparer cette catastrophe[1]; Auguste n'accepta qu'un denier par souscripteur et put néanmoins édifier une superbe demeure dans laquelle il vécut encore dix ans. Ainsi, peu à peu, s'aidant des circonstances et sans choquer l'opinion, Auguste transformait sa maison en palais. C'était, au reste, sa façon de procéder, par gradations et en laissant faire le temps. Par ordre du Sénat, un chêne fut planté à sa porte en commémoration de ses victoires. Ovide parle, dans *les Tristes* (III, 1), de l'entrée de ce palais que masquent les « oliviers », quand il imagine son livre venu à Rome des tristes bords du Pont Euxin et errant, sous la conduite d'un guide, dans le Palatin[2].

La vue qu'on avait de la maison d'Auguste devait être splendide, alors surtout que la plaine qui s'étend au pied du Palatin était remplie de somptueux monuments; au loin, se détachent les monts albains et les montagnes sabines; plus près s'étend la plaine doucement ondulée où serpentaient quelques-uns des aqueducs dont les arches à demi croulées donnent aujourd'hui un aspect de si noble tristesse à la campagne romaine.

Le palais était relativement petit, car Auguste goûta ou affecta toujours la simplicité. On a admis longtemps que la villa Mills en occupe l'emplacement[3]; sa démolition permettra de vérifier bien des hypothèses; des fouilles entreprises par Rancoureil en 1775[4] ont fait connaître certaines particularités de

1. C'était la coutume à Rome que, lorsqu'un sinistre frappait quelqu'un, ses amis se cotisaient pour l'indemniser; il y avait là une manière d'assurance mutuelle.

2. « Voici, dit le guide du livre, le forum de César, voici la rue qui doit son nom aux cérémonies sacrées (*Sacra Via*), voici la maison de Vesta, où l'on conserve le palladium et le feu sacré, ici s'élevait l'humble palais du vieux Numa (*regia*). » Puis ils tournent à droite (en passant devant l'emplacement actuel de l'arc de Titus). « Voici, continue le Romain complaisant, la porte du Palatin (*porta Mugonia*), voici Stator (le temple de *Jupiter Stator*, près de l'arc de Titus), c'est ici le berceau de Rome (le *Mundus* ou la *Roma quadrata*, qui se trouvait près du temple d'Apollon). » On aperçoit alors des portes près desquelles brillent des trophées d'armes, une demeure digne d'un dieu : est-ce le palais de Jupiter? (C'est la *maison d'Auguste*, c'est-à-dire peut-être la maison dite de Livie). Puis on atteint le temple d'une blancheur éclatante, élevé sur de hauts degrés, qui est consacré au dieu bouclé (Apollon) : de là on aperçoit entre des colonnes faites de marbres exotiques, le groupe des Danaïdes et la *bibliothèque* où les lecteurs trouvent tous les auteurs anciens et modernes. Mais le gardien de l'enceinte sacrée d'Apollon expulse les visiteurs qui gagnent alors le *portique d'Octavie* (probablement en descendant par la *Porta Romanula*).

3. Ceci est incertain; les ruines qui se trouvent sous cette villa sont en grande partie de beaucoup postérieures au temps d'Auguste.

4. Voir notre ouvrage sur les *Monuments de Rome*, p. 159.

l'aspect de ce palais; une galerie en arc de cercle garnie de colonnes permettait de jouir de la vue; elle était reliée à la cour centrale par un passage également orné de colonnes en marbre, quatre de chaque côté; tout autour étaient les pièces; c'est la disposition habituelle des maisons romaines; le rez-de-chaussée était surmonté d'un étage. Aucune des pièces n'était spacieuse, mais les dimensions semblent en avoir été bien proportionnées; le sol était orné de mosaïques. Les richesses artistiques que contenait cette résidence, statues, bas-reliefs, marbres ont été dispersées au xviiie siècle et antérieurement.

AREA ET TEMPLE D'APOLLON. — L'Area d'Apollon se trouvait derrière le palais; on y admirait un arc de triomphe élevé par Auguste en l'honneur de son père C. Octavius; il était surmonté d'un quadrige de marbre supportant un groupe représentant Apollon et Diane, dû au sculpteur grec Lysias. Pline prétend que ce groupe était tiré d'un seul bloc de marbre, mais il dit la même chose du groupe du Laocoon et l'on sait qu'il se trompe[1]. Au centre s'élevait le temple d'Apollon, en un lieu que la foudre avait désigné à Auguste. Ce temple fut commencé par l'empereur sur un terrain acquis par lui en 36 av. J.-C., à la suite de sa victoire sur Sextus Pompée et il fut dédié en 28. Il était octostyle, périptère. Si Auguste se montrait modeste dans son propre palais, il était fastueux dans l'ornementation des temples qu'il élevait; dans celui-ci, que Properce, Ovide, Suétone, Tacite, Pline ont célébré, l'or, l'ivoire, le marbre, les œuvres d'art étaient prodigués. Les parois étaient de marbre blanc, le fronton portait un quadrige en bronze doré symbolisant le char du soleil. Dans la *Cella* se trouvaient une statue d'Apollon par Scopas, de Latone par Cephisodotos fils de Praxitèle, de Diane par Timothée; autour étaient les neuf muses; il y avait aussi des statues en bronze dues à deux sculpteurs archaïques, fils de Archermos de Chios; les portes étaient décorées de bas-reliefs en ivoire représentant l'histoire de Niobé et le désarroi des Gaulois à Delphes quand Apollon les mit en déroute en leur montrant l'égide. Huit statues d'argent représentant l'empereur lui avaient été offertes, il les fit fondre « afin de remettre des présents sous forme de trépieds au temple d'Apollon », dit-il lui-même dans l'inscription d'Ancyre[2]; il eut au reste la délicatesse de les offrir tant en son nom qu'au nom des souscripteurs. Outre ces trépieds, la *Cella* contenait des lampes, des candé-

1. A vrai dire, dans le Laocoon, comme dans la Vénus de Milo, les joints sont si bien faits qu'il est presque impossible de les découvrir.
2. SUÉTONE (*Auguste*, 52), dit que ces trépieds étaient en or (*aureas cortinas*).

labres, des vases, ainsi que d'autres œuvres d'art et des pierres gravées dédiées au dieu par le jeune Marcellus. Le temple d'Apollon possédait un lustre dont les lumières représentaient les fruits d'un arbre et qu'Alexandre le Grand avait pris à Thèbes pour l'offrir à la cité de Cyme[1]. Le piédestal de la statue d'Apollon contenait dans une cachette les livres sibyllins enfermés dans deux coffrets dorés[2]; c'était un abri très sûr puisque même le grand incendie de 363 ne les détruisit pas. Sur les côtés du péristyle se trouvaient deux bibliothèques, ou une bibliothèque divisée en deux parties, l'une pour les livres grecs, l'autre pour les livres latins; des bibliothécaires et plusieurs auxiliaires surveillaient ces dépôts. Un troisième côté formait une galerie; une statue en bronze doré d'Apollon haute de cinquante pieds et d'origine étrusque, y avait été apportée. Au mur étaient appliqués des médaillons représentant les écrivains fameux. La bibliothèque renfermait d'anciennes inscriptions grecques. Entre les colonnes du péristyle étaient placées les statues des cinquante filles de Danaüs; leurs époux d'un jour figuraient à cheval dans la cour, éternel reproche dont l'austérité d'Auguste voulait sans doute doubler leur supplice infernal.

Le sénat se réunissait dans ce lieu; Auguste vieilli et Tibère l'y assemblèrent plusieurs fois; le 25 mars 268, l'empereur Claude II le Gothique y fut acclamé.

Le célèbre groupe de quatre bœufs en bronze dû à Myron faisait face à l'entrée du temple.

Ce temple fut brûlé en partie sous Néron, de nouveau endommagé sous Commode, restauré par Septime-Sévère et définitivement détruit en 363 sous Julien l'Apostat, dans la nuit du 18 au 19 mars; ce fut le préfet de la police Apronianus qui sauva alors les livres sibyllins.

TEMPLE DE VESTA. — On suppose qu'entre le péristyle du temple d'Apollon et la demeure d'Auguste ou peut-être dans cette demeure même se trouvait un petit temple rond dédié à Vesta par Auguste en l'an 12 av. J.-C., le 28 avril; il rappelait celui du Forum; Auguste l'avait édifié quand il devint *Pontifex Maximus* car le souverain pontife devait habiter près du temple

---

1. PLINE, *Hist. Nat.*, XXXIV, 8. SUÉTONE, *Aug.*, 52.

2. Auguste devenu *Pontifex Maximus* (6 mars an 12 av. J.-C.) fit, dit Suétone, détruire tous les livres sibyllins apocryphes et les nombreux recueils d'oracles qui s'étaient répandus depuis peu; il en brûla 2000 et conserva seulement les oracles sibyllins proprement dits et expurgés qui furent déposés dans le temple d'Apollon au Palatin (SUÉTONE, *Auguste*, 31).

de Vesta. Ovide a chanté ce partage du Palatin entre trois
déités, Apollon, Vesta et Auguste.

> Phœbus habet partem, Vestæ pars altera cessit
>   Quod superest illis tertius ipse tenet.
> State Palatinæ laurus, prætextaque quercu
>   Stet domus; æternos tres habet una deos[1].

> Phébus occupe une partie et Vesta une autre,
> Ce qui reste, lui-même se l'est réservé.
> Vivez lauriers du Palatin, vis demeure
> Ceinte de chênes. Un seul lieu renferme trois dieux.

De cet ensemble de monuments dont Auguste orna le Palatin, il ne demeure que quelques vestiges à peine.

Le Mundus. — C'est dans l'enceinte du temple d'Apollon
qu'on place un lieu très vénéré, le *Mundus*, dont on sait peu de
chose; il était contemporain de l'origine de Rome ou antérieur;
on a pensé à tort que c'était une pierre cubique servant d'autel
et entourée d'un fossé; en réalité ce devait être une cavité car
le calendrier portait pour certains jours solennels la mention :
« *Mundus patet* ». Or récemment, en fouillant auprès de l'emplacement que devait, d'après le commandeur Boni, occuper le
trône d'Auguste, une recherche habilement conduite a fait découvrir l'entrée d'une fosse fermée par deux grosses pierres ; elle
est de forme conique et, comme tous les silos rencontrés dans
la région romaine, la partie supérieure est légèrement incurvée
vers le midi ; les parois en sont formées de pierres non cimen-
tées ; cette première fosse dégagée, on trouva au fond un puits
dont l'ouverture n'est pas au centre de la fosse ; il aboutit à
deux souterrains horizontaux de forme ogive, orientés l'un dans
la direction du soleil levant au 21 mars, l'autre dans celle du
soleil levant au 21 juin. Le revêtement de ces galeries est un
ciment fait avec des poteries antiques ; une galerie transversale
relie les extrémités ; le système forme un triangle à peu près
équilatéral de 6 mètres de côté. Ne serait-ce pas là un sanctuaire du culte de Cérès et de Proserpine, le véritable *Mundus*[2]?

Maison de Livie. — De la même époque que le temple
d'Apollon ou d'une époque un peu antérieure date la Maison de

---

1. *Fastes*, IV, 951. Cf. R. Lanciani, dans *Atti della R. Accad. dei Lincei*,
Rome, 1889, p. 55 et suiv.
2. Les hypothèses de M. Boni n'ont pas laissé de soulever des discussions.
Voir à ce sujet Pinza, *Nuove Osservazioni intorno al tempio di Apollo Palatino*, Bull. Com. Arch., 1913, p. 199. Constans, *Comptes rendus de l'Académie
des Inscriptions*, 13 février 1914, p. 100.

Livie ou d'Auguste[1] ou de Germanicus, fameuse par ses fresques. Cette maison, dont la façade se trouvait dans la dépression située au milieu de la colline, est adossée à une paroi rocheuse en sorte que le premier étage dont il ne reste que quelques traces était par derrière de plain-pied avec le sol. Par suite de l'exhaussement du terrain, on a dû, en 1869, opérer une fouille pour dégager cette maison ; on y descend par un escalier. Elle est construite en blocage avec revêtement d'*opus reticulatum*. C'est un modèle très complet et très instructif de maison romaine aux premiers temps de l'Empire. Comme toutes ces maisons, elle est divisée en deux parties, une partie réservée à la réception, à la vie en public, une partie réservée à la vie privée et tout à fait distincte de l'autre, c'est la partie qu'on visite. L'entrée primitive était au Sud-Est. L'*atrium* où l'on pénètre tout d'abord a 13 mètres sur 10 ; le sol est en mosaïque blanche ; on y distingue l'emplacement de deux piédestaux et d'un autel placé non au centre mais à gauche de l'entrée ; cet atrium était peut-être totalement couvert. Trois pièces s'ouvrent sur cet *atrium* ; elles ont 7 mètres de longueur sur 4 mètres et 3 mètres respectivement de largeur ; celle du centre était le *tablinum*, le grand salon. C'est là que se trouvent les meilleures fresques[2] ; celle de droite qui mesure 1 m.35 sur 1 m.70 de hauteur, représente le mythe d'Io aimée par Jupiter et persécutée par Junon ; la fille d'Inachus est prisonnière dans le bois de Mycènes au pied d'un rocher sur lequel s'élève une colonne que surmonte l'image de la déesse tenant un sceptre ; Argus, à droite, armé d'une lance veille sur elle ; contournant le rocher, Mercure portant le caducée s'avance avec précaution pour délivrer Io ; le mot Hermès est écrit en lettres grecques blanches sous ses pieds. Sur le même panneau, une scène, de 1 m.35 de largeur sur 2 m.65 de hauteur, représente une rue la nuit ; une femme semble sortir suivie d'un enfant ; quatre ou cinq personnes sont sur les terrasses et aux fenêtres des maisons pour la regarder passer. Des gens circulent avec des lanternes. Sur le mur du fond est représenté Polyphème plongé jusqu'à mi-corps dans les eaux de la mer ; ayant écrasé son rival Akis sous un gros rocher, il contemple Galatée en partie couverte d'un manteau rouge et qui lui échappe, chevauchant un monstre marin, un hippocampe à la crinière noire ; la passion qui a dompté le géant est figurée par un Cupidon placé sur son épaule gauche et qui le conduit avec un ruban ; deux femmes, dont l'une nage et l'autre est debout

1. La nouvelle école archéologique admet généralement que ce fut là que vécut Auguste.

2. LÉON RENIER et GEORGES PERROT, *Peintures du Palatin*, Paris, 1871.

dans une eau peu profonde contemplent le spectacle. Sur le devant du tableau se voit un disque circulaire, creusé au centre; c'est peut-être une auge destinée à rappeler que Polyphème exerçait le métier de pasteur; un bâton est appuyé sur ce disque. A droite, au-dessus de la frise, est une scène de vie intime. Une jeune femme couronnée de laurier, le col, les bras et les pieds nus, vêtue d'une tunique blanche sur laquelle est jeté un manteau jaune à doublure violette, achève de vider une cruche de terre qui a la forme d'une amphore, dans un bassin rond de métal ou de terre vernissée. Derrière le bassin, au milieu du champ, se tient un adolescent, la tête couronnée de lierre, vêtu d'une tunique violette et portant un agneau sur ses épaules. A droite, une femme plus âgée, est assise sur un escabeau, la tête entourée d'un turban et enveloppée jusqu'au menton d'un ample manteau; la main droite dégagée tient tout près du visage le flabellum ou éventail en forme de feuille de lotus.

Une autre scène se voit entre la vue de la rue et la représentation de Galatée :

Au fond pend une *Infula*[1] qui semble tomber du plafond. Au centre est une femme assise sur un tabouret recouvert d'étoffe rouge; elle a la tête nue, le front ceint d'une couronne de feuillage; elle est vêtue d'une tunique à demi transparente qui laisse voir le col, les épaules et l'avant-bras. Autour de la partie inférieure du corps est enroulé un manteau jaune à doublure foncée. Elle tient sur ses genoux un vase qui a la forme d'un verre à pied et semble de verre. Devant elle est une femme debout qui lui offre une bandelette; elle est vêtue d'une tunique rouge par-dessus laquelle est jeté un manteau jaune; ses cheveux sont cachés par une écharpe rouge roulée autour de la tête. Un trépied où brûle du parfum la sépare de la femme assise. A gauche du tableau, au même plan que la femme assise, se tient une femme debout, les mains appuyées sur ses épaules; elle a la tête couronnée de laurier; sa tunique, de couleur violet foncé, est recouverte dans la partie supérieure, d'un manteau jaune foncé. Les couronnes de laurier, la présence de l'éphèbe portant un agneau, l'Infula pendant du plafond marquent qu'il s'agit d'une cérémonie religieuse; d'autres détails tendent à montrer qu'il s'agit d'une scène de divination par l'eau, d'hydromancie.

Ces peintures sont faites de façon à donner l'illusion de scènes vues à travers une baie entr'ouverte. A l'époque de la Rénais-

---

1. L'*Infula* était un ornement formé de fils de laine teints en rouge et en blanc et noués à des intervalles réguliers; c'était l'ornement rituel des vestales et des prêtresses ainsi que des victimes offertes en sacrifice.

sance, des trompe-l'œil de ce genre étaient la décoration favorite des demeures privées; le goût ne s'en est pas complètement perdu, s'il a dégénéré.

Quand ces peintures furent dégagées, elles étaient en fort bon état; depuis elles vont s'effaçant[1]. Des motifs architecturaux séparent les peintures. Sur la paroi de gauche, pas de fresques.

Des tubes de plomb déposés sur le sol portent des inscriptions qui ont permis d'identifier la maison; les Romains ne savaient pas couler des tubes, ils les formaient en enroulant des plaques de métal et en soudant les deux bords; ces tubes avaient généralement 3 mètres de long; on les joignait en élargissant une extrémité dans laquelle pénétrait l'autre qu'on avait rétrécie. Les inscriptions portent les noms de Julia, fille de Titus, de l'empereur Domitien et d'un affranchi. La salle située à droite du Tablinum, l'*Ala*, est également décorée de colonnes peintes et de frises entre lesquelles sont de merveilleuses guirlandes de fruits et de fleurs; on constatera d'ailleurs que ces fruits sont peu variés, car les Romains étaient loin d'en connaître autant d'espèces que nous; une frise, peinte en diverses nuances de jaune, est divisée en deux parties et l'on y voit des spectacles champêtres avec des hommes et des animaux parmi lesquels des chameaux[2]. La salle qui est à gauche a une décoration semblable, mais sans paysages.

A la droite de l'*Atrium* en entrant, c'est-à-dire au Sud, s'ouvre la porte du *Triclinium*, la salle à manger; entre cette salle et l'Atrium, se trouvait un escalier étroit menant à l'étage supérieur. Le Triclinium a 8 mètres de longueur sur 4 mètres de largeur, il est pavé d'une mosaïque à fond blanc entremêlée de morceaux de marbres orientaux; les parois sont décorées de fresques très détériorées représentant des colonnes entre lesquelles se voient des vases pleins de fruits et des paysages, des jardins, des bois, une rivière; au-dessus de la porte d'entrée, un vase de verre plein de fruits; les fonds sont en vermillon. Comme le lieu était humide parce qu'il se trouvait en contre-bas, les murailles avaient été doublées de tuiles creuses dans lesquelles l'air pouvait circuler.

On parvenait à l'étage supérieur, qui contenait les pièces privées, par un escalier partant, comme on l'a dit, de l'entrée du Triclinium; il en reste des traces. C'est à cet étage, de plain-

---

1. Vitruve, qui écrivait au siècle d'Auguste, dans le temps précisément où cette maison était décorée, se plaint du manque de goût et de la fantaisie des ornementations, liv. VII, c. 5.

2. L'Égypte était très à la mode à Rome au temps d'Auguste.

pied avec le sol de ce côté, que se trouvaient les boutiques dont il a été parlé; les boutiques romaines étaient généralement très exiguës, ne comprenant qu'une seule pièce fermée par une devanture de bois qui, en se rabattant, formait éventaire. Les boutiques de certains quartiers populaires de la Rome actuelle et plus encore celles des villes arabes de l'intérieur rappellent cette disposition.

Les pièces d'habitation étaient, suivant la coutume, petites et peu aérées; au centre se trouve une salle plus vaste qui constituait sans doute une cour intérieure couverte; il en partait un escalier aboutissant à un troisième étage aujourd'hui détruit.

Dans la partie basse de la maison s'ouvrait une porte donnant dans un *Cryptoporticus*, ou galerie cachée; une branche de ce souterrain conduisait au temple de Jupiter Victor, une autre au palais Flavien; l'entrée en est accessible, mais la totalité de ces passages n'a pas encore été déblayée. Une autre galerie longeait la maison et allait rejoindre la galerie de Caligula; la voûte en est tapissée de bas-reliefs en stucs représentant des oiseaux, des amours, des fleurs; chaque figure a un entourage d'oves et d'autres ornements. Auprès est une piscine. Cette galerie donne à croire que la maison dite de Livie fut celle de Germanicus, père de Caligula, celle dans laquelle ses assassins se réfugièrent après l'avoir mis à mort dans le grand souterrain; toutefois elle paraît antérieure à cette époque et, comme on l'a dit, remonte aux tout premiers temps de l'ère impériale. C'est dans cette maison que naquit probablement l'empereur Tibère, fils de Tiberius Claudius Nero et de Livie.

PALAIS DES EMPEREURS. — De même que les souverains orientaux, les empereurs romains voulaient chacun à son tour se construire un palais à sa fantaisie sans s'occuper de ce qu'avaient fait leurs prédécesseurs; ainsi le Palatin s'est peu à peu couvert de palais; Tibère, Caligula, Néron, Domitien, Hadrien, Septime-Sévère édifièrent tour à tour des résidences qu'ils voulurent de plus en plus imposantes et, comme l'espace manquait, force leur fut d'élargir la colline en construisant en avant ces puissantes assises qui sont ce qui reste de plus frappant de leur œuvre.

PALAIS DE TIBÈRE ET DE CALIGULA. — Tibère, tout le premier, désertant la demeure d'Auguste, trop humble sans doute à son gré, se fit édifier un palais dans l'angle Nord-Ouest du Palatin, en face du temple des Vestales, à l'endroit qu'occupèrent à la Renaissance les jardins Farnèse, par conséquent assez près de la maison où il était né. Ce palais, *Domus Tiberiana*, était composé de bâtiments entourant une cour comme c'était l'usage[1]. Il ne s'étendait pas jusqu'au versant de la colline vers le Forum ; ce fut un peu plus tard que Caligula agrandit de ce côté son palais ; cette partie nouvelle porte le nom de *Domus Caligulæ* ou *Gaiana*. Non seulement Caligula occupa la surface encore disponible sur la colline, mais il établit une terrasse au-dessus de laquelle s'éleva la façade Nord de son palais. Plus tard, au temps des Sévères, ce palais fut encore agrandi de ce côté par des substructions massives formant des arches en travers du Clivus Victoriæ lequel menait du Vélabre au sommet de la colline et qui commence à gauche de l'entrée actuelle du Palatin ; le palais s'élevait ainsi à plus de 60 mètres de hauteur au-dessus du sol ; on admire encore du Forum la masse et la puissance de ces assises qui bordent la Nova Via. Du côté du temple de Magna Mater sont des salles qui servaient d'habitation à des gardes ou à des esclaves et dans plusieurs desquelles on a retrouvé des *graffiti*[2] ; par exemple des soldats ont inscrit leurs noms en les faisant suivre de la mention *Castrensis* (du camp prétorien), ou *Miles*, soldat. Un esclave traça en grec ces mots : « Beaucoup ont écrit beaucoup de choses sur ce mur, moi rien. » Au-dessous se lit d'une main moins ancienne : « Bravo ». Un certain Tullius Romanus traça un profil de Néron, l'œil étant vu de face. Des escaliers encore existants menaient d'un étage à l'autre, quelques-uns larges et commodes, d'autres très durs et étroits, les uns en briques, les autres en marbre. Un certain nombre de pièces donnant sur le *Clivus Victoriæ* et sur la *Nova Via* semblent avoir été des boutiques.

Une bibliothèque était établie dans le palais ; elle contenait surtout des archives et des papiers d'État ; elle fut détruite par un incendie sous le règne de Commode, s'il faut en croire Dion Cassius qui se désole de la perte de tous les anciens documents relatifs à l'histoire de Rome.

Othon « traversa » la *Domus Tiberiana* pour descendre au Forum où se réunissaient les meurtriers de Galba ; Vitellius y banquetait, tandis que les partisans de son rival Vespasien occupaient le Capitole ; de sa table il put voir les temples capitolins en flammes et, quand il sut que sa perte était certaine, il s'enfuit « par une porte de derrière » pour gagner

---

1. Ce n'est qu'une hypothèse, car les restes des constructions sont rares.

2. L. Correra, *Graffiti di Roma*, Bull. Arch. Com., 1893, p. 245 et 1895, p. 193.

l'Aventin. Claude et Antonin y résidèrent. C'est dans l'aile
ajoutée par Caligula, dans l'*Hermæum* dont l'emplacement exact
est incertain, que les prétoriens trouvèrent Claude caché derrière une tenture et se saisirent de lui pour le nommer empereur.

CRYPTOPORTIQUES. — Le long du palais passe le cryptopor-
tique dit de Caligula qui est le plus long et le plus intéressant
des passages de ce genre. C'est là que l'empereur déjà vieux,
quoiqu'il n'eût que vingt-neuf ans, fut assassiné, le 24 janvier 41 ; il revenait vers midi du théâtre provisoire sur lequel
devaient être célébrés les jeux palatins, *Ludi palatini* ; au lieu
de suivre le chemin habituel et de passer, entouré de sa garde,
par la grande cour, il prit, dit Flavius Josèphe, le corridor
obscur qui conduisait aux salles de bain ; un groupe de jeunes
Asiatiques l'y attendaient ; Caligula s'entretint quelques instants
avec eux ; presque aussitôt, le chef de la conspiration, Cassius
Chereas, tribun des troupes prétoriennes de service ce jour-là
et qu'il avait souvent offensé par ses railleries, s'approcha de
lui et, lui ayant demandé le mot d'ordre, le frappa de son poi-
gnard ; l'empereur voulut fuir du côté des Asiatiques, mais
Cornelius Sabinus le maintint jusqu'au moment où, percé de
trente coups, il eut cessé de vivre. Les conspirateurs effrayés,
n'osant retourner sur leurs pas, gagnèrent la maison de Livie
et par là s'échappèrent. A la nouvelle du meurtre, les Germains
qui formaient la garde de l'empereur se répandirent dans la
ville massacrant tout sur leur passage ; la terreur et l'incerti-
tude furent grandes pendant des heures, car les bruits les
plus contradictoires circulaient et beaucoup pensaient que
Caligula faisait courir le bruit de sa mort pour connaître ceux
qui lui étaient hostiles.

Les débris qui se voient actuellement sur le versant du Palatin entre les arcs de Titus et de Constantin, débris informes
et peu intéressants et qu'on a attribués à la Maison Dorée de
Néron, sont du III° siècle. Ce sont des pièces étroites et obscures,
construites en lave bronzée, matière d'une résistance admirable
et toute désignée pour supporter l'énorme pression des constructions supérieures ; le sol est pavé d'une mosaïque simple, sur
les murs sont les marques des clous qui retenaient le stuc. Il
y a des traces de salles de bains.

La *Turris Cartularia* élevée au moyen âge près de l'emplacement du temple de Jupiter Stator et qui servit de dépôt
d'archives, d'où son nom, fut construite avec des blocs de pierres

provenant de ces constructions et qu'on n'avait même pas eu la peine de transporter [1].

Palais Flavien (Palais de Titus et de Domitien). — L'opinion publique réclama des empereurs de la dynastie flavienne le retour au peuple des terrains que Néron avait usurpés pour y édifier son énorme palais : « Rome, disaient des vers satiriques qui font penser aux pasquinades de la Renaissance, ne sera bientôt plus qu'un palais. Préparez-vous, citoyens, à émigrer à Véies à moins que Véies aussi ne soit comprise dans le palais des Césars. » La vallée qui sépare le Palatin de l'Oppius (Esquilin) fut rendue à la circulation, mais il fallait cependant de vastes palais à la pompe impériale devenue de plus en plus fastueuse, aux services qui se multipliaient, à une domesticité innombrable. Ceux des précédents empereurs ne pouvaient suffire ; force fut donc de remplacer le palais de Néron par un autre. Cependant la place manquait. Alors on imagina de combler la dépression qui séparait les deux sommets de la colline palatine [2] ; des constructions particulières s'y trouvaient ; tout fut rasé non pas au ras du sol, mais, suivant la façon romaine, à la hauteur où devait être le sous-sol du nouveau palais ; on combla les vides avec des débris ; c'est pourquoi en fouillant on découvre des vestiges de ces maisons, des mosaïques imitant des tapis orientaux, des fresques admirables dont l'une représente les principaux épisodes de l'*Iliade*, d'une part les combats, de l'autre les entretiens ; de gros murs de fondation les coupent.

Titus commença le palais, mais son règne fut si bref (79-81) que tout l'honneur de l'avoir édifié revint à Domitien (81-96). Le palais mesure 150 mètres sur 80. L'entrée était au Nord, en face du *Clivus Palatinus* et non loin de l'emplacement attribué à la *Porta Mugonia*. De même que toutes les demeures romaines, il se compose d'une cour centrale entourée de salles ; il ne semble pas qu'il y eût de logements ; au Nord se trouvait la salle du trône flanquée de la basilique à l'Ouest (côté du Vélabre) et du *lararium* à l'Est ; au Sud était le *triclinium* faisant face à la salle du trône et s'ouvrant sur le *nymphæum* ; à la suite.

---

1. Un peu au sud de la *Turris Cartularia* se trouvait au moyen âge la *Turris Iniquitatis*, forteresse des Frangipani, où fut enfermé le pape Gélase en 1118. Elle recouvrait le temple de la Victoire. En fouillant cet emplacement, M. Boni a retrouvé une très belle Victoire aptère du style de Phidias, actuellement au Casino des jardins Farnèse. Voir l'article de M. de Nolhac dans le *Correspondant* du 25 novembre 1918.

2. Comme il a été dit, cette dépression était moins importante qu'on ne l'a pensé, si elle a existé.

du *triclinium* des pièces s'étendaient jusqu'au rebord de la colline, ayant vue sur la vallée du cirque Maxime; c'est la partie qu'on est convenu d'appeler l'Académie ou la Librairie. La richesse de cet édifice fit l'admiration des contemporains. Plutarque comparait à ce propos Domitien à Midas qui convertissait en or tout ce qu'il touchait et le poète Stace (*Sylv.*, IV, 2), avec l'exagération du plat courtisan, écrivait : « Édifice dont s'étonne la demeure voisine du maître du tonnerre, édifice rival de l'Olympe et que des dieux se réjouissent de vous voir habiter dans l'espoir que vous serez moins empressé de prendre l'essor vers le ciel, monument superbe qui déploie impétueusement ses contours.... » De fait, ce palais dut être une merveille. La cour était entourée de colonnes en marbre de porta-santa, le sol était pavé de marbre et de porphyre. Sur cette cour s'ouvrait une salle du trône, car Domitien, ayant introduit l'étiquette orientale, avait un trône; elle mesurait 55 mètres de longueur sur 40 de largeur; de chaque côté de la porte étaient deux colonnes de jaune antique qui furent vendues 2000 sequins lors des fouilles du xviiiᵉ siècle. Les parois étaient garnies de statues colossales de porphyre rouge et vert, ce qui était une nouveauté, car jusque-là, on préférait le marbre; Pline (*Hist. Nat.*, XXXVI, 57) blâme cette innovation; ces statues étaient placées dans sept niches séparées par des portes dont les battants étaient d'un travail admirable. Le revêtement des murs était de marbre. La basilique longue de 35 mètres, large de 20, se terminait en abside; elle était soutenue par douze colonnes de granit, une galerie en faisait le tour. Des escaliers dont l'un est situé derrière l'abside menaient à cette galerie. C'est dans cette basilique que l'empereur, au fond d'une niche et séparé de l'assistance par une balustrade, rendait la justice. On retrouve dans ce qui en subsiste toutes les caractéristiques des premières églises chrétiennes, une galerie comme dans l'église des *Quattro Santi Incoronati* ou *S. Agnese fuori le Mura*; une tribune dans l'abside, séparée du public, laquelle devint le sanctuaire; les trois nefs.

Le *triclinium* avait 35 mètres sur 30; l'un des côtés formé de colonnes donnait sur le *nymphæum* qui était une sorte de serre chaude; le sol était en albâtre oriental.

Les empereurs firent de ce palais le lieu habituel des réceptions et des cérémonies solennelles; ils n'y habitaient pas, préférant le séjour de leurs villas, dans les environs où ils retrouvaient la nature non dénaturée, « *Rus verum barbarumque* ».

L'incendie de 191 endommagea la superbe demeure des Flaviens. Septime-Sévère (193-211) s'occupa de la restaurer; jus-

qu'au IV° siècle, on continua à l'entretenir ; on a retrouvé dans
le Nymphæum des travaux en *opus mixtum* qui datent de cette
époque. Le dernier empereur qui y ait été couronné fut, ce
semble, Héraclius, en 629.

STADE. — En même temps qu'il bâtissait ce palais, Domitien fit
établir, de l'autre côté de la Maison d'Auguste en contre-bas, un
stade ou hippodrome que Hadrien, Septime-Sévère et Théodoric achevèrent et transformèrent. Ce stade a la même forme
que le stade Agonal (Place Navona) ; la destination n'en est pas
exactement connue, c'était peut-être un lieu de réunion et de
promenade planté d'arbres et orné de statues ; il mesure 160 mètres
de longueur et 50 mètres de largeur ; à 8 mètres en avant du mur
d'enceinte se trouvait un portique construit par Hadrien ; il était
composé de colonnes dont les fûts de briques étaient revêtus de
plaques de marbre ; les chapiteaux et les architraves étaient de
marbre grec, une balustrade courait entre les colonnes. A
l'extrémité Sud qui est cintrée vers l'extérieur s'élevait un édifice à deux étages ayant une façade tournée vers le cirque
Maxime et relié à la loggia de la maison d'Auguste.

Sur la face latérale Est du stade s'élève l'exèdre d'Hadrien
d'où l'empereur assistait aux jeux sans avoir à sortir de son
palais ; c'est la partie la plus imposante des ruines ; cet exèdre
avait deux étages ; au rez-de-chaussée se voient trois salles, une
très vaste au centre, deux plus petites de chaque côté. Les
parois de celle du centre étaient garnies, jusqu'à la naissance
de la voûte, d'un revêtement de marbre ; dans l'une des autres
salles on a relevé des graffiti assez nombreux, un nom suivi
d'un chiffre.... Au fond s'ouvrait un souterrain qui mettait cette
partie de l'exèdre en communication avec le reste du palais
impérial[1].

L'étage supérieur se composait d'une tribune garnie de
colonnes en granit rouge oriental ; entre ces colonnes étaient des
niches alternativement circulaires et rectangulaires comme au
forum d'Auguste. Au-dessus des colonnes était un entablement
en marbre blanc. La voûte est ornée de décorations en stuc ; on
y distingue un globe terrestre.

Les constructions elliptiques, peut-être des fontaines, dont on
voit les restes aux extrémités du stade et sur les côtés, sont
d'un travail plus récent, elles sont dues à Théodoric, le fond
s'en trouve plus élevé que l'ancien sol du *Stadium*, ce qui semblerait indiquer que la poussière et des débris de toute sorte

---

1. DEGLAVE, *Mélanges d'Archéologie*, 9° année, Paris, 1889, p. 208.

avaient exhaussé le sol. De très belles statues ont été découvertes dans le stadium; elles ont été transportées soit à Parme, soit au Musée des Thermes, soit ailleurs. Au milieu de l'arène est un autel sur lequel se remarquent des traces de coups de ciseau; sans doute il allait être rompu et transformé en chaux comme le revêtement du mur et des colonnes quand les destructeurs furent interrompus dans leur œuvre.

PALAIS DE SEPTIME-SÉVÈRE[1]. — Le palais élevé par Hadrien était, comme on l'a vu, adossé au stade; ce qui en subsiste montre qu'il était construit en pierres de couleur, en rouge antique, en porphyre vert et en albâtre, de sorte qu'il devait étonner autant par sa polychromie que par sa masse. La plupart des pièces n'ont pas été encore dégagées. L'empereur Septime-Sévère détruisit une grande partie du palais d'Hadrien pour agrandir le sien. Celui-ci domine l'extrémité Est de la vallée du cirque Maxime et celle qui sépare le Palatin du Cælius. Comme la place manquait, l'empereur usa du même moyen que Caligula; d'énormes substructions construites en avant de la colline établirent, à la hauteur du niveau supérieur, une terrasse, sur laquelle s'éleva le palais; ainsi du sol au faîte de l'édifice, il y avait probablement plus de 50 mètres. Presque toute la partie supérieure a disparu; il ne reste que quelques salles de bains avec des hypocaustes et l'amorce d'un escalier de marbre monumental. Ces ruines permettent de se rendre compte de la façon dont, grâce à un double plancher et à des cloisons doubles, on chauffait les appartements; ici le double plancher n'est pas porté comme ailleurs par des courts pilastres très nombreux, il se soutient tout d'une pièce même dans les salles de 3 mètres de côté, tant la matière dont il est composé est rigide; c'est le même résultat qu'a donné depuis le ciment armé. La vue du haut des constructions encore existantes et qui forment comme un promontoire est des plus étendue; on entrevoit Ostie. Que devait-elle être du haut du palais! Une route passe sous ces substructions conduisant du haut du Palatin dans la vallée du Cælius.

En contre-bas du palais de Septime-Sévère s'élevait le Septizonium dont il ne subsiste plus rien[2].

AQUEDUC. — Un peu au Nord passait l'aqueduc de Septime-Sévère, qui, traversant le Cælius, amenait des monts sabins l'eau au Palatin. C'était une dérivation de l'aqueduc commencé

1. Quelquefois appelé Palais d'Hadrien.
2. Il fut démoli par le pape Sixte V. Voir *Monuments de Rome*, p. 56.

par Caligula et achevé au temps de Claude. Cet aqueduc s'élevait, entre le Cælius et le Palatin, à près de 40 mètres de hauteur : quelques traces en subsistent[1]. Il aboutissait à un système de citernes superposées se déversant l'une dans l'autre et bâties en *opus signinum*; quelques-uns de ces réservoirs existent; deux surtout sont en assez bon état, un dépôt épais de carbonate de chaux en recouvre les parois. Il semble aussi qu'un tube de plomb de 3o centimètres environ de diamètre formant siphon passait, ainsi qu'il a été dit, du mont Cælius au mont Palatin à travers la vallée avec une différence de niveau de 43 mètres, supportant, par conséquent, une pression de plus d'une atmosphère. La pose de ce siphon eut lieu vers 73.

PÆDAGOGIUM. DOMUS GELOTIANA. — A l'autre extrémité de la colline palatine, au pied de la Maison d'Auguste, existent des restes fort curieux d'une habitation qu'on a appelée le *Pædagogium* ou la *Domus Gelotiana*. Peut-être la véritable *Domus Gelotiana* se trouve-t-elle, au contraire, un peu en avant vers le cirque Maxime. Quant au terme *Pædagogium* on ne peut non plus l'employer sans réserve, car les graffiti où se trouvent la mention : « *Exit de Pædagogio* » ont été sans exception découverts dans deux petites salles irrégulières situées sur le derrière. Ces salles auraient été la prison des pages. Le reste de l'édifice serait, d'après De Rossi et Hülsen, une garde-robe impériale. Quoi qu'il en soit, ces ruines sont formées d'une série de pièces petites et voûtées, adossées à l'ancien mur d'enceinte; devant était un portique orné de colonnes dont une seule subsiste; bien que cette demeure fût assez humble à ce qu'il semble, les murailles en étaient revêtues de marbre ou de stuc; les parties les plus anciennes ne remontent pas au delà de l'époque de Caligula. Ce qui fait le très grand intérêt de ces ruines, ce sont les nombreuses inscriptions, les graffiti qui y furent tracés au couteau; une partie en a disparu depuis qu'on les a mises au jour; une de celles-ci, détruite en 1886, représentait un âne tournant une meule avec cette inscription :

Labora aselle quomodo ego laboravi et proderit tibi.

Travaille, petit âne, comme j'ai travaillé et tu t'en trouveras bien.

On voit également des noms de soldats dont quelques-uns écrits en lettres latines, d'autres en lettres grecques. Dans un de ces graffiti figure un âne crucifié devant lequel un homme

1. Voir au chapitre *Aqueducs*, p. 34.

est en adoration avec les mots, écrits en grec : « Alexaménos adore son dieu ». On y a vu une dérision du Christ sur la croix ; mais c'est peut-être une allusion à une scène du culte des gnostiques, à une adoration d'Anubis ; des intailles égyptiennes d'origine gnostique portent fréquemment des devises semblables. (Actuellement au musée Kircher).

AUTEL. — Plus loin vers le Vélabre, toujours au pied de la colline, on a placé un autel archaïque dédié « à un dieu ou à une déesse » ; évidemment le fidèle était plein de dévotion, mais ne savait trop à qui adresser ses vœux ; la forme de cet autel est très primitive et, comme celui-ci paraît ne remonter qu'au 1er siècle avant notre ère, il devait être la copie d'un autel antérieur. On l'a découvert en 1820 à l'endroit où il se trouve encore.

AUTEL DÉDIÉ A LA DÉESSE VIRIPLACA. — En un lieu qu'on ignore existait un autel dédié à la déesse *Viriplaca* qui avait la vertu inappréciable de réconcilier les maris, qui avaient querelle avec leurs femmes, d'où son nom. « Sur cet autel, les époux venaient s'expliquer, écrit Valère Maxime, et ils s'en retournaient calmés[1]. » Il y avait également des temples dédiés à la Fièvre, à Vénus, à « la lune qui brille la nuit » ; on avait nommé, en conséquence, ce dernier, le temple : *Lunæ Noctibucæ*[2].

Maximien et Maxence sont les derniers empereurs qui aient fait leur séjour dans les palais du Palatin ; Constance II y résida un mois en 356 ; un siècle plus tard, en 476, après les invasions des Goths et des Vandales, Odoacre s'y installa pour bien montrer qu'il était le légitime successeur des Césars et, à son tour, Théodoric y habita pendant six mois en 500. Mais les palais commençaient déjà à se ruiner ; Théodoric ordonna, comme le rapporte Cassiodore, qu'une somme de 200 livres fût prélevée chaque année sur la gabelle des vins pour les entretenir[3] ; il eût fallu des crédits bien plus importants, si l'on en juge par ce que le Panthéon à lui seul coûta plus tard au Saint-Siège. Les toits s'effondrèrent, entraînant peu à peu la destruction totale des édifices. Cependant le Palatin, qui avait été si longtemps le siège du pouvoir impérial et que tant de souvenirs et de légendes rendaient vénérable, gardait, surtout au loin, un grand prestige ; les empereurs d'Orient ne se sentaient réelle-

1. VARRON, *De Ling. Lat.*, lib. V, c. LXVIII.
2. *Factorum et Dict. Memorab.*, lib. II, c. 1, 6. Éd. Leipzig, 1888, p. 56.
3. CASSIODORE, *Mon. Hist. germ.*, vol. XII ; *Formula Curæ Palatii*, liv. VII.

ment munis de l'autorité suprême qu'après en avoir reçu l'investiture sur le « trône auguste » ; Justinien, le successeur de Théodoric (527-565), vint à cet effet de la « Rome nouvelle » (Byzance) à la « Rome d'or » et l'on renouvela pour lui les pompes antiques[1] ; Justin (565) quitta également la « Rome orientale » pour recevoir la pourpre au Palatin ; et il en fut de même d'Héraclius (610-641). Quand les nouveaux élus ne pouvaient se rendre en personne à Rome, ils y envoyaient leurs images que l'on exposait au Palatin ; ainsi fit l'usurpateur Phocas en 602, à ce que rapporte Jean Diacre dans sa *Vie de Grégoire le Grand*[2].

Ce ne fut pas d'ailleurs dans une salle du palais qu'eut lieu cette exposition, mais dans l'église qui, du lieu où elle se trouvait, avait tiré son nom de Santo Cesareo ou Cesario « intra Urbis Palatium »[3]. Cette église était consacrée à cet usage. Il y avait fort longtemps qu'elle existait ; on racontait que saint Césaire, mort à Terracine vers 375, y avait été transporté ; elle était établie dans une salle de la demeure d'Auguste et mesurait 5 m. 60 sur 4 m. 95 et 5 mètres de hauteur ; des fresques chrétiennes du ive ou du ve siècle la décoraient. C'était la chapelle impériale et, à cause de cela, les Romains l'entouraient d'une grande vénération. Un monastère grec y était attenant ; il existait encore au xiie siècle.

La longue résidence qu'y avaient faite les empereurs valait au Palatin de rester le lieu où se décidait souvent le sort des compétitions entre ceux qui briguaient le pouvoir. Lorsque, après la mort du pape Conon, en 687, on se battit au Latran à l'occasion de l'élection de son successeur, ce fut au Palatin que se réunirent le peuple, les milices et une partie du clergé pour y désigner le nouveau pape qui fut Sergius[4] ; il fut d'abord conduit dans l'église San Cesareo pour y recevoir la tiare et ensuite seulement au Latran. En 1145, Eugène III fut élu pape dans l'oratoire de San Cesareo.

Peu à peu le Palatin passait aux mains du clergé ; Charlemagne constitua, en 778, l'abbé du Mont-Cassin, gardien du Palatin[5], tandis que les moines de l'église San Gregorio sur le Cælius, profitant de leur voisinage, s'appropriaient les restes

<hr>

1. MURATORI, *R. Italic. Script.*, vol. II, col. 353. H. GRISAR, *I Papi del Medio Evo*, Rome, 1907, vol. II, p. 72.

2. L. DUCHESNE, *Liber Pontif.*, vol. I, p. 371.

3. ARMELLINI, *Le Chiese*, p. 517. A. BARTOLI, *Scoperta dell' Oratorio e del Monasterio di San Cesario sul Palatino*, dans *Nuovo Bollet. di Arch. Cristiana*, an XIII, Rome, 1907, p. 191.

4. CIACONIO, *Vit. Pontif.*, Rome, 1601, p. 198. L. DUCHESNE, vol. I, p. 371.

5. MURATORI, *R. Ital. Script.*, vol. II[1], p. 365.

du palais de Septime-Sévère que l'on nommait alors Porticus Materiani. C'était une source de revenus. En 1215, l'abbé du couvent de San Gregorio loue deux souterrains sous le Palatium Magnum, on désignait de ce nom les ruines des palais impériaux situées sur le penchant méridional de la colline.

Le Palatin était alors un lieu désert où paissaient « non les moutons, mais les chèvres et les chevaux », et qui, aux yeux de Pogge, « n'avait plus de forme ». Fulvio qui écrivait au commencement du XVI siècle, Panvinio qui écrivait vers le milieu de ce siècle, parlent de l'abandon dans lequel étaient tombés ces lieux.

Fig. 11. — Le Mont Palatin du côté du Forum.
Les Trois Colonnes du Temple de Castor (Etienne du Pérac, 1575).

La création des Jardins Farnèse au Palatin date du pontificat de Paul III qui accorda à son neveu, Alessandro, cardinal du titre de Sant'Angelo, la propriété du site où s'était élevé le palais de Tibère. Alessandro fit aussitôt dessiner par G. Barozzi un jardin en pente vers le Forum et élever un portail du plus bel effet que l'on a attribué à Vignola, à Michel Ange et à Antonio da Sangallo. Des acquisitions accrurent ce premier enclos. La vigne du fameux humaniste Inghirami, dit Fedra, fut acquise de ses héritiers ; elle touchait d'un côté à celle de Pietro Millini (Villa Mills) ; la vigne des Palosci, située près de la demeure des Vestales, fut vendue au cardinal Alessandro le 17 janvier 1542. Peu après, par acte du 15 avril 1548, le cardinal faisait don des *Orti Farnesiani* à Ottavio Farnese, duc de Parme, « pour la grande affection qu'il lui portait ». Le 20 mai

1565, le cardinal Ranuccio achetait moyennant 400 écus la vigne des Maddaleni, laquelle était voisine de l'arc de Titus au lieudit « Porticus Margaritariæ ». Le 6 juin 1579, les frères Cutelli vendaient au cardinal Alessandro une vigne qu'ils tenaient des Mantaco avec une habitation, un verger, un colombier, située près de l'église Sant'Anastasia; elle fut payée 300 écus.

Les *Orti Farnesiani* demeurèrent en la possession de cette famille jusqu'en 1731, quand s'éteignit le rameau romain; Elisabeth Farnèse, reine d'Espagne, mère de Charles III, en hérita et c'est ainsi qu'ils passèrent entre les mains des Bourbons de Naples qui les cédèrent à l'empereur Napoléon III, en 1860, lors de leur expulsion; à son tour, l'empereur les vendit au gouvernement italien après les événements de 1870 au prix qu'il les avait payés, soit de 650000 livres[1].

L'Académie des Arcadiens se réunissait au XVIIIe siècle sous les ombrages des *Orti Farnesiani* pour y jouir de la grande beauté de ce lieu, de la vue sans seconde qu'on y a et de la fraîcheur des cyprès et des hêtres. C'est là qu'ils posèrent les règles qui formèrent les célèbres *Leges Arcadum*[2].

On venait toujours rêver au Palatin. C'est bien un lieu propice aux songeries, dans la calme solitude de ses bosquets que Byron a chantés[3] :

> *Cypress and ivy, weed and wallflower grown*
> *Matted and mass'd together, hillocks heap'd*
> *On what were chambers, arch crush'd, column-strown*
> *In fragments, choked up vaults and frescos steep'd*
> *In subterranean damps, where the owl peep'd*
> *Deeming it midnight...*
>
> *Behold the Imperial Mount; 'tis thus the mighty falls.*

Cyprès et lierre, herbes et violiers
Serrés et touffus; tertres entassés
Où furent des salles, des arcs croulés et des colonnes qui gisent
En fragments, voûtes encombrées de décombres et fresques enfouies
Dans l'humidité souterraine, où le hibou a jeté un furtif regard
Croyant qu'il était minuit...

Contemplez le Mont impérial; ainsi tombe ce qui fut grand.

---

1. Nibby, vol. II, p. 467. D. Cancogni, *Le Rovine del Palatino*, Milan, 1909 p. 29.

2. B. Piazza, *Opere pie di Roma*, Rome, 1698, cap. xxii. Plus tard, les Arcadiens se retirèrent sur l'Aventin. Moroni, *Diz.*, vol. I, p. 45.

3. *Childe Harold's Pilgrimage*, chant IV, st. cvii.

S. STEFANO ROTONDO
(Macellum Magnum).

Néron fit construire sur le Cælius, en l'an 59, un marché de forme circulaire ; la partie centrale supportait un dôme (*tholus*); le pourtour était composé d'un bâtiment à deux étages. Ayant été détruit à une époque que l'on ignore, il fut reconstruit à la fin du IVe siècle ; cent ans après, le pape Simplicius (468-482) en prenait possession et le transformait en une église dédiée à saint Étienne A l'intérieur sont vingt-deux colonnes évidemment enlevées à d'anciens monuments, car elles sont d'ordres et de hauteurs divers ; une seconde rangée de trente-six colonnes et huit pilastres l'entourait ;-tout autour de la rangée des colonnes extérieures, alternaient quatre cours ouvertes et quatre salles couvertes. L'intérieur était encore garni en 1450 de porphyre, de serpentin, de mosaïques et « d'autres ornements délicats », dit Rucellai ; le pape Nicolas V les fit détruire en 1454.

Toute cette région était occupée sous l'Empire par des demeures somptueuses dont on a retrouvé maintes traces lors des travaux accomplis à l'hôpital militaire et à la villa Casali ; Symmachus, qui fut fameux au IVe siècle, y habitait ainsi que, bien avant, le médecin de l'empereur Claude, les Pisons et les Valerii. La plus belle de ces résidences était celle des Laterani qui a donné son nom à la région. Plautius Lateranus ayant conspiré contre Néron, sa propriété fut confisquée ; Constantin en fit présent, en 313, au pape Miltiade qui y établit sa demeure.

LES THERMES

Un bain à l'époque impériale, dit M. Cagnat[1], comportait plusieurs opérations successives. La première consistait en un court séjour dans de l'air surchauffé, puis on descendait dans une baignoire d'eau chaude pour enlever la sueur et se laver, après quoi on se trempait dans l'eau froide pour rafraîchir le corps, resserrer la peau, raviver les forces ; enfin on se soumettait à un massage et à des frictions d'huile pour amener la réaction. Afin de ménager la transition du bain chaud au bain froid on avait imaginé une pièce intermédiaire à température modérée

---

1. *Manuel d'Archéologie*, p. 209.

que l'on traversait pour préparer le corps au changement de milieu. L'étuve se nommait *laconicum*[1], la salle de bains chauds, *caldarium*, la chambre tiède, *tepidarium*; la salle des bains froids, *frigidarium*. En outre, il existait des salles et des locaux spéciaux pour les vestiaires, la gymnastique, le théâtre, les bibliothèques, la causerie et les services accessoires. Le sol des étuves reposait sur des piliers bas, de telle sorte que les flammes des chaudières pouvaient le chauffer par-dessous; de plus, les parois étaient doubles ou formées de briques creuses en sorte que l'air chaud y circulait. Dans la coupole du Laconicum on ménageait une ouverture cylindrique dans laquelle on faisait monter ou descendre un « bouclier » afin de ventiler plus ou moins la salle[2]. Quant à la disposition des diverses salles, elle est presque toujours la même. Les Romains, excellents ouvriers, avaient peu l'esprit d'innovation; ils s'imitaient indéfiniment; leurs demeures comme leurs palais sont d'un modèle toujours uniforme. Autour d'un massif central contenant le frigidarium, le tepidarium et le caldarium ou laconicum s'étendait un vaste péribole destiné aux bibliothèques, aux stades, aux salles de gymnastique.

Les thermes devinrent très nombreux à Rome au temps de l'Empire; les principaux sont ceux d'Agrippa, de Néron, restaurés par Alexandre Sévère, de Titus, de Trajan, de Licinius Sura, contemporain de Trajan, de Caracalla, de Dèce, de Dioclétien, de Constantin, d'Hélène...[3]). Les thermes Antonins et ceux de Dioclétien sont les seuls dont il reste des débris importants.

LES THERMES DE CARACALLA (Antonius)

Ces thermes situés dans la partie Sud de Rome, entre la voie Appienne et la voie Ardeatina, furent peut-être commencés en l'an 206 de notre ère, ainsi que l'indiquent certaines briques datées, par conséquent, sous le règne de l'empereur Sévère[4]; son fils Caracalla en poursuivit activement la construction d'où le nom qu'on leur donne généralement[5]. Elagabal et Sévère

1. Parce que l'usage en venait, disait-on, de Sparte.
2. VITRUVE, liv. V, ch. x.
3. On en comptait encore onze au ixᵉ siècle. *De Regionibus*.
4. IVANOFF et HUELSEN, *Thermæ Antonianæ*, Berlin, 1898. Sévère établit également des bains pour la population du Transtévère près de la porte Septimiana et agrandit ceux d'Agrippa.
5. Beaucoup de briques portent le nom de Gita, frère de Caracalla qui le fit assassiner en 212. Donc les travaux étaient en pleine activité à cette époque.

Alexandre les achevèrent. Or, Caracalla et Elagabal font partie de la série des empereurs Sévères mais ils avaient pris l'un et l'autre le nom de Aurelius Antoninus ; ces thermes furent donc appelés « Antonins ». Une restauration du Portique eut lieu sous Aurélien. Théodoric répara certaines parties des thermes en 500 environ.

Ces thermes se trouvent sur une sorte de terrasse élevée de cinq à six mètres au-dessus du sol environnant. C'était là que s'étendaient auparavant les jardins appartenant à Asinius Pollios les *Horti Asiniani* dont parle Frontin[1] lesquels furent détruits, pour faire place aux nouvelles constructions ; il en fut de même de quelques maisons qui durent être rasées à mi-hauteur. On en a déblayé plusieurs dont une au Sud-Ouest est admirablement conservée. Le pavement de cette maison est à 3 mètres au-dessous du sol actuel ; autour d'un atrium étaient des pièces ornées de fresques ; dans l'une de ces pièces on croit reconnaître un *lararium* ou chapelle privée.

Tout le sous-sol des bains, les soubassements qui forment la terrasse, sont composés de cryptoportiques, de couloirs, de salles, de dégagements servant au service intérieur ; on y voit également des chaudières et des fours dont l'un fut trouvé encore chargé de charbons ; un grand nombre d'escaliers desservaient ces caves ; l'un est pratiqué dans l'épaisseur de la muraille du *laconicum*[2] ; il conduisait aux hypocaustes, aux chaufferies de cette piscine. Il menait également aux étages supérieurs.

Le plan de ces bains est le même que celui des bains de Dioclétien et de la plupart des bains dont on a pu reconnaître la disposition. Le massif central mesure 216 mètres sur 112, le péribole, qui est un rectangle, a 343 mètres sur 330[3] ; la surface totale des thermes est donc de 16 hectares environ ; les thermes de Dioclétien en mesuraient à peu près autant. Seize cents baigneurs pouvaient s'y baigner simultanément.

La grande salle, longue de 50 mètres, large de 25 mètres, qui se voit d'abord, en face de l'entrée actuelle, est le *frigidarium*, le bain froid ; ce devait être une salle magnifique tant par ses dimensions que par la somptuosité de sa décoration ; les murs en étaient ornés de stucs ; au milieu, un vaste bassin servait de piscine. On y descendait par des marches de marbre. Un tuyau de vidange permettait de le vider rapidement.

---

1. *De Aquæ ductibus Urbis Romæ Liber*, § 21.
2. Voir plus loin.
3. Vitruve recommande cette proportion d'une manière générale, liv. V, ch. x.

On se demande si la vaste salle du *frigidarium* est réellement la *cella soliaris*, dont les anciens nous ont décrit le mode de couverture très particulier : une charpente avait été établie, en poutre de cuivre ou de bronze; la voûte de blocage placée au dessous de cette charpente était comme suspendue par des crampons de fer. On a retrouvé en 1872-1873 un grand nombre de ces barres, longues d'un mètre, recourbées à angle droit à l'une des extrémités et formant à l'autre extrémité une anse dans laquelle passait une tige plus courte. Il est évident que la charpente de métal était invisible, et qu'il est difficile de traduire l'épithète *soliaris* par « brillant comme le soleil ». M. de Pachtère a justement défini, au contraire, la *cella soliaris* comme une salle où se trouvent des *solia*, c'est-à-dire des baignoires ; dès lors la *cella soliaris* ne peut être la vaste salle du *frigidarium*, mais bien la salle du *caldarium*, qui est effectivement entourée de baignoires. Cependant il faut avouer qu'on a trouvé dans la salle du *frigidarium* des fragments de voûte qui étaient percés de crampons de fer. Le difficile problème de savoir comment était couverte la salle du *frigidarium*, et même si elle était couverte, n'est donc pas entièrement résolu.

Cette nef, presque aussi large que celle de Saint-Pierre, était divisée longitudinalement en trois par deux rangées de colonnes. Elle faisait l'admiration des architectes venus de loin qui, en la voyant, « demeuraient de pierre », dit Spartien[1].

Derrière le *frigidarium* était le *tepidarium* long de 50 mètres, large de 24, dont le plafond était supporté par huit colonnes de granit de 2 mètres environ de diamètre dont il ne subsiste plus qu'un fragment dans une pièce située du côté Nord-Ouest du péristyle; au commencement du xvie siècle, il en restait encore deux en place, l'une fut transportée à Florence en 1563, par ordre du grand-duc Cosme et elle décore depuis 1570 la place S. Trinità; du sort de l'autre, on ne sait rien. On notera dans cette salle les deux chapiteaux composites sur l'un desquels est figuré l'*Hercule*, œuvre de Glycon, statue colossale qui était l'un des ornements de ces Thermes. De chaque côté s'ouvraient des absides, dans quatre desquelles on remarque les restes de baignoires garnies de marbres rares.

Puis vient un vestibule avec deux baignoires à revêtements de marbre[2]; il servait d'entrée au *Sudarium* ou *Laconicum*. C'est

---

1. « *Nam et ex ære vel cupro cancelli superpositi esse dicuntur, quibus cameratio tota concredita est; tantum est spatii ut id ipsum negent potuisse docti mecanici.* »

2. C'est à ce vestibule qu'on propose parfois de réserver le nom de *tepidarium*.

une rotonde de 39 mètres de diamètre l'intérieur et de 5o mètres
de diamètre extérieur ; la moitié faisait saillie hors de la façade
Sud-Est ; elle est couverte en coupole. Le *Sudarium* était chauffé
par des hypocaustes et au moyen du système habituel de tuiles
creuses. Des salles de bains étaient disposées tout autour de
cette rotonde. L'architecture de cette salle est d'un grand inté-

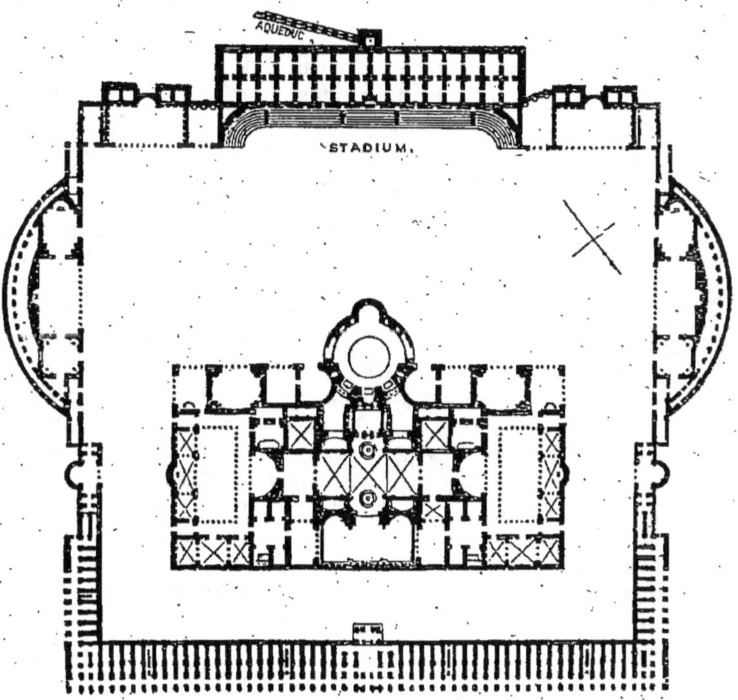

Fig. 12. — Thermes de Caracalla.
(Middleton, *The Remains of Ancient Rome.*)

rêt ; du plan carré on passe à un plan octogonal par des niches
en demi-cercle placées aux angles et formant absidioles (là peut
être l'origine des chapelles rayonnantes des monuments chrétiens, selon M. de Lasteyrie), et la voûte est reliée au tambour
octogonal par des pendentifs qui annoncent déjà l'art de Byzance.
Aux deux extrémités des thermes, des péristyles découverts
servaient d'entrée, car il ne semble pas qu'il y eût de baies à
l'endroit où l'on entre actuellement ; on devait, après avoir gravi

l'escalier qui donnait accès à la terrasse en son milieu, faire le tour soit à droite, soit à gauche. Les anciens ne reculaient pas devant ces dispositions qui nous paraîtraient des erreurs; à Athènes, quand on avait franchi les Propylées, il fallait faire le tour du Parthénon pour en trouver l'entrée. De ces deux péristyles, qu'on appelle habituellement à tort les palestres, on avait accès à travers plusieurs pièces servant de vestiaires ou de chambres de repos soit au *frigidarium*, soit au *tepidarium*.

Les bains Antonins figuraient parmi les sept Merveilles de Rome. De fait, il n'est pas de ruines, hors celles du Colisée, dont la masse soit plus imposante; on sent au milieu de ces vestiges grandioses l'impression d'écrasement que produisent les restes des temples de Luqsor ou de Karnak.

Parmi les constructions diverses qui forment le péribole de l'édifice, on notera surtout, sur la face postérieure, les gradins formant une sorte de demi-stade, d'où l'on assistait peut-être aux exercices de gymnastique ou de sport, — et, derrière ces gradins, deux étages de chambres, quarante-huit en tout, qui étaient le réservoir des thermes : toute cette partie est creusée dans la pente même du coteau.

Abandonnés pendant le moyen âge, les thermes furent exploités au temps d'Innocent II (1130-1143) comme carrière pour bâtir l'église S. Maria in Trastevere; en 1452, Muffel, bourgmestre de Nuremberg, qui avait accompagné à Rome Frédéric III écrit qu'on prend dans ces thermes des marbres destinés au palais Antoniani. Au commencement du xvie siècle, les Cafarelli possédaient une partie des terrains où s'élevaient les thermes; ils avaient acheté « *tria jardena cum domibus granariis in loco dicto Antonianum* ». En 1546, des fouilles furent entreprises sur l'ordre du pape Paul III; Aldroandi décrit les objets, vases, colonnes de porphyre, de marbre, d'albâtre, statues, mosaïques qui furent alors trouvés, entre autres l'Hercule de Glycon dans le *tepidarium*, la Flora, le Taureau Farnèse. Pirro Ligorio parle des innombrables statues qu'on déterra. Les deux fontaines de granit égyptien, longues de 5 mètres 1/2, qui sont devant le palais Farnèse, proviennent de ces fouilles. En 1564, l'emplacement des thermes appartenait en tout ou en partie à la compagnie de Jésus; le P. Laynez, alors général de l'ordre, ayant besoin de 1200 écus d'or, délégua à la banque Perantonio Baudini et Cie une rente de 108 écus d'or sur ce bien.

En 1824, on trouva dans les exèdres des palestres les grandes mosaïques qui sont au musée du Latran et qui, d'après le style et les inscriptions, doivent, selon M. Hülsen, être datées du temps de Valentinien (IVe siècle).

Le prix des entrées dans les thermes, le *Balneaticum*, était perçu par des Balneatores. Il s'élevait à une *quadrans*, soit quelques centimes. Les enfants ne payaient pas. Un *capsarius* était chargé de recevoir le dépôt des vêtements ; la police le surveillait étroitement. Un grand nombre de serviteurs spécialistes étaient attachés aux bains, entre autres le barbier, l'épileur, le masseur, le frotteur d'huile, les chauffeurs des chaudières, les lampistes...

L'eau était chauffée dans des cuves en tuiles et en ciment entourées d'une double paroi où passait l'air chaud provenant des chaudières.

Ce système, qui constitue l'hypocauste, avait été introduit à Rome par Sergius Orata cent ans avant notre ère. Il servait également au chauffage des demeures privées. Au premier étage de l'atrium des Vestales, dans le palais de Septime-Sévère, dans la maison qui se trouve à l'extrémité Ouest du Palatin, on trouve des traces d'hypocaustes, comme on l'a vu. Quelquefois, au lieu d'une paroi double, on logeait dans le mur des tuyaux de brique quadrangulaires qui montaient jusqu'au toit.

LE TOMBEAU DES SCIPIONS

Comme il était interdit par une loi très ancienne mais qui n'était pas toujours observée [1], d'ensevelir les morts dans l'enceinte de la ville, les tombeaux s'alignèrent le long des voies qui rayonnaient autour de la ville, surtout au Sud ; mais la ville s'étendant sans cesse, quelques-uns de ces tombeaux se trouvèrent englobés dans les parties habitées ; tel fut le cas pour la sépulture des Scipions ; elle se trouve avec celle des Calatini, des Servilii, des Metelli, presque en bordure de la voie Appienne, entre cette voie et la voie Latine, à l'intérieur de la muraille Aurélienne. Ce fut en 1641 qu'elle reçut, pour la première fois, la visite des dévastateurs ; un antiquaire, Giacomo Sirmondo, raconte qu'on découvrit deux sarcophages, l'un appartenant à Lucius Cornelius Scipio, qui fut respecté, l'autre appartenant à Lucius Cornelius, fils de Barbatus, qui fut mis en pièces ; la dalle contenant l'inscription, devint moyennant 20 écus la propriété d'un tailleur de pierres qui la céda aux Barberini comme pierre de construction. A la fin du XVIIIe siècle,

1. Tombeau des Valerii, près de la basilique de Constantin.

le terrain appartenait aux frères Sassi; en élargissant leur cave, au mois de mai 1780, ils rencontrèrent l'hypogée; ce fut un désastre; les sarcophages restants furent mis en pièces; les objets qu'ils contenaient ou qui les entouraient, dispersés; les salles furent transformées[1]. Personne ne protesta. Byron pouvait s'écrier peu après :

> La tombe des Scipions ne contient plus de cendres
> Ce sépulcre est privé de ses grands habitants !

Un seul sarcophage échappa, celui de Lucius Scipio Barbatus, consul en 298 av. J.-C.; il est au Vatican; l'inscription qu'il porte est en vers saturniens[2].

CORNELIVS · LVCIVS · SCIPIO · BARBATVS · GNAIVOD · PATRE — PRO-GNAIVS · FORTIS · VIR · SAPIENSQVE — QVOIVS · FORMA · VIRTVTEI · PA-RISMA — FVIT — CONSOL · CENSOR · AIDILIS · QVEI · FUIT · APVD · VOS — TAVRASIA · CISAVNA — SAMNIO · CEPIT — SVBIGIT · OMNE · LOVCANA — OPSIDESQVE · ABDOVCIT

« Cornelius Lucius Scipio Barbatus, engendré par son père Gnævus homme fort sage dont l'extérieur égalait le courage, qui fut parmi vous consul, censeur, édile, prit Taurasia, Cisauna appartenant aux Samintes, il soumit toute la Lucanie et emmena les otages. »

Il semble que ce sarcophage soit le plus ancien qu'ait contenu ce tombeau. La voie Appienne venait d'être ouverte quelques années auparavant, en 312.

Si l'on trouve des sarcophages et point d'urnes funéraires dans cet hypogée, c'est qu'au temps des Scipions, l'incinération était d'un usage moins fréquent que par la suite. D'ailleurs chaque famille avait son rite préféré; Sylla fut le premier des Cornelii qui se fit incinérer.

Le tombeau lui-même est composé d'une série de salles creusées dans le tuf et reliées par des passages étroits. L'entrée se compose d'une arche en blocs de péperin, surmontée d'une corniche et flanquée de deux colonnes ioniques.

Un buste qu'on suppose être celui du poète Ennius, patronné par la famille des Scipions, fut trouvé dans l'hypogée et figure actuellement au Vatican[3].

---

1. Un anneau trouvé sur le squelette d'un des Scipions fut offert par le pape Pie VI à son antiquaire, Dutens, et passa en Angleterre.

2. Vers ayant une métrique archaïque que d'ailleurs on n'a pu encore préciser avec certitude. Les exemples en sont rares.

3. Tite-Live et Cicéron disent que la statue du poète se trouvait dans le tombeau.

De nombreux *Columbaria* existent dans le voisinage ; ils datent du 1ᵉʳ siècle de notre ère. Celui de Pomponius Hylas, dans la Vigna Sassi, découvert en 1831 par Pietro Campana, est le mieux conservé. Les *Columbaria* appartenaient souvent à des associations, par exemple aux affranchis d'un même maître ou aux membres d'une même corporation. Comme les rangées de niches étaient nombreuses, des échafaudages de bois, dont on retrouve les traces, permettaient d'avoir accès aux rangs supérieurs. Il a été longtemps admis que les premiers chrétiens profitèrent du droit qu'on possédait de s'associer en vue de posséder un *columbarium* pour former des associations secrètes et se procurer un lieu de réunion [1].

L'ARC DE DRUSUS OU DE TRAJAN.

Non loin de là, un arc se voit en travers de la route ; on l'appelle l'arc de Drusus parce qu'on sait que Drusus avait un arc dans cette région (an IX av. J.-C.), mais le style de cet arc ne se prête guère à cette supposition ; c'est pourquoi on l'identifie plus volontiers avec l'arc de Trajan qui se trouvait également dans ce voisinage. Cet arc semble avoir été en fait une des arches de l'aqueduc par lequel Caracalla dériva une partie de l'Aqua Marcia pour alimenter ses thermes. Une seule arche est conservée mais on reconnaît les traces de l'existence de deux arches latérales. La partie supérieure porte manifestement la trace du passage d'une conduite d'eau. Les colonnes d'ordre composite qui s'élèvent de chaque côté de l'arche sont en marbre africain et d'une époque certainement postérieure à celle où vivait Drusus. Si l'arc ne fut pas construit au temps de Caracalla, il fut restauré par lui.

LA PYRAMIDE DE CESTIUS

Cette pyramide se trouve près de la porte Ostiensis. Elle fut élevée à la mémoire de Caius Cestius [2] mort un peu avant notre ère, par les soins de son héritier Pontius Mela et d'un affranchi du nom de Pothus ; la construction en fut achevée en trois cent trente jours, dit une inscription. Elle est formée de briques et de blocage et recouverte de marbre ; ce revêtement en partie

1. Opinion de De Rossi combattue par Mgr Duchesne.
2. C(AIUS) CESTIUS L(UCII) F(ILIUS) POB(LILIA TRIB.) EPULO. TR(IBUNUS) PL(EBIS) VII VIR EPULARUM.

restauré est intact; la hauteur en est de 35 mètres ; la base, qui est en travertin, mesure 30 mètres sur chaque côté. La chambre intérieure a 6 mètres sur 4 mètres. Aurélien l'englóba dans le mur de circonvallation de la ville.

Quand Muffel visita Rome en 1462, on croyait que la pyramide recouvrait les restes de Romulus et de Remus, et qu'on avait donné cette forme à leur sépulture pour que les chiens ne pussent pas marcher dessus.

Au xvie siècle, la pyramide se trouvait en partie enterrée. Le pape Alexandre VII résolut en 1656 de la dégager et de la restaurer et s'adressa à cet effet au Conseil communal; dans sa séance du 30 septembre 1656, celui-ci vota d'ajouter 1 200 écus aux 800 écus que le pape mettait à sa disposition afin de compléter les 2 000 écus nécessaires pour ce travail ; l'architecte du Peuple romain, Domenico Castelli, en fut chargé sous la direction du marquis Scipione Santa Croce ; il devait, après avoir dégagé la pyramide, établir un mur tout autour, arracher les plantes et les arbustes qui l'avaient recouverte, sceller les pierres branlantes avec des crampons de fer, remplacer les marbres qui manquaient ; ils furent fournis par Leonardo Agostini, qui s'intitule « antiquaire du Souverain Pontife » ; on lui paya 60 écus; ce n'était qu'un acompte. Les travaux ne furent achevés qu'en 1663, ainsi qu'en témoigne une inscription. Durant les fouilles, on découvrit, en perçant la paroi[1], une chambre intérieure dans laquelle étaient quelques peintures[2] ; elles avaient trait aux fonctions de Cestius qui était un des *Septemviri Epularum*, chargés de veiller à la table des dieux. « Cette petite chambre, dit La Lande[3], est garnie d'un stuc très dur qui se faisait avec de la chaux et de la poudre de marbre; on y voit de grands compartiments peints de différentes couleurs, mais dont les peintures sont presque entièrement effacées; elles représentent différentes figures assises, debout et en l'air, d'un heureux choix d'attitude et d'un dessin élégant ; elles sont relatives à la charge de Cestius, car on y voit une personne qui prépare une tourte et d'autres qui tiennent les instruments de musique usités dans les festins solennels. »

Autour du monument on découvrit plusieurs fragments antiques, deux fûts de colonnes, deux piédestaux et un pied de bronze qui sont au Musée du Capitole.

---

1. La véritable entrée ne put être retrouvée.
2. Ottavio Falconieri, *Discorso intorno alla piramide di C. Cestio*, dans Nardini, *Roma antica*, Rome, 1704, p. 557, avec 6 pl. dont les pl. V et VI représentent les fresques.
3. *Voyages d'un Français en Italie*, vol. IV, p. 375.

Au commencement de l'année 1700, la pyramide fut frappée par la foudre ; il fallut rétablir la pointe et sceller les blocs assez nombreux qui avaient été disjoints ; on en profita pour enlever la végétation qui s'était de nouveau emparée du monument. Il en coûta 50 écus[1].

LE MONT TESTACCIO[2]

Le mont Testaccio qui s'élève dans une région peu habitée tout près de l'emplacement des anciens ports, peut être considéré comme un vestige de la Rome ancienne puisqu'il est formé de tessons provenant des amphores, des jarres et des diverses poteries débarquées au port voisin et provenant d'Espagne et aussi de l'Afrique du Nord. On a retrouvé en y opérant des fouilles quantité de débris qui datent pour la plupart des années comprises entre 140 et 251 de notre ère. Il mesure environ 50 mètres de hauteur et 1 400 mètres de tour.

Au moyen âge, le mont Testaccio servait de lieu de divertissement public ; certains jours on lançait du sommet six chars grossiers recouverts de drap rouge et dans lesquels avaient été placés des porcelets ; deux taureaux étaient attachés derrière cinq des chars, trois derrière le sixième afin que chacun des treize quartiers de la ville fût représenté par son taureau qui avait été choisi aussi beau que possible et exhibé les jours précédents. Les joueurs devaient s'emparer au passage des porcelets et mettre à mort les taureaux quand les chars, arrivés à la fin de leur course, se fracassaient. Une haie de soldats armés de piques empêchaient les taureaux de s'échapper. Bien des fois le sol était jonché, à la fin de la joute, de blessés et de morts, « spectacle agréable, magnifique et vraiment antique », dit un envoyé vénitien.

Les statuts de la ville, qui déterminent minutieusement la façon dont devaient être réglés ces jeux, défendaient d'ensemencer le Testaccio, afin que rien n'entravât les courses.

Les Français voulurent, en 1798, « restaurer » ces jeux et en fixèrent l'époque au Ier brumaire, mais, au lieu des courses brutales de jadis, on vit des scènes comiques, des représentations mythologiques et l'on y entendit des chants, le tout suivi d'un « repas frugal ».

1. Séances du Conseil communal du 17 mars et du 20 juin 1700, *Archiv. Stor Capit.*, Cred. I, vol. XLI, fol. 47 ; Cred. VI, vol. X, p. 287.
2. Domenico Orano, *Il Testaccio...*, Pescara, 1910. Dressel, *Ricerche sul Monte Testaccio*, Annali dell' Instituto di Corrisp. Arch., vol. IV (1878), p. 118.

En 1849, le Testaccio devint une position stratégique ; on y établit une batterie de trois canons destinée à « défendre la liberté ».

LE FORUM BOARIUM

La place qui s'étend entre l'église moyenâgeuse de S. Maria in Cosmedin et le fleuve est un des lieux les plus pittoresques de Rome ; c'en est aussi l'un des plus riches en souvenirs antiques. C'est là que se trouvait le *Forum Boarium*, le marché au bétail, et tout à côté, le *Forum Holitorium*, le marché aux herbes.

Il y avait à Rome autant de marchés que de catégories d'objets vendus ; on connaît l'existence de marchés aux porcs, aux grains, aux chandelles, aux épices ; ces commerces enrichissaient et illustraient parfois ceux qui les pratiquaient. Ainsi une épitaphe découverte naguère sur la Via Prænestina porte : « A la mémoire de Marcus Antonius de Misène, négociant célèbre en cochons et en brebis ». (Musée des Thermes.)

La situation du forum *Boarium* entre le Tibre et le Forum en faisait un lieu de passage fréquenté ; plusieurs voies y aboutissaient venant du Nord et du Sud ; le pont Sublicius et plus tard le pont Æmilius, actuellement *Ponte Rotto*, unissaient en cet endroit les deux rives du Tibre, la région transtibérine avec le reste de la ville. Les cortèges triomphaux qui se rendaient du Champ de Mars au Forum le traversaient. Les premiers combats de gladiateurs y eurent lieu en l'an 264 av. J.-C.

Ovide parle ainsi de ce lieu[1] : « Il est une place fameuse près des ponts et du grand cirque ; le bœuf qu'on y voit lui a donné son nom ; le roi Servius porteur de sceptre y dédia un temple à la déesse Matuta, notre mère. »

Le bœuf auquel Ovide fait allusion est une statue de bronze que l'on attribuait au sculpteur grec Myron, au dire de Pline[2], et que l'on pensait avoir été amenée d'Egine au IIIe siècle. Un peu au Nord, vers le Capitole, se voyait un éléphant, *Elephas Erbarius* ; au moyen âge la région voisine reçut son nom de cette statue.

L'affluence en ce lieu et l'antiquité des souvenirs qui s'y rattachaient en faisaient un centre vénéré ; partout s'élevaient des temples dont quelques-uns subsistent encore et sont parmi les

---

1. *Fastes*, VI, 477.
2. *Hist. Nat.*, XXXIV, § 10.

mieux conservés et les plus anciens de Rome : les temples dits
de la Fortune Virile, de Cérès, de Portunus, de la *Pudicitia
Patricia*, un autel que l'on pensait construit par Hercule lui-
même, le Janus, ainsi que le lieu sacré appelé Doliola où il
était défendu de cracher. C'est là qu'avaient été déposées, disait
la légende, des reliques du roi Numa ; on assurait également
que les ustensiles servant aux vestales y avaient été cachés
lors de l'entrée des Gaulois dans la ville.

Près du Janus, on a découvert il y a quelques années à
3 m. 25 au-dessous du pavé antique du forum qui se trouve lui-
même à 4 m. 50 au-dessous du sol actuel[1], certains couloirs bor-
dés de réduits ayant 1 m. 95 sur 1 m. 80 de côté et 1 m. 80 de
hauteur ; une banquette occupe un des côtés de chacune de ces
cellules ; elles semblent dater de la période républicaine et
furent peut-être des prisons où l'on enterrait vivantes les victimes humaines. Non loin se trouve la région appelée *Busta
Gallica* parce que des Gaulois morts pendant l'assaut du Capitole y avaient été incinérés.

LE TEMPLE ROND DE MATER MATUTA
DIT AUTREFOIS DE VESTA
(S. MARIA DEL SOLE).

Sur le bord de l'eau se dresse un petit temple rond auquel on
a ajouté un toit d'un disgracieux effet. Les parois sont en blocs
de marbre, ce qui est rare à Rome où l'on employait volontiers
des revêtements de plaques de marbre ; vingt colonnes cannelées en marbre avec des chapiteaux d'ordre corinthien entouraient la cella (hauteur 13 mètres, diamètre à la base, 1 m. 40) ;
l'une de ces colonnes a été rasée à quelques centimètres du
sol et enlevée, peut-être pour en faire la colonne de Phocas
comme il a été dit. Le soubassement, qui date des premiers
temps de l'Empire et en recouvre un autre plus ancien, a 2 mètres
de haut. La cella a 10 mètres de diamètre.

Ce petit temple, très élégant de forme, pourrait être celui de
Mater Matuta ou Matutina, c'est-à dire de l'Aurore ou encore
celui d'Hercule que l'on sait avoir été dans cette région[2]. Ce
qui est certain, c'est qu'il ne fut pas dédié à Vesta comme on
l'a cru jusqu'à ces derniers temps. Bâti par Servius Tullius,

1. Sur cet exhaussement du sol romain, voir notre ouvrage, *Monuments de
Rome*.
2. D'après l'opinion de M. Piganiol, *Mélanges d'Archéologie*, 1909.

il fut brûlé plusieurs fois et reconstruit finalement, en 174 av. J.-C., par le consul Tiberius Sempronius Gracchus qui y plaça, en souvenir de ses victoires, une carte de la Sardaigne.

Au XIIe siècle, ce temple était devenu une église dédiée à S. Stefano par la famille Savelli qui possédait en grande partie ce quartier; on l'avait surnommée S. Stefano Rotondo[1], puis on l'appela S. Stefano delle Carrozze à cause d'une rue voisine de ce nom. En 1560, à la suite d'une vision où la Vierge était apparue entourée des rayons du soleil, elle devint S. Maria del Sole[2].

LE TEMPLE DIT DE LA FORTUNE VIRILE
(S. Maria Egiziaca).

Cette merveille date d'un siècle avant notre ère, peut-être de deux siècles, autant qu'on en peut juger par la pureté de son style hellénique que le mauvais goût romain n'avait pas encore corrompu, par l'absence de marbre dans sa construction et par l'emploi exclusif du tuf et du travertin. La cella était précédée d'un portique ayant quatre colonnes sur la façade, deux sur le côté ; il est par conséquent tétrastyle, prostyle. Ces six colonnes, de même que les colonnes d'angle, sont en travertin ; les huit colonnes engagées qui décorent la cella ainsi que la cella sont en tuf. Le soubassement, le *podium*, est en travertin ; il a 26 mètres de longueur ; la hauteur en est de 2 m. 50. Quant à la cella, la longueur en est de 20 mètres, la largeur de 12 mètres. La frise est ornée de sculptures représentant des génies, des bucranes, des guirlandes de fleurs suspendues à des candélabres.

Ce temple fut peut-être celui que bâtit Servius Tullius en l'honneur de la déesse Fortuna et qui fut reconstruit en 212 av. J.-C., après un incendie, par des triumvirs nommés à cet effet.

Consacré à la Vierge en 872, il fut donné par Pie V en 1571 aux Arméniens qui la dédièrent à S. Maria Egiziaca, peut-être à cause de leur origine orientale.

LA BOCCA DELLA VERITÀ

Sous le porche de l'église S. Maria in Cosmedin a été déposée une pierre circulaire d'origine évidemment romaine qui fut soit une pierre d'égout, soit la fermeture d'un puits, soit peut-être

1. Il y a dans le quartier Monti une autre église de ce nom dont il a été déjà parlé. (*Macellum Magnum*).
2. Armellini. p. 611.

une meule ; la légende veut qu'elle ait servi à recouvrir un trésor. Un visage grimaçant y est grossièrement figuré et la bouche est formée d'un trou percé au centre de la pierre. Ce trou a donné naissance à une légende qui n'est pas tout à fait éteinte : quand quelqu'un voulait démontrer péremptoirement la sincérité d'une assertion, il la répétait en plaçant sa main dans le trou car, s'il ne disait pas vrai, la pierre se refermait immanquablement sur elle. Or, il arriva qu'une femme eût à prêter serment à son mari, sur cette pierre, de n'avoir jamais trahi sa foi. Comme elle n'était pas sans quelque raison d'appréhender cette épreuve, elle eut recours au stratagème suivant. Celui dont son mari avait soupçon fut avisé par elle de se travestir en pauvre et de rôder autour de l'église au moment voulu ; quand elle fut sur le point de prêter le dangereux serment, il s'élança sur elle et l'embrassa ; ainsi elle put légitimement affirmer que jamais un autre homme que ce mendiant ne l'avait approchée. Et son mari fut rassuré, comme il convenait. C'est là une histoire que l'on rencontre bien fréquemment dans les conteurs médiévaux qui rendaient ainsi un naïf hommage à la merveilleuse fécondité d'imagination de la femme, surtout lorsqu'il s'agit d'en donner à croire à l'autre sexe.

Actuellement encore, les mères romaines menacent leurs enfants, quand ils ont menti, des colères de ce terrifiant visage.

L'église a pris son surnom de la dalle.

L'ARC DE JANUS

(Janus Quadrifrons)

Cet arc carré, rappelant celui dont on voit les restes près d'Autun, est entièrement en marbre et la chance a voulu que néanmoins les Romains du moyen âge ne l'aient pas démoli pour en tirer du plâtre comme c'était leur coutume. Chaque côté mesure 12 mètres, la hauteur en est de 16 mètres ; les arches ont 5,70 d'ouverture et 10,60 de hauteur. Les pierres étaient reliées par des crampons de fer qui furent tous arrachés au cours du moyen âge, mais telle est la solidité de la construction qu'elle n'en a pas souffert. Pour alléger la charge que supportaient les voûtes, les pierres sont remplacées en certains endroits par des urnes creuses ; c'est un procédé qu'employaient parfois les architectes romains.

Dans chaque pilier sont douze niches sur deux rangées, quarante-huit en tout par conséquent, dont seize restent inachevées ; elles étaient évidemment destinées à contenir des statues dont on prétend que l'une, qui était de bronze, fut retrouvée en 1860 en creusant les fondations d'une maison voisine[1]. Il y a des traces de sculptures dans les clés des arches. Les moulures ainsi que toute la décoration de cet arc indiquent un art en décadence, et c'est pourquoi on croit généralement qu'il fut élevé vers le ive siècle, avec des pierres prises dans d'autres monuments.

On ne sait guère quel en put être l'usage ; il s'élevait à l'entrée du *forum boarium* et servait peut-être de bourse. On a pensé au moyen âge que le nom de Janus qui signifie arche était celui du dieu et qu'il s'agissait d'un arc élevé en son honneur, auquel on avait donné en conséquence quatre faces[2].

Le Janus fut transformé, au moyen âge, en château fort ; au xiie et au xiiie siècle, les Frangipani en couronnèrent le sommet d'une construction de briques assez élevée et crénelée ainsi que d'une tour qui ne furent abattues qu'en 1829[3] ; d'ailleurs, à cette époque, elle était en ruines. Dans la première moitié du xvie siècle, l'arc passa, soit en donation, soit par contrat de mariage, soit d'autre façon, des Frangipani aux Massimi. On lui donnait parfois un nom singulier, l'Arc de la Vache et du Taureau, à cause d'un bas-relief représentant ces animaux qui se trouve sur l'une des faces. En 1569, les Massimi louaient à Lodovico Cenci, représenté par sa mère Portia, le droit de déposer du bois sous l'arche moyennant 3 giuli par an[4].

Au xviie siècle, l'arc, suivant le sort commun, était devenu propriété du Peuple romain. Le Conseil communal autorisa, le 13 février 1662, son charpentier Giovanni di Bartolommeo à en faire un entrepôt de bois comme son père[5], mais en 1714, le 10 mars, il fut décidé que l'arc serait débarrassé. D'autre part, depuis un siècle, des gens sans aveu s'étaient établis dans les salles situées au-dessus des voûtes et peut-être aussi dans les superstructures des Frangipani ; un escalier, qui s'ouvrait dans une des niches du pilier septentrional, y donnait accès[6]. En 1603, c'était un malfaiteur allemand qui y avait sa retraite[7] ; plus tard, il y vécut toute une colonie de malandrins que la police y tolé-

---

1. A. PELLEGRINI, *Roma veduta in otto Giorni*, Rome, 1869, p. 197.

2. Le Janus romain primitif avait deux visages, mais une statue étrusque apportée à Rome popularisa le Janus à quatre faces.

3. GREGOROVIUS, vol. III, p. 185.

4. A. NIBBY, *Roma antica*, part. I, p. 467. A. DONATO, *De Urbe Roma*, lib. II, cap. xxvi. A. UGGERI, *Journées Pittoresques des Edifices de Rome*, Rome, 1800 vol. I, p. 54. LANCIANI, *Ruins*, p. 518.

5. *Archiv. di Stato, Roma, Atti Saccoccius*, Prot. 1520, fol. 117.

6. La porte se voit encore.

7. *Archiv. St. Capit.*, Cred. XI, vol. XXII fol. 3.

rait parce qu'elle savait ainsi où les retrouver. Enfin, en 1768, on imagina un moyen bien simple d'expulser ces habitants qui déshonoraient l'édifice : le Conseil prit une délibération décidant de faire poser une serrure sur la porte de l'escalier. Cependant, après l'expulsion du marchand de bois, des fabricants de vermicelle étaient venus s'installer à l'abri de l'arcade, au grand détriment du bâtiment. A leur tour ils furent expulsés en 1771, non sans recevoir une indemnité.

Le 4 janvier 1588, le pape Sixte V avait ordonné la destruction de l'arc et chargé Domenico Fontana d'en employer les maté-

Fig. 13. — Arc dit de Janus et arc de Septime-Sévère à gauche.
(Alo Giovannoli, fin du xvi⁰ siècle).

riaux à construire le piédestal de l'obélisque du Latran et à faire « des armes et des épitaphes » (inscriptions). Heureusement il n'en fut rien.

Comme on le voit dans certaines gravures, l'arc servait, au xviii⁰ siècle, d'appui à des maisons; lors des grands travaux entrepris par ordre de Napoléon, il fut dégagé et l'on s'occupa de le débarrasser des amas de terre et de débris qui en encombraient les alentours (1812); mais ce déblaiement ne fut achevé qu'en 1829.

« La terre s'est tellement accrue au sommet par le moyen de la végétation, qu'elle le couvre entièrement, dit l'abbé Uggeri vers 1816. Ce qui lui donne une forme tout à fait élégante en même temps qu'il reçoit des différentes herbes et des différents arbustes qui ont poussé et végètent dans cette terre une grâce

et un fini si pittoresques qu'on ne saurait rien désirer de plus à
cet égard ; mais comme le lierre, la pariétaire, l'yeuse, l'oli-
vier et le figuier sauvages y ont poussé des racines si profondes
et en si grande quantité qu'elles pénétrent en serpentant dans
les crevasses des briques et font sauter des pièces entières et
endommagent par là ce monument, une main bienfaisante
accourra bientôt, au grand regret des peintres, pour arrêter les
progrès de cet état de dépérissement[1] (sic). »

L'ARC DE SEPTIME-SÉVÈRE[2]

(Monument des Argentiers).

Ce petit édifice se trouve tout voisin du Janus ; il est en partie
englobé dans l'église S. Giorgio in Velabro, dont le campanile
repose sur un des piliers de l'arc. Il fut élevé en l'an 204 par les
« *Argentarii et negotiantes boarii* » en l'honneur de l'empereur,
de sa femme et de ses fils Caracalla et Geta ; en 212, Caracalla
ayant fait assassiner Geta, le nom de celui-ci fut effacé sur cet
arc comme sur tous les monuments où il avait été inscrit.

La hauteur du monument est de 6 mètres, la largeur de la
voûte de 3 m. 30 ; cette voûte est formée d'un linteau d'une seule
pièce. Le monument est entièrement de marbre excepté la base
qui est en travertin. La décoration en est touffue comme aux
époques de décadence ; les pilastres sont ornés de trophées et
de guirlandes ; sur les côtés des bas-reliefs figurent des scènes
de sacrifice ; au-dessus, des objets servant au culte, couteaux,
aspersoirs, coupes. A l'intérieur, est représentée la famille
impériale participant à un sacrifice ; le nom de Geta, l'un des
sacrifiants, a été enlevé, comme on l'a vu. Un des bas-reliefs
montre un soldat romain conduisant des soldats orientaux
captifs.

LE THÉÂTRE DE MARCELLUS

César fit raser un ancien temple dédié à la *Pietas* pour y établir un théâtre ; on l'accusa même d'avoir gagné un gros profit
dans cette démolition ; il ne put voir l'achèvement du monument ;

1. Abbé Uggeri, *Édifices de Rome antique*, vol. unique ou XXIII, s. d.,
p. 48. C'est à côté du Janus que se trouvait établi au xviiie siècle le *Giuoco
Liscio* (jeu de paume).
2. Ne pas confondre avec celui du Forum.

ce fut Auguste qui le dédia en l'an 13 avant notre ère[1]. C'était le plus vaste théâtre de la ville; il possédait vingt-quatre rangs de sièges; le pourtour de la rangée la plus élevée mesurait 180 mètres; celui de la plus basse avait 60 mètres; il y avait peut-être cinq gradins dans une galerie supérieure, soit un développement total qu'on peut évaluer approximativement à 6000 mètres de banquettes ou 20 000 pieds, comme le portent les textes anciens[2]; ce qui représente 10 000 spectateurs au moins.

Le théâtre de Marcellus est construit en travertin; la scène se trouvait du côté du Tibre: le premier étage, actuellement enfoui de près de cinq mètres, était composé d'arcades larges de 3 mètres environ; les piliers qui les séparent ont 2 mètres de largeur et 3 mètres d'épaisseur; ils sont décorés de colonnes engagées d'ordre dorique; il subsiste douze arcades occupées actuellement comme au moyen âge par des échoppes. Le deuxième étage est d'ordre ionique; le troisième, qui a disparu, était d'ordre corinthien.

Le jour de la dédicace du théâtre, six cents bêtes féroces amenées de Nubie furent mises à mort. Auguste assistait au spectacle sur une chaise curule; elle se brisa et il tomba à la renverse, mais nul n'en tira mauvais augure. Une statue en or de Marcellus assis sur une chaise curule était placée parmi les stalles réservées aux préfets des jeux[3]. Ce fut dans ce théâtre que les Romains virent pour la première fois dans une cage un tigre apprivoisé[4]. L'incendie survenu sous le règne de Néron l'endommagea, et Vespasien dut y faire d'importantes réparations; Septime-Sévère le répara également. Il y fut alors donné des représentations qui durent être singulièrement coûteuses; le tragédien Apollinaris reçut, en effet, 400 000 sesterces, soit environ 80 000 francs; deux harpistes, Terpnos et Diodoros, eurent chacun 200 000 sesterces, soit 40 000 francs, plus des couronnes d'or[5]. En 360 ou 365, Lucius Aurelius Symmachus, préfet de la ville, y prit des blocs de travertin pour restaurer le pont Cestius, ce qui montre qu'à cette époque on considérait déjà ce monument comme une chose du passé dont on pouvait

1. Comtesse CAETANI LOVATELLI, *Il Teatro di Marcello*, Rome, 1906. L. VAU-DOYER, *Description du Théâtre de Marcellus*, Paris, 1912. L. PERNIER, *Bull. della Com. Arch.*, an XXIX, 1901, p. 52. DOM. MARCHETTI ASII. PERSY, *Catalogue of the First annual Exhibition of American Academy in Rome*, 1906.
2. Hülsen traduit *loca* par pieds: *Bull. Com.*, 1894, p. 320.
3. LANCIANI, *Ruins*, p. 491. VAUDOYER, *Théâtre de Marcellus*, p. 3. DION CASSIUS, liv. LIV, c. 26. AMPÈRE, *L'Empire romain*, vol. I, p. 256.
4. PLINE, *Hist. nat.*, VIII, 25.
5. *G. I. L. Roma*, vol. VI, n. 956, 9868, 10 028.

disposer[1]; Théodoric, qui s'occupa de faire mettre en état le théâtre de Pompée et en parle avec tant d'admiration, ne fait nulle mention de celui de Marcellus. Au temps de l'anonyme d'Einsiedeln, c'est-à-dire au VIIIe siècle, on savait encore qu'il avait été un théâtre, mais au Xe siècle on le qualifiait de *Templum*[2].

A la fin du pontificat de Grégoire VII, les Pierleoni, cette famille d'origine juive dont le rôle fut alors si important auprès du Saint-Siège, s'empara, ce semble, du théâtre à la faveur des troubles qui désolèrent la ville; toute la région environnante leur appartenait déjà.

Outre que cette énorme et massive construction offrait d'admirables moyens de défense, elle occupait une excellente position stratégique entre le fleuve et le mont Capitolin, dans la partie la plus peuplée de la ville. Les Pierleoni restèrent assez longtemps possesseurs du théâtre pour qu'il ait gardé au moyen âge le nom de *Casa dei Pierleoni* (1086); ils y donnèrent asile au pape Urbain II avant qu'il vînt en France y prêcher la croisade; c'est là qu'il mourut en 1099.

La fermeture des arcades par des cloisons de maçonnerie date de la fin du XIIIe siècle.

Quand la famille des Pierleoni eut disparu au cours du XIIIe siècle, les Savelli devinrent propriétaires de l'édifice, non pas en une fois, mais graduellement, par achats successifs; ainsi, en 1368, Luca Savelli acheta « plusieurs maisons, palais et anciennes constructions » en ce lieu. Le théâtre était si difficile à reconnaître désormais par suite des démolitions et des constructions parasites, que Pétrarque le cherchait en vain : « *Ubi theatrum Marcelli?* »

Au commencement du XVIe siècle, les Savelli demandèrent à l'architecte Baldassare Peruzzi de leur bâtir une demeure dans le théâtre; il employa, à cet effet, la portion la mieux conservée, celle qui se trouvait du côté de la place Montanara, à droite de la scène; il y existait encore des arcades doriques et ioniques; les entre-colonnements furent murés et plusieurs voûtes refaites; comme il convenait alors pour tout palais, Peruzzi dota celui-ci de deux tours.

La légende veut que Béatrice Cenci ait été un moment enfermée dans ce palais, sans doute parce qu'on a confondu la *Corte Savella*, qui était une prison et un tribunal relevant des Savelli, avec leur demeure.

---

1. On a retrouvé des pierres provenant de cet édifice quand le pont a été partiellement détruit en 1886-1889.
2. JORDAN, *Top.*, vol. II, p. 342.

Au xviie et au xviiie siècle, des constructions nombreuses s'adossèrent au théâtre et l'entourèrent presque de toutes parts, en sorte qu'il se trouve actuellement en grande partie masqué; des familles prirent logement dans les galeries, dans les vomitoires, sous les voûtes; des marchands s'installèrent comme jadis dans les arcades du rez-de-chaussée, d'ailleurs à moitié enfouies sous le sol[1]; une auberge, à l'enseigne de la Cloche, avait été établie dans quelques salles. Gœthe y fréquentait, dit-on[2]. « Les *fornices* ou voûtes du rez-de-chaussée, dit Ampère[3], sont habitées encore aujourd'hui comme elles l'étaient dans l'antiquité, mais plus honnêtement, par de pauvres gens qui vendent des ferrailles. Au-dessous des belles colonnes de l'enceinte extérieure, on a construit des maisons modernes dans lesquelles sont pratiquées des fenêtres, et à ces fenêtres du théâtre de Marcellus, on voit des pots à fleurs, ni plus ni moins qu'à une mansarde de la rue Saint-Denis. »

LE PORTIQUE D'OCTAVIE

Entre le théâtre de Marcellus et le cirque de Flaminius, à l'une des extrémités de la région où fut naguère le ghetto, s'élevait un ensemble de bâtiments auxquels on donnait le nom de *Opera Octaviæ*. Auguste les avait élevés, 32 ans avant notre ère, en l'honneur de sa sœur ainsi qu'il s'en vante dans l'inscription d'Ancyre[4]. D'anciens monuments furent rasés pour faire place au nouvel édifice. L'incendie qui dévasta cette partie de Rome sous le règne de Titus, en l'an 80, l'endommagea considérablement; il fut aussitôt restauré par Domitien; cent ans plus tard, en 203, Septime-Sévère dut y faire d'importantes restaurations; elles furent si hâtives qu'on employa des matériaux enlevés à d'autres monuments; on aperçoit très bien dans la partie supérieure de la seconde arcade du Portique des tronçons de colonne placés horizontalement.

Ce qu'on nomme aujourd'hui le Portique d'Octavie n'en est que l'entrée, d'ailleurs fort modifiée par les constructions qui y ont été accolées; elle est ornée de quatre colonnes de marbre

---

1. Venuti, *Roma moderna*, Rome, 1686, p. 405.
2. Vogel, *Aus Gœthes römischen Tagen*, p. 51. Noack, *Aus Gœthes römischem Kreis*, p. 172. Comtesse Caetani Lovatelli, *Passeggiale*, Rome, 1909, p. 67.
3. Ampère, *L'Empire romain à Rome*, vol. I, p. 256.
4. Ils occupaient, ce semble, tout l'espace compris actuellement entre la Via de Chiavari, Via des Chiodaroli, Via S. Anna, Via del Teatro Argentina, Via del Sudario.

blanc cannelées hautés de 8 m. 60, larges de 1 m. 10 à la base
et de 0 m. 96 en haut. Sur l'architrave se lit l'inscription dédicatoire de Septime-Sévère et de Caracalla.

.MP · CAES · L · SEPTIMVS · SEVERVS · PIVS · PERTINAX · AVG · ARABIC ·
· ADIABENIC · PARTHIC · MAXIMVS · TRIB · POTEST · XI · IMP · XI · COS · III ·
PP · ET IMP · CAES · M · AVRELIVS · ANTONINVS [· PIVS · FLIX · AVG ·
TRIB · POTEST · VI] · COS · PROCOS · INCENDIO · CORRVPTAM · RESTI-
[TVERVNT

« L'empereur César Auguste Lucius-Septime-Sévère, le Pieux,
l'Energique, vainqueur des Arabes, de l'Adiabéno, des Parthes,
dans sa puissance tribunicienne onzième, salué onze fois imperator, trois fois consul, père de la patrie. et l'empereur César-
Auguste Marcus Aurelius Antoninus (Caracalla), le Pieux,
l'Heureux, dans sa sixième année de puissance tribunicienne,
une fois consul, proconsul, ont restauré ce portique ruiné par un
incendie. »

De chaque côté, de même que dans les rues adjacentes, se
voient, souvent encastrés dans les maisons et toujours à
moitié enfouis, des fûts de colonnes.

Derrière cette entrée s'ouvrait un vaste portique de 135 mètres sur 115 mètres entouré de colonnes de marbre et au centre
duquel Quintus Caecilius Metellus Macedonicus avait édifié deux
temples, l'un à Jupiter Stator, l'autre à Junon ; Auguste les
restaura. On racontait à Rome, à en croire Pline[1], que les deux
architectes, deux Spartiates, qui s'appelaient Sauros et Batra-
chos, ce qui signifie en grec lézard et grenouille, n'ayant pas
obtenu de l'empereur l'autorisation de mettre leur nom sur leur
œuvre, imaginèrent de sculpter sur une base de colonne un
lézard et une grenouille. Or, dans l'église de S. Lorenzo fuori
le Mura existe un chapiteau de colonne remontant à l'époque
d'Auguste dans les volutes duquel sont sculptés ces deux animaux. Il se peut que cette légende doive son origine à cette
singularité. Ce portique contenait, outre les temples, deux
bibliothèques réputées les secondes de Rome par la richesse,
des bureaux de notaires et de scribes et une salle de réunion
pour le Sénat. On y voyait une statue de la mère des Gracques,
dont on a retrouvé le piédestal en 1878, une statue de Jupiter
en ivoire par Pasitélés, la statue d'Alexandre le Grand et celles
de vingt-quatre de ses amis par Lysippe ; ce groupe commémo-
rait la mort des compagnons d'Alexandre à la bataille du Gra-

1. *Histoire Naturelle*, XXXVI. § 42,

nique; Metellus l'avait rapporté de Dium en 146 av. J.-C.; il y avait également des statues de Praxitèle, d'Héliodore, de Phidias, des peintures d'artistes célèbres.

Dans la salle du Sénat était une statue de Cupidon tenant un foudre; au temps de Pline le nom du sculpteur était déjà oublié et il en prend texte pour reprocher aux Romains leur indifférence en matière artistique[1].

Au moyen âge le Portique d'Octavie devint un marché aux poissons. Il y a cinquante ans à peine, on y voyait encore de larges pierres que la municipalité louait aux poissonniers.

LE PANTHÉON

« Le Panthéon, dit Stendhal dans les *Promenades dans Rome*, a ce grand avantage que deux instants suffisent pour être pénétré de sa beauté. On s'arrête devant le portique, on fait quelques pas, on voit l'église et tout est fini. »

On a beaucoup discuté et l'on discutera encore beaucoup sur l'origine du Panthéon actuel et sur ses premières destinées[2].

Il est certain qu'un édifice fut construit en ce lieu sous le règne d'Auguste par son gendre M. Vipsanius Agrippa; achevé en l'an 27 avant notre ère et peut-être dédié deux ans plus tard, en 25, il fut voué à Vénus[3] et à Mars, ancêtres de la *Gens Julia*,

1. Hist. Nat. xxxvi, IV. 16.

2. D'une façon générale : LANCIANI, *Notizie degli Scavi* avec bibliographie, Rome, 1881, p. 257. *Storia degli Scavi*, vol. I et II. *Bullettino della Com. Arch. Com.*, an XXIX, Rome, 1901, p. 3. GUILLAUME, *Le Panthéon d'Agrippa*, dans *Revue des Deux Mondes*, 1892. HOMO, p. 391. OTTO RICHTER, *Topographie der Stadt-Rom*, Munich, 1901, p. 233. HENRY MIDDLETON, *The Remains of Ancient Rome*. Londres, 1892, vol. II, p. 126. SAMUEL BALL PLATNER, *The Topography... of Ancient Rome*, Boston, 1911, p. 351, avec bibliographie. G. EROLI, *Raccolta epigrafica, storica, bibliografica del Panthéon*, Narni, 1895. HENRY DE GEYMULLER, *Documents inédits sur les Thermes d'Agrippa et le Panthéon*, Rome-Lausanne, 1883. NERALCO, *Descrizione del Colosseo e del Panteo*, Ancone, 1763. GUATTANI, *Roma...* Rome, 1805, part. II, p. 78. ANTOINE DESGODETZ, *Les Édifices antiques de Rome*, Paris, 1682, avec nombreuses planches, coupes, élévations, plans. Aussi ANDREA PALLADIO, *I Quattro Libri dell' Architettura*, Venise, 1570, liv. IV.

3. Sa statue portait, comme boucles d'oreilles, les deux moitiés d'une perle qui avait appartenu, disait-on, à Cléopâtre; lorsqu'elle engagea, avec Pompée, le fameux pari de lui servir un repas de dix millions de sesterces (deux millions de francs), elle fit, comme on sait, fondre une perle dans du vinaigre, mais cette perle ne valait que la moitié de la somme; elle s'apprêtait donc à en fondre une seconde quand un des convives intervint. C'est cette perle sauvée par lui qui fut ensuite portée à Rome et sciée. PLINE, *Histoire naturelle*, liv. IX, § 58. Le vinaigre ne dissout pas les perles.

et d'aucuns disent aussi à Jupiter Ultor et à d'autres dieux[1].
De là lui serait venu, par amplification, le nom de Panthéon, à
moins qu'il ne faille y voir une allusion à la coupole, dont la
forme semi-sphérique rappelait la calotte des cieux. Agrippa
avait voulu placer la statue d'Auguste à l'intérieur du temple,
mais Auguste refusa cet honneur; sa statue et celle d'Agrippa
furent donc dressées dans deux niches de chaque côté de
l'entrée, dans le pronaos, et seule la statue de César figura à
l'intérieur[2].

Pline l'Ancien, qui vit le monument au temps de l'empereur
Vespasien, vers l'an 70 de notre ère, parle des cariatides, dues
au sculpteur Diogène d'Athènes, qui surmontaient, ce semble[3],
les colonnes et que l'on considérait comme des merveilles; il
en était de même des statues qui dominaient le faîte, mais
pour celles-ci on les admirait, paraît-il, de confiance, car elles
étaient si haut qu'à peine pouvait-on les voir.

Environ dix ans après, lors de l'incendie qui, sous Titus, en
l'an 80, ravagea une grande partie de la ville, le Panthéon fut
brûlé, si tant est qu'un édifice comme le Panthéon, bâti presque uniquement en pierres et en briques, puisse être détruit
par le feu[4]. Domitien, quelque vingt ans plus tard, le restaura;
il fut frappé de la foudre en 110 sous Trajan et de nouveau
incendié[5].

La reconstruction de cet édifice tenta Hadrien, qui aimait les
œuvres architecturales et en orna la ville avec tant d'abondance. Reprit-il les murs jusqu'aux fondations, modifia-t-il le
plan primitif d'Agrippa, c'est ce dont on discute; partout où
M. Chédanne a sondé (1892), dans les murailles depuis le sol
jusqu'au sommet, dans les escaliers, dans les niches, dans
la voûte du dôme, on a trouvé des briques datées de 115 à 125

---

1. Il ne paraît guère admissible qu'au lieu d'avoir été dès l'abord un temple,
le Panthéon ait servi de *Caldarium* ou de *Laconicum* pour les thermes voisins
d'Agrippa; cependant il y avait peut-être un rapport entre les deux édifices.
Voir MIDDLETON, p. 126, qui ne le pense pas. L'abbé Uggeri décide sans hési-
tation que « c'était une piscine, un bain public, une natation froide où les
soldats du Champ de Mars s'exerçaient à la nage. Dans la suite, ajoute-t-il,
pour lui donner plus de noblesse, on y ajouta l'avant-corps carré. » *Journées
pittoresques des Édifices de Rome*, vol. I, Rome, 1800.

2. DION CASSIUS, *Hist. Rom.*, lib. LIII, 27. Il existe au Museo Civico de
Venise une statue d'Agrippa, trouvée à Rome et envoyée à Venise en 1505 par
le cardinal Domenico Grimani, qui est peut-être celle du Panthéon.

3. Le texte dit : « *In columnis templi* ». *Histoire naturelle*, liv. XXXVI, § 4
Il y a, au Vatican, une cariatide de marbre que l'on a supposé être une de
celles-ci ou une copie antique. MIDDLETON, p. 128. Cette hypothèse est aujourd'hui délaissée.

4. DION CASSIUS, liv. XVI, 24.

5. *Ibid.*, liv. LIV, 1; LXIX, 7.

et portant la marque de Trajan son prédécesseur ou de lui-même. Si donc Hadrien n'a pas refait le Panthéon de fond en comble, il l'a du moins remanié profondément ou reconstruit en partie. Quelques archéologues pensent qu'il en changea l'entrée qui auparavant s'ouvrait du côté de l'église S. Eustachio. Son nom n'y figure pas pourtant, car ce n'était point sa coutume de l'inscrire sur les édifices élevés par ses soins ; il ne fit exception que pour le temple de Trajan. Ainsi ce monument qu'Ammien Marcellin plaçait au nombre des merveilles de Rome, dont Michel-Ange disait que le dessin en était « angélique et plus qu'humain », qu'Urbain VIII déclarait dans une inscription le plus fameux de toute la terre[1] et que nous contemplons aujourd'hui avec émotion, bien que ce que nous en voyons n'en soit plus que la carcasse comme pour les autres monuments de Rome, ne serait pas celui que bâtit Agrippa et c'est à tort qu'on l'appelle le Panthéon d'Agrippa ; le nom d'Agrippa, qui figure au frontispice en lettres récemment dorées, n'y aurait été laissé que par déférence et comme souvenir.

Un autre problème se pose. Les travaux ordonnés par Hadrien furent accomplis entre les années 120 et 124 ; comment admettre que moins de cent ans après, en 202, on pouvait déjà dire que le Panthéon était « croulant de vieillesse », comme le porte l'inscription que Septime-Sévère et Caracalla y apposèrent pour commémorer une restauration faite par leur ordre[2] ? Il est difficile de trancher la question. Ce qu'on voit de façon indiscutable, c'est que le portique actuel n'a pas dû faire partie du plan primitif ; il ne semble pas avoir été conçu en même temps ; les lignes des deux portions de l'édifice ne se raccordent pas ; il y a lieu de supposer que le portique primitif était décastyle, le portique actuel est octostyle. A l'intérieur, des colonnes furent ajoutées devant les grandes niches, ainsi que des colonnettes.

Quant aux colonnes portant des cariatides dont parle Pline, il est tout à fait impossible, dans l'état actuel du monument, d'imaginer où elles pouvaient se trouver, preuve que l'édifice a été très sensiblement modifié.

Les frères Arvales se réunissaient au Panthéon avant de se rendre au temple de la Concorde.

Le portique auquel on accédait jadis par cinq degrés se trouve actuellement de plain-pied avec le sol ; il a environ 35 mètres de longueur sur 15 de profondeur ; les seize colonnes monolithes

1. « PANTHEON AEDIFICIUM TOTO TERRARUM ORBE CELEBERRIMUM.... » FORCELLA, *Isc.*, vol. I, p. 299, n. 1137.
2. Voir plus loin le texte de cette inscription.

qui le composent sont en granit rouge; leur diamètre à la base est de 4 m. 50; elles sont disposées sur trois rangées, la première de huit colonnes, les deux autres de quatre : les entre colonnements de la première rangée vont en diminuant de chaque côté; les colonnes des extrémités ont un diamètre plus fort que les autres. Le dallage est en marbre et en granit égyptien. Au fond se voient les deux niches dont il a été parlé. La grande porte à deux vantaux qui donne accès à l'intérieur est en bronze antique; le seuil en est formé d'un énorme bloc de marbre. Au-dessus de la porte une ouverture est fermée par une grille de bronze. On trouve souvent à Rome des grillages d'un dessin semblable soit en métal, soit en marbre, des morceaux de verre remplissaient parfois les interstices.

C'est dans l'épaisseur des murs de chaque côté de la porte que sont les escaliers qui mènent à la coupole par 190 marches.

Sur le frontispice se voit l'inscription suivante :

M AGRIPPA L. F. COS. TERTIVM FECIT

Une autre inscription en caractères beaucoup plus petits rappelle la restauration faite par Septime-Sévère et Caracalla :

IMP CAES[AR] L SEPTIMVS SEVERVS PIVS PERTINAX AVG ARABICVS ADIABENICVS PARTHICVS MAXIMVS PONTIF MAX TRIB POTEST X IMP XI COS III P P PROCOS ET IMP CAES M AVRELIVS ANTONINVS PIVS FELIX AVG TRIB POTEST V COS PROCOS PANTHEVM VETVSTATE CORRVPTVM CVM OMNI CVLTV RESTITVERVNT

« L'empereur César L. Septime-Sévère le Pieux, l'Énergique, vainqueur des Arabes, de l'Adiabène, des Parthes, souverain pontife, dans sa 10e année de puissance tribunicienne, salué onze fois imperator, trois fois consul, père de la patrie, proconsul, et l'Empereur César Auguste M. Aurelius Antoninus (Caracalla) le Pieux, l'Heureux, dans sa 5e année de puissance tribunicienne, une fois consul, proconsul, ont restauré avec grand soin le Panthéon ruiné par le temps. »

La rotonde a 55 mètres de diamètre et presque autant de hauteur, en sorte que le demi-cercle formé par la coupole viendrait, s'il était continué, toucher tangentiellement le pavé. Elle forme un bloc si compact qu'aucun tremblement de terre n'a pu l'ébranler et la poussée en a été si bien établie que les murailles sur lesquelles elle repose n'ont pas besoin de contreforts. Les nervures qu'on y a vues n'entrent pour rien dans sa solidité; elles semblent n'avoir été qu'un élément de construction. L'intérieur n'est éclairé que par l'ouverture centrale du haut, large de 9 mètres, ce qu'on ne croirait guère quand on la considère d'en bas. Néanmoins toutes les parties du monument sont fort claires; on comprend donc comment les temples antiques, qui n'avaient que rarement des fenêtres latérales, n'étaient cependant pas obscurs. Le pavement, qui est légèrement convexe afin que l'eau de pluie coule vers la périphérie, est en granit et en porphyre. Sept niches s'ouvrent au niveau du sol dans la paroi; elles sont encadrées par des colonnes monolithes cannelées en jaune antique, hautes de 9 mètres. La coupole est ornée de cinq rangs de caissons qui étaient de marbre et qu'on a malheureusement détériorés lors de la fâcheuse restauration de 1747. A 2 m. 15 au-dessous du pavement actuel se trouve un autre pavement composé de dalles de marbre.

Des salles qui s'ouvrent à l'extérieur, sont pratiquées dans l'épaisseur de la muraille.

En l'année 399, le culte païen fut supprimé par décret de l'empereur Honorius dans le Panthéon, de même que dans tous les autres lieux de culte[1]. En 608, le pape Boniface IV obtint de l'empereur byzantin Phocas de le consacrer au culte chrétien. Une fresque placée à droite de la tribune et qui subsista jusqu'à l'époque de Valloni, c'est-à-dire jusqu'à la fin du XVIe siècle, représentait le pape Boniface IV tenant l'église dans sa main[2].

Cette nouvelle destination n'empêcha pas l'empereur d'Orient Constant II de s'emparer en 663 des tuiles de bronze qui recouvraient le dôme. Le pape Grégoire III les remplaça, en 735, par des lames de plomb, et ce devint par la suite une des préoccupations du pouvoir pontifical que d'entretenir la toiture du Panthéon. Déjà, vers l'an 800, le pape Léon III y fit entreprendre des réparations.

Il avait été apporté au Panthéon quantité de reliques, des « charretées », disent certains auteurs se méprenant sur le mot de *carrettata*, lequel signifie une mesure de capacité de 30 cent. de côté; l'église reçut, en conséquence, le nom de *Ad Martyres*, mais le peuple lui donna celui de *Rotonda* ou *Rotonna* à cause de sa forme et, en fait, c'est ce nom qui a prévalu. Déjà au XIIe siècle, c'était sous cette dénomination qu'on la connaissait surtout[3].

En 830, Grégoire IV consacra le monument à tous les saints comme il l'avait été à tous les dieux[4].

---

1. NIBBY, *Roma antica*, vol. II, p. 701.
2. LANCIANI, *Notizie degli Scavi*, p. 282.
3. DUCHESNE, *Liber Pontif.*, vol. II, p. 388. FORCELLA, *Isc.*, vol. I, p. 289, n. 1098, année 1270, n. 1099, année 1326....
4. LA LANDE, *Voyage d'un Français en Italie...*, vol. III, p. 641.

En 1270, au mois de juin, un petit campanile avec des cloches fut élevé au milieu de la façade. Le Panthéon appartenait alors au Saint-Siège et il était au nombre des lieux que le sénateur s'engageait par serment à défendre quand il recevait l'investiture pontificale. Cependant le Peuple romain en revendiquait, à ce qu'il semble, la propriété ou l'avait pris sous sa protection comme d'autres monuments de la ville, car Pogge raconte que, s'étant écarté de ses compagnons pour se diriger vers le Panthéon, il aperçut tout auprès une petite colonne sur laquelle étaient gravées les armes du peuple.

Le Panthéon passait pour un refuge assuré ; on y avait établi des défenses. Au cours d'un tumulte populaire, en 1409, ce fut là qu'on déposa provisoirement la relique la plus vénérée des Romains, la Véronique, avant de la porter au château Saint-Ange.

En 1442, le pape Eugène IV dut faire recouvrir l'édifice en même temps qu'il débarrassait les abords des échoppes qui s'y trouvaient. L'historien Flavio Biondo l'en loua dans sa description de Rome : « Cette église, dit-il, la plus belle de toutes, a des colonnes qui sont plus belles aussi que toutes les autres, mais elles étaient à moitié cachées par des boutiques d'espèces diverses ; maintenant on les voit nettes et propres du haut en bas. En outre, la place entière et la rue qui mène au Champ de Mars ont été pavées. » Ces travaux mirent au jour plusieurs antiquités dont une grande cuve de porphyre qui, après avoir figuré longtemps sur la place du Panthéon, devant le parvis, servit ensuite de sarcophage au pape Clément XII et se trouve aujourd'hui dans la chapelle Corsini au Latran[1] ; deux lions en basalte égyptien, découverts en même temps, furent placés de chaque côté de l'urne, comme on le voit dans mainte gravure du XVIᵉ siècle ; Sixte V les fit transporter sur la fontaine de l'Acqua Felice, près des thermes de Dioclétien[2] ; ils ont été depuis quelque temps déposés dans le musée du Vatican. Ruccellai vit la place ainsi décorée lorsqu'il visita Rome en 1450 : « Sur la place, devant l'église, on a disposé un sépulcre de porphyre sur deux lions[3] et de chaque côté deux vases de porphyre[4]. »

1. « On voyait aussi sous le Portique, dit de Brosses, le tombeau d'Agrippa, d'un seul morceau de porphyre tout uni sur quatre pieds, avec son couvercle du goût le plus simple, le plus noble, le plus élégant qu'il soit possible. Cette pièce n'a pas non plus sa pareille. Notre pape Corsini (Clément XII) vient de le faire transporter à Saint-Jean de-Latran pour lui servir de tombeau dans sa chapelle que l'on décore à grands frais. » *Lettres familières*, éd. 1836, vol. II, p. 61.

2. Fl. Vacca, *Memorie*, § 35. A. Nibby, *Roma antica*, vol. II, p. 703.

3. Il semble, d'après les gravures, que les lions étaient à côté du cénotaphe.

4. *Arch. Soc. R. di St-Patria*, vol. IV, p. 573.

On n'avait pas maintenu longtemps l'interdiction d'établir des boutiques sous le péristyle du temple et sur la place; contrairement à l'avis des *Maestri di Strada*, Innocent VIII confirma le droit aux chanoines de l'église de tirer profit des étaux, et ceux-ci, forts de cette autorisation, louèrent trois « pierres » sur la place, « propres à vendre des herbes et des feuilles », pour neuf années, moyennant 11 ducats et une livre de poivre par an[1].

En 1520, Raphaël fut enseveli au Panthéon; sur l'autel qui était au-dessus de sa sépulture on plaça, comme il l'avait désiré, une statue de la Vierge que sculpta Lorenzo Lotti. Le 9 septembre 1833, sous le pontificat de Grégoire XVI, on entreprit de rechercher ses restes pour trancher une furieuse contestation entre deux académies qui prétendaient l'une et l'autre posséder le crâne de Raphaël. On mit cinq jours pour retrouver la dalle funéraire à l'endroit désigné par Vasari dans sa *Vie de Raphaël*, la maçonnerie portait les traces d'un travail hâtif, et ceci concorde bien avec ce que l'on savait des circonstances de l'enterrement. Raphaël mourut dans la nuit du vendredi saint (1520); on le porta au Panthéon le jour suivant, et le travail d'ensevelissement ainsi que le mur masquant la pierre tombale durent être achevés en quelques heures, avant le matin du jour de Pâques. On employa donc dans cette construction toutes sortes de matériaux, briques, tuf, travertin, fragments de porphyre et de serpentine.

Il fallut six jours pour dégager la tombe; dans l'après-midi du 14 septembre, la dernière dalle était déposée, et les assistants convoqués à cette émouvante cérémonie contemplèrent les restes de l'incomparable artiste. Les eaux du Tibre, au cours de ses nombreuses inondations, avaient pénétré dans le tombeau malgré un mur de trois pieds d'épaisseur, en sorte que le cercueil de bois s'était peu à peu détruit et qu'on n'en voyait que des fragments; le corps avait presque entièrement disparu; après quelques recherches on retrouva le crâne avec les dents merveilleusement bien conservées, et il devint par conséquent évident que ni l'une ni l'autre des deux académies ne possédait la véritable relique de Raphaël; les mains avaient été croisées sur la poitrine; on constata « une grande rudesse du pouce, signe caractéristique des peintres ». La hauteur du corps fut mesurée; on estima qu'elle avait dû être de 1 m. 664[2]. Des lambeaux de broderies, des anneaux et des agrafes furent retrou-

1. *Archivio di Stato*, *Roma*, *Atti S. Vannucci*, Prot., 1825, fol. 412. *Archiv. Soc. Rom. Stor. Patria*, vol. VIII, p. 586.
2. Cette précision étonne, étant donné le peu de fragments du squelette qui subsistaient.

vés, d'où l'on déduisit que le peintre avait été enseveli dans son costume officiel de cubiculaire pontifical [1].

Après avoir été exposés quelques jours dans une cage de verre, les restes de Raphaël furent replacés où ils avaient été trouvés.

Le buste qui surmonte sa tombe a été sculpté par Naldini aux frais du peintre Carlo Maratta, qui fit également sculpter par Naldini le buste d'Annibale Caracci enterré au Panthéon en 1674 [2]. A droite de la Madonà del Sasso, près de la tombe de Raphaël, est la tombe de Maria Antonia Bibiena, la nièce du fameux cardinal, qu'on disait avoir été fiancée à Raphaël; une épitaphe due à Bembo [3], comme celle de Raphaël [4], rappelle ce souvenir.

Au cours du XVIe siècle, plusieurs personnages furent ensevelis au Panthéon, qui commença ainsi à devenir le lieu de sépulture des hommes illustres d'Italie :

En 1547, le peintre Pierino Bonaccorsi del Vaga;

En 1548, Mario Rufini, évêque de Melfi et gouverneur du château Saint-Ange;

En 1554, l'architecte Bartolommeo Baronimo [5];

Après 1564, le peintre Jean d'Udine;

En 1566, le peintre Taddeo Zuccari; son frère Federico, peintre également et sculpteur, sculpta le buste qui surmonte sa tombe [6];

Au siècle suivant, Flaminio Vacca, mort en 1600, fut également enterré au Panthéon [7], de même qu'Annibal Carrache, mort en 1609, le Poussin, mort à Rome en 1665; au XVIIIe siècle, Carlo Marattá, mort en 1713, Domenico Belletti, mort en 1715. Plus tard, on y ensevelit le peintre allemand Mengs, mort en 1779, et son ami, le chevalier Azara, mort en 1804.... Le cardinal Consalvi, le roi Victor-Emmanuel et le roi Umberto Ier y ont aussi leurs sépultures.

Ce fut Grégoire XIII qui construisit sur la place la fontaine qui fut plus tard ornée d'un petit obélisque; il fit aussi réparer le toit et la dépense totale s'éleva à 300 écus [8].

---

1. LANCIANI, *Ruins...*, p. 483, avec une gravure représentant les ossements de Raphaël tels qu'ils furent retrouvés.

2. R. VENUTI, *Descrizione di Roma...*, Rome, 1765, p. 138.

3. FORCELLA, *Isc.*, vol. 1, p. 295, n. 1122 (an. incertaine).

4. *Ibid.*, p. 301, n. 1144, année 1520.

5. Assassiné le 4 septembre 1554.

6. FORCELLA, *Isc.*, vol. 1, n. 1126, 1128, 1129, 1135, 1138, 1157.

7. Son buste est sculpté par lui-même.

8. LANCIANI, *Notizie*, p. 286. ALBERTO CASSIO, *Corso delle acque antiche*, Rome, 1756-7, vol. 1, p. 301.

Trois papes empruntèrent au Panthéon le bronze qui leur était nécessaire. Sixte V pour les statues de saint Pierre et de saint Paul qu'il plaça sur les colonnes Trajane et Antonine, Clément VIII pour les ornements de l'autel du Saint-Sacrement dans Saint-Jean de Latran, Urbain VIII enfin pour les quatre colonnes torses du baldaquin de Saint-Pierre.

Ce fut, en outre, avec du bronze du Panthéon que l'on fabriqua l'urne destinée à contenir les cendres de sainte Bibiane, laquelle fut placée dans l'église qui lui était dédiée[1].

Suivant Torrigiano, le poids total du bronze ainsi enlevé s'éleva à 450 251 livres (les clous à eux seuls représentaient 9374 livres) ; on en évalua la valeur à 67 260 écus[2]. L'une des chevilles de bronze qui maintenaient les lames se trouve au musée Strozzi, à Florence ; le poids en est de 50 livres, et la longueur de deux palmes, soit un demi-mètre ; une autre de ces pièces fut remise au duc d'Alcala qui l'emporta en Espagne[3].

Le président de Brosses ne trouvait rien à redire, cent ans plus tard, à cette destruction. « Mais le moyen de lui en vouloir (au pape), écrit-il, quand on sait qu'il en a fait le superbe baldaquin de Saint-Pierre[4]. » Tout le monde ne pensait pas comme lui, et Pasquin exprimait très vraisemblablement l'opinion publique quand il accusait, comme on l'a dit, les Barberini de faire pis que les barbares.

En même temps qu'il dépouillait le Panthéon, Urbain VIII l'affublait de deux campaniles, après avoir fait détruire celui qui existait au centre du portique depuis l'année 1270 ; les travaux commencèrent en 1627.

Depuis des temps très lointains, l'ouverture qui était au sommet du dôme servait à machiner, le jour de l'Assomption, l'enlèvement au Ciel de la Vierge ; des nuages et des anges étaient établis sur des machines et, pendant qu'on célébrait l'office, la Vierge disparaissait à travers l'orifice[5].

Cet orifice servait encore le dimanche de la Rose (*Lætare*, 4° du Carême)[6]. Au moment où le Souverain Pontife pénétrait

---

1. Paiement de 40,20 écus à L. Bernini pour fourniture de trois caisses de bronze pour les reliques de sainte Bibiane. *Depos. gener.*, 1627, fol. 18. Cette urne fut déposée dans un sarcophage ancien d'albâtre oriental.

2. TORRIGIO, *Le Grolle Vaticane*, Rome, 1639, p. 142. WINKELMANN, *St. delle Arti...*, vol. III, p. 408.

3. LANCIANI, *Ruins*, p. 483 avec figure.

4. *Lettres familières*, éd. 1836, vol. II, p. 61.

5. ARMELLINI, *Le Chiese di Roma*, p. 485.

6. MABILLON, *Mus. Italic.*, vol. II, p. 148, Ordo XI du chanoine Benoît ; par conséquent la coutume remonte au XII° siècle environ. *Diario di Leone X*, PARIDE DE GRASSI, Rome, 1884, p. 112.

dans l'église pour y célébrer une messe solennelle et tant qu'elle durait, on répandait de là sur l'assistance une pluie de pétales de roses qui étaient censés figurer la descente du Saint-Esprit en langues de feu. A l'occasion de cette cérémonie, le pape Benoît XIV rappela que le devoir du Saint-Siège était d'entretenir cette église vénérable et que, afin de mieux réaliser cet objet, il convenait d'en confier le soin à l'administration pontificale.

Au cours de l'année 1798, le Panthéon devint un lieu de réunions publiques et d'orageuses discussions. La République venait d'être proclamée à Rome, le 15 février, par Berthier venu pour venger l'assassinat de Duphot et pour « démocratiser » les États pontificaux. Mais si l'armée avait fait une brillante entrée dans la ville et si, le 24, elle avait défilé en bon ordre devant son général, elle manquait du nécessaire et depuis longtemps sa solde ne lui était plus payée. Cependant les généraux donnaient des fêtes, les fournisseurs des guerres s'enrichissaient ; pour se procurer de l'argent, ils avaient d'abord pressuré les « gouvernants », puis dépouillé les églises et finalement levé des taxes arbitraires et vexatoires ; l'armée voyait grossir autour d'elle le mécontentement de la population et ne profitait en rien des mesures qui le provoquaient. C'est pourquoi, le 28 février (1798), la parade finie, les officiers, au lieu de rentrer dans leurs quartiers, se rendirent au Panthéon et, après en avoir fait retirer le Saint-Sacrement, commencèrent à délibérer. En vain, au nom de Masséna, le général Vallette vint les sommer de se dissoudre ; ils répondirent en lui demandant de signer deux décrets mettant fin à « toute déprédation, toute spoliation des propriétés publiques et particulières ». En même temps une proclamation était rédigée, assurant le peuple de Rome que ses tribulations allaient prendre fin et que les officiers en prenaient l'engagement « devant le Dieu éternel en présence et dans le temple de qui ils se trouvaient rassemblés ». Ils décidèrent, en outre, de cesser leur service au cas où leur solde ne leur serait pas payée dans les vingt-quatre heures.

Le lendemain, les mutins se réunissent de nouveau au Panthéon ; ils envoient deux représentants au général Masséna pour lui signifier qu' « il les avait taxés, la veille, d'être en insurrection, alors qu'ils ne l'étaient pas, mais qu'aujourd'hui ils déclaraient au nom de l'armée entière qu'ils y étaient complètement ». Masséna se retira au camp du Ponte Molle.

Les Romains pensèrent pouvoir profiter de ces divisions et ne comprirent pas que s'ils brusquaient l'événement, ils allaient, en faisant naître un danger commun, réconcilier leurs adversaires. Des moines parcoururent la ville, des émissaires allèrent travailler le quartier du Transtévère, toujours prêt aux insurrections ; on répandit le bruit que les Juifs du Ghetto ne seraient plus soumis au régime sévère qui leur était imposé ; toute la ville fut vers le soir en rumeur. Alors les officiers firent appel à leur général préféré, à Berthier, tandis qu'un nouveau refus d'obéissance était adressé à Masséna, qui partit pour Ancône, déléguant le commandement au général Dallemagne. Toute la nuit, sous la conduite de Berthier revenu au Quirinal, les patrouilles et les détachements parcoururent la ville, dispersant les émeutiers et en fusillant quelques-uns. Le jour suivant, le calme était revenu dans la ville et la discipline rétablie.

Dès lors le Panthéon reprit sa pieuse destination [1].

Pendant le cours du siècle dernier, le dégagement du Panthéon s'est poursuivi ; Pie VII fit détruire les étalages des marchands de poisson qui encombraient le portique ; Pie IX, en 1854, ordonna la destruction d'un assez grand nombre de masures du côté de l'église Santa Maria sopra Minerva ; la ville de Rome, en 1876, démolit partie des habitations des Crescenzi et des Bianchi [2] ; le ministre Baccelli acheva cette œuvre en 1882, moyennant une dépense de près d'un million [3].

LE MAUSOLÉE D'AUGUSTE

Des anciens monuments de Rome, celui dont la destinée fut la plus étrange est sans contredit le mausolée d'Auguste [4] ; il rappelle d'illustres souvenirs et on l'ignore ; il fut construit pour servir de tombeau, et on en a fait un lieu de divertissement ; il était peut-être l'un des plus beaux monuments de la ville, et il en est maintenant le plus laid !

Auguste l'avait fait ériger pendant son sixième consulat, par conséquent en l'an 27 avant notre ère, à l'extrémité du Champ

1. *Monitore di Roma*, n. 3, p. 24 et suiv., n. 4, p. 32. C. GUGNONI, *Diario Romano di G. A. Sala*, 1798-1799, Rome, 1882, p. 57 et suiv. ; vol. III, Rome, 1886, p. 241. C. MAES, *Curiosità Romane*, Rome, 1885, part. I, p. 28. A. DUFOURCQ, *Le Régime jacobin en Italie, la République romaine*, Paris, 1900, p. 123.

2. LANCIANI, *Ruins*, p. 486. G. GATTI, *Archeologia*, p. 52.

3. Sur la décoration intérieure du Panthéon en tant qu'édifice religieux, voir l'article de Muñoz, dans *Nuovo Bollettino di Arch. Christ.*, Rome, 1912, p. 25-35.

4. E. CALVI, *L'Augusteo* dans *Nuova Antologia*, 1888. F. SABATINI, *Il Mauseolo di Augusto*, Rome, 1907. NIBBY, *Roma antica*, part. II, p. 520. CANINA, *Roma antica*, Rome, 1841, p. 237, avec reconstitution. PYRRHO (PIRRO LIGORI, *Libro delle Antichità di Roma*, Venise, 1553, p. 46.

de Mars, pour servir de sépulcre à lui et à sa famille ; le lieu
était alors désert, occupé par des bosquets et tout à la limite de
la région habitée. C'était un vaste édifice circulaire de 88 mètres
de diamètre intérieur placé sur une base carrée qui se trouve
actuellement ensevelie[1] ; le centre formait une salle voûtée contenant des statues ; l'empereur se l'était réservée comme chambre funéraire ; elle était entourée de douze cellules pratiquées
dans l'épaisseur des murs et destinées aux membres de la
famille impériale. L'entrée était tournée vers le Sud et précédée
d'un porche que flanquaient deux obélisques égyptiens[2]. De
chaque côté avaient été apposées deux tablettes de bronze contenant les *Res gestæ*, c'est-à-dire la nomenclature des hauts
faits de l'empereur ; l'inscription d'Ancyre en est une copie. Au-
dessus de la rotonde s'élevait une série de gradins garnis de
terre et plantés de cyprès ; une statue de l'empereur en bronze
dominait ce bois aérien. On racontait, au moyen âge, que l'empereur avait fait venir, dans des paniers, des diverses provinces
de son Empire, la terre nécessaire, afin de bien marquer que sa
puissance s'exerçait partout[3]. Tout autour du monument fut
planté un parc dans lequel le public eut la permission de se pro-
mener.

Entre le monument et la voie Flaminienne, une esplanade
dallée de marbre et ceinte d'une muraille, l'*Ustrinum*, avait été
réservée pour dresser les bûchers funéraires. Ce fut là, en effet,
que fut consumée la dépouille d'Auguste ; pendant cinq jours on
entretint les flammes ; lorsqu'on avait approché les torches
pour mettre le feu au bûcher, un centurion avait vu distincte-
ment, affirma-t-il, l'image de l'empereur s'élever aux cieux ;
d'ailleurs, pour plus de sûreté, sa femme Livie avait eu soin de
faire placer au sommet un aigle qui, en s'envolant au moment
opportun, sembla porter aux demeures célestes l'âme de son
époux. Livie, après avoir lavé et parfumé ses cendres, les
enferma dans une urne d'albâtre qui fut déposée dans la grande
salle centrale, ainsi que l'avait prescrit l'empereur[4]. Les restes
de Marcellus se trouvaient déjà dans le Mausolée[5], ainsi que
ceux d'Agrippa, de Drusus, de Lucius et Caius César. Plus
tard, Octavie, Livie, Britannicus, Poppée, Nerva, peut-être

1. L'existence de ce soubassement rectangulaire, semblable à celui du mausolée d'Hadrien, n'est qu'une hypothèse.
2. L'obélisque de Sainte-Marie-Majeure et l'obélisque du Quirinal.
3. *Mirabilia*, éd. Parthey, p. 30.
4. Suétone, *Vie d'Auguste*, § c. Strabon, liv. V, cap. III, § 8.
5. Virgile, liv. VI, v. 873. Guattani, *Roma*, Rome 1835, vol. II, p. 94. Deso-
bry, *Rome au siècle d'Auguste*, vol. III, p. 254.

Caligula y reçurent la sépulture. L'urne contenant les cendres d'Agrippine, femme de Germanicus, et celle contenant les cendres de son fils Néron César, tous deux morts en exil, ayant été rapportées à Rome par Caligula, fils d'Agrippine, furent aussi déposées dans le mausolée d'Auguste. Au moyen âge, antérieurement au xiv⁰ siècle, le cube de pierre dans lequel avait été placée l'urne d'Agrippine fut transporté au Capitole et la cavité, élargie, devint une mesure de capacité pour le grain. Sur une des faces sont inscrits, en caractères archaïques, ces mots : RUGITELLA DE GRANO; sur une autre face se voient deux miliciens romains de ce temps et un notaire[1].

Comme à l'époque de l'empereur Hadrien le mausolée ne contenait plus de places disponibles, il se fit construire pour sépulture cet énorme édifice qui domine encore Rome et qui devint le château Saint-Ange.

Lors de l'invasion gothique, en 410, Alaric fit briser les urnes et leurs enveloppes de pierre, pensant y découvrir des trésors, mais il ne toucha pas au monument. Le temps, les tremblements de terre et sans doute le poids de la terre qui pesait sur la coupole en amenèrent seuls la ruine ; au x⁰ siècle, le mausolée n'était plus qu'un amas de décombres formant un monticule au sommet duquel les moines bénédictins de l'abbaye voisine de San Silvestro *in Capite* ou *Inter duos hortos*, qui possédaient déjà la colonne Antonine, élevèrent une église ; elle reçut le nom de Sant'Angelo comme celle qui dominait, de l'autre côté du Tibre, les restes du mausolée d'Hadrien.

Le souvenir de ce qu'avait été le monument subsistait toujours cependant ; la région voisine porta le nom de *In Augusta, Agosta, Austa, Lagusta, Haustam, Lauste...* tandis que la place qui se trouvait à l'entrée de la ville prit le nom de *Del Popolo*, place du Peuplier et non du Peuple, à ce qu'avancent certains auteurs, parce que le parc qui entourait le mausolée, et qui s'étendait jusque-là, était planté de peupliers !

Le mausolée, qui s'élevait solitaire dans une région redevenue abandonnée, était d'une défense trop facile et avait une importance trop grande au point de vue stratégique, car il commandait l'entrée de Rome, pour que les partis qui se disputaient la ville n'en fissent pas une forteresse ; de fait, les Colonna s'y étaient établis dès le xi⁰ siècle ; ils en furent chassés par les Romains après leur défaite du 30 mai 1167 à Monte del Porco[2],

---

1. HELBIG, *Guide dans les Musées de Rome*, trad. Toutain, Leipzig, 1893, vol. I, p. 404, n. 542. NIBBY, *Roma antica*, vol. II. p. 530. MICHAELIS, *La Collesione Capitolina*, p. 10.

2. NIBBY, *Roma antica*, vol. II, p. 528.

mais soixante ans plus tard, ils en étaient de nouveau possesseurs[1]. Il semblerait que, durant la lutte entre la Papauté et
l'Empire, en l'an 1241, le cardinal Giovanni Colonna ait cédé le
mausolée à l'empereur Frédéric II[2], mais, en 1252, il était certainement la propriété de Oddo, fils de Giovanni Colonna ; cette
famille en demeura possesseur pendant plus d'un siècle. Peut-
être y faisait-elle pratiquer quelques fouilles dans la vue d'en
retirer des objets de valeur qui pouvaient y être enfouis ; dans
leur palais de Santi Apostoli se trouvaient, au xvie siècle, les
deux piédestaux sur lesquels étaient jadis posées les urnes funéraires de Caius César et de Tibère Auguste.

Ce fut devant le tombeau d'Auguste que fut brûlé le dernier
tribun de Rome, Cola di Rienzo, massacré le 11 octobre 1354
dans un tumulte populaire ; la foule y traîna son cadavre après
s'en être fait un jouet pendant trois jours ; les Juifs, qui pourtant n'avaient pas de raison particulière de haine contre lui,
voulurent dresser eux-mêmes le bûcher et l'entourèrent en
foule, témoignant une joie bruyante, tandis que les flammes
consumaient les restes du tribun. « Ils vinrent si nombreux,
dit le biographe anonyme, que pas un n'avait dû rester dans sa
maison[3]. »

Lorsque Poggio Bracciolini vit le mausolée, au cours de ses
chevauchées archéologiques, vers 1430, il le trouva « encombré
de vignes et formant une petite éminence »[4] ; cependant le des-
cripteur anonyme de Rome que l'on a coutume de désigner
sous le nom de la bibliothèque où fut découverte sa relation,
Magliabecchianus, et qui visita la ville entre 1410 et 1415, rapporte qu'il était « recouvert de plaques de marbre et magnifi-
quement orné », mais sans doute il veut parler de ce qu'il
avait été.

Le mausolée était alors la propriété de deux moines de Pis-
toie, *Gallo* et *Pasquino Gallo*, auxquels le pape Martin V
l'avait abandonné pour vingt ans, en 1427[5]. Quel avait été leur
objet en sollicitant cette concession ? On ne peut que trop l'in-
duire du fait qu'en 1452, il existait dans le voisinage immédiat
des fours à chaux en pleine activité que le pape Nicolas V
cédait à perpétuité à un citoyen romain appelé Giuliano Ser

1. Muratori, *R. I. Script.*, vol. XIII, col. 131 A.
2. Baronius, *Annales*, vol. XXI, cont. Raynaldus, vol. II, col. 275. A. Coppi,
Memorie Colonnesi, Rome, 1855, p. 59.
3. *Vita di Cola Rienzo*, Bracciano, 1624, p. 269.
4. Bracciolini, *De Varietate Fortunæ*, Paris, 1723, liv. I, p. 19.
5. *Archiv. Vat. Investiture*, vol. VII, p. 40. Cf. Dott. Fr. Cerasoli, *Bull.
Archiv. Com.*, fasc. IV, 1895, p. 304. *Vat.*, Reg. Vat., 424, fol. 124.

Robérti ou Serroberti. avec quelques masures voisines qu'il avait transformées en auberge. [1]. Le monument appartenait alors au Saint-Siège, représenté par la Chambre apostolique. A ce titre, Innocent VIII abandonna, en 1486, à la confrérie San Rocco, une crypte située sous le monticule, apparemment l'une des chambres funéraires [2]. De même, en 1488, le pape loua, moyennant un florin d'or par an, les jardins qui entouraient le mausolée.

En 1519, des fouilles étaient pratiquées au pied du mausolée; elles mirent au jour l'un des deux obélisques qui en décoraient l'entrée [3]; Marliani le vit vers 1534 et constata qu'il était brisé en plusieurs morceaux; cinquante ans plus tard, en 1587, Sixte V devait faire transporter cette obélisque au chevet de l'église de Sainte-Marie-Majeure. Quant au second, il ne fut retrouvé qu'au xviii° siècle et placé, en 1782, comme on l'a dit, sur la fontaine du Quirinal.

En 1546, le mausolée était la propriété de Francesco Soderini qui venait de l'acheter. Lausta fut bientôt vidé de tous les déblais qui s'y étaient accumulés et apparut sous la forme d'une double enceinte de murs circulaires, épais et encore assez élevés; la partie centrale, plantés en jardins à la française, avec quelques cyprès çà et là, devint un lieu de plaisance : une porte percée du côté du Corso, ou rétablie, y donnait accès : elle était surmontée d'un masque provenant peut-être de l'ancien édifice; de chaque côté étaient deux statues et devant on avait disposé un sarcophage avec son couvercle; des maisons étaient adossées au mur extérieur. C'est dans ce lieu retiré que Soderini et ses familiers venaient se reposer du tumulte de la ville et méditer sur les traverses alors plus que jamais fréquentes de l'existence humaine. « Je vous écris au milieu du monument d'Auguste, au Champ de Mars, disait l'exilé florentin Busini dans une lettre à Benedetto Varchi. Soderini, mon maître, veut le restaurer entièrement et l'a transformé en un beau jardin avec quelques salles à l'entour, en forme de grottes dans lesquelles nous prenons nos repas » (1549).

Mais la pensée de Soderini n'était pas seulement de faire du tombeau d'Auguste un lieu de plaisance, il comptait aussi en tirer parti; dans cette vue, il se fit autoriser à déterrer les statues (*imagines*), les dalles, les fragments de marbre qui gisaient

---

1. F. CERASOLI, *Bull. Arch. Com.*, loc. cit. *Archiv. Vat.*, Reg. Vat. 424, folio 124.

2. G. ALVERI, *Roma in ogni stato*, Rome, 1664, part. II, p. 72.

3. LANCIANI, *Scavi*, vol. I, p. 192. *Bulletino della Com. Arch. Com. di Roma*, 1882, pl. XVI et XVII. Sur ces obélisques, voir *Les Monuments de Rome*.

autour du monument dans un rayon de 30 mètres, afin de les convertir « *in usum humanum* », mots sinistres qui semblent ne signifier que trop clairement que Soderini se réservait le droit de les transformer en chaux s'il ne les jugeait pas dignes d'entrer dans ses collections. Combien de morceaux intéressants durent alimenter le chaufour qui fonctionna dans le voisinage jusqu'à la fin du siècle [1].

« Le mausolée d'Auguste, écrit La Lande en 1765, est situé derrière San Carlo al Corso, près de Ripetta. C'est une vieille tour ronde qui est au marquis Gabrielli, mais qui a appartenu successivement aux Fioravanti et au marquis Conca (Correa). Il ne reste plus rien des colonnes et des marbres dont elle était enrichie par dehors, la couverture en est tombée et l'on ne voit plus rien au dedans qu'un jardin, une terrasse qui règne sur l'épaisseur du mur et des chambres souterraines. Il y a plusieurs murs concentriques qui formaient autrefois différents étages et allaient toujours en diminuant jusqu'à un dernier où était la statue colossale d'Auguste [2]. »

Cependant la famille Correa avait adossé au mausolée une habitation qui prit le nom de Palazzo Correa ; le monument lui-même devint bientôt la *Correa* et l'est resté longtemps. C'est alors que le mausolée changea encore une fois de destination, il devint une arène pour des courses de taureaux.

Le mausolée n'avait pas encore fini le cours de ses destinées ; il devint, en l'an 1804, un cirque français.

Malgré les interdictions de Léon XII et de Pie VIII, on continuait à y donner des combats de taureaux : la preuve en est que le gouverneur régla, en 1829, la façon dont on devait introduire les bêtes dans la ville [3]. Plus tard, en 1834, une troupe de cirque dans laquelle figuraient plusieurs sujets français, se montra de nouveau dans la *Correa*.

En 1838, elle avait encore subi une métamorphose et était devenue un lieu de délassement et de rencontre ; le soir, un orchestre y jouait et, dans l'ombre, les uns assis écoutaient, les autres se promenaient jusqu'à ce qu'un feu d'artifice terminât la fête [4].

Le Domaine, ayant succédé, en 1870, à la Chambre apostolique, loua le mausolée au comte Telfener qui y mit une coupole et y donna des spectacles ; il en fut dépossédé en 1888. Rede-

---

1. *Archiv. di Stato, Relazioni dei Birri*, Buste IV, p. 191. Relation du lieutenant en date du 1er mai 1598. Le four se trouvait près de S. Giacomo.
2. *Voyage d'un Français en Italie*, Venise, 1769, vol. IV, p. 12.
3. *Bibl. Casanalense Coll. Bandi*, vol. CXXXIII, fol. 322.
4. Nibby, *Roma nell' anno 1838*, vol. II, p. 980.

venu propriété de la Commune, le mausolée sert actuellement de salle de concerts. C'est avec peine qu'on retrouve, derrière les stalles et les loges et au milieu des habitations qui l'enserrent de toutes parts, quelques vestiges de l'ancien monument qu'un toit de zinc recouvre et déshonore.

PIAZZA NAVONA
(Circo Agonale. — Stadium Domitiani.)

La place Navona a une forme singulière ; elle est très longue, étroite, arrondie à une extrémité, rectangulaire à l'autre ; c'est qu'elle a été construite sur le stade de Domitien dont elle conserve la forme. Ce stade semble avoir été établi, d'ailleurs, à l'emplacement d'un stade plus ancien, le premier de Rome, dû à Néron et que Sévère Alexandre restaura. Il pouvait contenir de quinze à trente mille personnes. On y fit courir des jeunes filles au temps de Domitien, dit Suétone. Au ive siècle, on en parlait comme d'une des merveilles de la ville. Quelques débris des couloirs d'accès et des sièges ont été déterrés dans les caves des maisons qui bordent la place sous l'église S. Agnese ; c'est en ce dernier lieu que se trouvait, selon la légende, les établissements infâmes où la sainte fut conduite.

LA COLONNE DE MARC-AURÈLE
(Colonne Antonine.)

Cette colonne, qui se dresse au centre de la place Colonna, est une imitation de la colonne Trajane ; elle a, comme elle, cent pieds romains de hauteur et c'est pourquoi on lui donnait parfois le nom de *Columna centenaria divi Marci* ou *divorum Marci et Faustinæ* ; on l'appelait aussi *Columna cochlis* à cause de la spirale que forment les bas-reliefs dont elle est décorée ou peut-être parce que son escalier intérieur est en colimaçon. La colonne Trajane a été, elle aussi, souvent désignée de la même façon, comme il a été dit.

La colonne de Marc-Aurèle est destinée à commémorer ses victoires sur les Daces et les Marcomans (172-175) ; à quelle date fut-elle érigée ? on ne le sait pas au juste ; sûrement après sa mort. Elle a 29 mètres environ de hauteur, chapiteau compris ; 26 mètres sans le chapiteau, et 4 mètres de diamètre à la base ; elle est formée de vingt-six cylindres de marbre de Luna ; au centre se trouve un escalier de 203 marches éclairé par cinquante-six fenêtres. Le chapiteau est d'ordre dorique ; il supportait la statue de l'empereur et peut-être celle de sa femme Faustine ; actuellement on y voit la statue de saint Paul, en bronze, que le pape Sixte V y a fait placer. Les spires que forment les bas-reliefs sont au nombre de vingt et représentent des épisodes des guerres avec les barbares[1] : un camp romain, le passage du Danube sur un pont de bateaux, l'empereur haranguant ses troupes, le siège d'une ville, une bataille rangée, l'armée désaltérée par une pluie opportune, la soumission des ennemis, Marc-Aurèle à cheval devant ses troupes, le retour triomphant de l'armée après l'incendie des villes barbares

Les sculptures de la colonne Antonine diffèrent sensiblement, par l'exécution, de celles de la colonne Trajane. Pourtant on observe que bien des détails de la colonne Antonine ont été copiés de la colonne Trajane, probablement d'après les cartons qu'on avait dû conserver. Les personnages sont plus serrés les uns contre les autres, les ombres plus heurtées, le dessin plus conventionnel. Une Victoire écrivant sur un bouclier coupe la suite des reliefs en deux séries, dont la première raconte les guerres contre les Marcomans et les Quades, la seconde, les guerres contre les Sarmates et les Iazyges, mais l'ordre chronologique n'est pas suivi scrupuleusement. Le type des Germains est assez fidèlement opposé au type des Sarmates que distingue leur front fuyant ; de même le type sémitique du Syrien Claudius Pompeianus, gendre de l'empereur, est bien rendu. La scène du miracle de la pluie est traitée avec un art étrange : la figure, tout à la fois calme et monstrueuse de Jupiter Pluvius, domine de ses bras ruisselants l'armée romaine rassasiée, l'armée barbare dispersée par l'orage. On a longtemps cru que le sculpteur avait représenté un miracle accompli par Dieu à la prière d'une légion chrétienne à laquelle Marc-Aurèle aurait donné, par suite, le nom de *Fulminata* ; la légende est fausse ; il n'est pas impossible, toutefois, qu'elle ait au moyen âge contribué à préserver la colonne.

Le piédestal était fort élevé, la moitié en est enfouie sous le sol qui s'est exhaussé de près de 4 mètres ; sur le haut de la partie enfouie étaient sculptées des Victoires tenant des guirlandes.

La colonne avait un gardien spécial ; il existe dans la *Galleria Lapidaria* du Vatican une inscription sur marbre par laquelle

---

1. Reproduits de façon intéressante dans D. MAGNAN, *La Ville de Rome...* Rome, 1778, vol. II, et dans l'œuvre de Piranesi.

Septime-Sévère accorde une habitation, *solarium*, au gardien de la colonne, *procurator*. Cette inscription, datée de 193, donne approximativement la date de l'achèvement de la colonne.

La partie du piédestal actuellement visible a dû être en partie reconstruite; les bas-reliefs en furent détruits par ordre de Sixte V.

Les marbres qui servirent à la restauration de la colonne ont été pris, sur son ordre, dans les ruines du Septizonium qui fut abattu par lui.

LE MONUMENT DIT « TEMPLE DE NEPTUNE »

(BASILICA NEPTUNI, NEPTUNIUM, POSEIDONIUM ADRIANEUM, PORTICUS ARGONAUTARUM).

Tout près de la colonne Antonine, sur la Piazza di Pietra, nom qu'elle portait dès le moyen âge, à cause des débris dont elle était encombrée[1], se voient les restes d'un édifice connu sous le nom de temple de Neptune; il faisait partie d'un groupe de constructions bâties par Agrippa, en 26 av. J.-C., après les batailles navales de Naulochos et d'Actium. Sur les quinze colonnes qui en ornaient chaque côté, il en subsiste onze; elles sont en marbre blanc, hautes de 13 mètres; le diamètre en est de 1 m. 44; les chapiteaux sont corinthiens. Entre les colonnes étaient des trophées et des panoplies; au pied de chacune d'elles se trouvait une figure symbolisant une des provinces, ou peut-être plus vraisemblablement un peuple barbare soumis à Rome; on en a retrouvé vingt dont quatre ne sont plus connus que par des dessins; sept sont exposés dans la cour du palais des conservateurs; on n'a pas réussi à identifier les sujets qu'ils figurent; le style aisé et mou est celui du temps des Antonins; les autres trophées se trouvent soit au Vatican, soit dans des palais particuliers et présentent la même facture. Le mur de la cella est conservé en partie; il est en blocs de péperin, jadis recouverts de plaques de marbre comme le montrent les trous où se trouvaient les crampons. La frise a été en partie refaite et présente trois styles différents.

Le temple était entouré d'un vaste portique, peut-être à deux étages, dont on a retrouvé en partie les fondations dans les caves des maisons de la via dei Bergamaschi.

On peut, sans doute, l'identifier avec celui auquel on donna

1. Appelée aussi Del Trullo.

longtemps le nom de Porticus Argonautarum, parce que les exploits des compagnons de Jason y figuraient sur les parois. Il était, en effet, situé non loin des thermes d'Agrippa et du temple que recouvre l'église S. Maria sopra Minerva. Ce portique servait, au temps de Martial, de promenade favorite aux Romains ; quand venaient les Saturnales, il était d'usage d'échanger des cadeaux généralement assez modestes qu'on allait acheter dans des échoppes de toile établies à l'intérieur de ce portique. « Jason, dit Juvénal, disparaît dans sa prison de toile. » Le monument actuel, restauré par Hadrien, serait une basilique située au milieu du péribole des Argonautes, à moins qu'il ne faille y voir le temple qu'Antonin le Pieux consacra, malgré l'opposition du Sénat, à Hadrien, l'*Hadrianeum*. L'emplacement du temple, le style des reliefs et de l'architecture, le choix des sujets, tout concourt à confirmer cette hypothèse.

Au moyen âge, le temple fut transformé en hôpital, puis il devint la douane terrestre ; enfin, en 1879, le Palais de la Bourse.

LES THERMES DE DIOCLÉTIEN

Pour se rendre compte de l'immense étendue des Thermes de Dioclétien, il faut parcourir tout l'espace compris entre la place semi-circulaire ornée d'une fontaine qui a reçu le nom de Piazza delle Terme et la Via Volturno, et pour en comprendre la magnificence, on doit pénétrer dans l'église S. Maria degli Angeli qui en est une des salles. La longueur de ces bains était de 420 mètres environ et la largeur de 380 mètres ; par conséquent, ils couvraient une aire de près de seize hectares. Trois mille deux cents baigneurs pouvaient y prendre place simultanément, disait-on. Plusieurs maisons furent rasées à quelques mètres du sol pour les établir ; on en trouve les restes en fouillant au-dessous du pavement des bains. La légende voulait que quarante mille chrétiens eussent été obligés d'y travailler et l'on affirmait que sur nombre de briques se voyait une croix, ce qui n'est pas exact. Néanmoins cet immense édifice fut bâti assez rapidement. Commencé en 303 par l'empereur Maximien en l'honneur de son collègue Dioclétien alors absent de Rome, il fut inauguré par Constance Chlore et Galère entre les calendes de mai 305 et le 8ᵉ jour avant les calendes d'août 306, alors que Dioclétien avait déjà abdiqué.

La disposition de ces thermes est celle que l'on retrouve presque partout ailleurs ; au centre de la partie qui fait face à la place delle Terme, le *caldarium* ou *laconicum* où l'on pre-

naît les bains chauds; il s'élevait sur l'emplacement de la place
actuelle et a complètement disparu; derrière se trouvait une
rotonde d'usage inconnu, puis venait le *tepidarium*, long de
65 mètres, large de 25 mètres, orné de magnifiques colonnes en
granit rouge oriental. La voûte en est faite pour ainsi dire d'un
seul bloc de ciment et non de pierres juxtaposées. La rotonde
et le *tepidarium* constituent l'église S. Maria degli Angeli et
ont été heureusement conservés; l'harmonie des proportions

Fig. 14. — Thermes de Dioclétien.
(Alo Giovannoli, fin du xvie siècle).

frappe dès qu'on pénètre dans cette nef et l'effet en est saisissant
bien que toute l'ornementation, les revêtements de marbre et
les motifs de bronze aient disparu; c'est à peine si, à la voûte,
subsistent quelques rosaces de bronze au centre des compartiments; peut-être y suspendait-on des lampes. La rotonde rappelle par sa structure le Panthéon. Quelques autres salles existent
encore intactes du côté de la Via Cernaia, au Nord. Derrière le
tepidarium se trouvait le *frigidarium* contenant une grande
piscine pour les bains froids. L'entrée principale s'ouvrait donc
au Nord-Est; on avait apparemment voulu que le *caldarium*
fût dans la partie exposée au soleil.
   Autour de ce groupe de salles était une série de pièces et de
constructions à destinations très diverses, gymnases, palestres,
bibliothèques; la bibliothèque Ulpia fut transportée du forum

de Trajan aux thermes de Dioclétien peu après leur création, et c'est là qu'un des auteurs de l'*Histoire Auguste* nous dit qu'il s'est documenté. Un des exèdres servait de théâtre. A chaque extrémité une salle à coupole terminait la façade; l'une d'elles est aujourd'hui l'église S. Bernardo; l'autre, moins bien conservée, a servi de prison[1]. Le reste du péribole est engagé dans des maisons modernes; de-ci, de-là, en se promenant autour de cette énorme enceinte, on en aperçoit quelques vestiges.

En 1548, une grosse cloche de bronze fut découverte dans les bains; elle portait l'inscription *Firmi-Balneatoris*; on la sonnait pour annoncer que l'eau des bains était chaude. Martial parle de la cloche des bains quand il dit : « Abandonnez la balle; la cloche des bains a sonné » (*Epig.*, Liv. XIV, 164).

Le réservoir des thermes n'a été détruit que récemment lors de l'établissement de la gare; il mesurait plus de 100 mètres de long.

La durée des thermes de Dioclétien fut courte; cent cinquante ans s'étaient à peine écoulés depuis leur création, que les soldats d'Alaric y commettaient d'importants dégâts (455) qui, à vrai dire, furent assez vite réparés. Sidoine Apollinaire pouvait, en 466, en célébrer encore la magnificence. Leur décadence définitive commença du jour où Vitigès, en 537, coupa les aqueducs qui amenaient l'eau à Rome; devenus inutiles, les Thermes furent donc abandonnés et peu à peu se ruinèrent; d'ailleurs la région circonvoisine devenait un désert; ce n'est qu'assez récemment qu'elle s'est repeuplée.

Une église fut bâtie vers ce temps à l'angle Nord-Ouest des Thermes, peut-être dans quelque construction attenante; elle était dédiée à saint Cyriaque, martyr au temps de Dioclétien et que l'on disait avoir été employé à la construction des Thermes; elle existait déjà en 494.

On a retrouvé au cours des travaux de construction du Ministère des Finances, en 1874, quelques vestiges de cette église, des colonnes, des chapiteaux.

Cependant les Thermes continuaient à se détruire; malgré leur importance, les descriptions de Rome de la fin du moyen âge en font à peine mention, Pétrarque n'y fait allusion que comme un but de promenade :

« Nous avions coutume, après avoir erré dans l'immense ville, dit-il dans une lettre à Giovanni Colonna, de nous reposer dans les thermes de Dioclétien et parfois de monter sur le haut des

---

1. Elle se voit encore Via Viminale.

voûtes de cet édifice si splendide jadis, car nulle part l'air n'est plus pur et plus suave, la vue plus étendue, le silence plus grand et la solitude plus délectable. Là nous ne nous entretenions ni de nos affaires, ni du bien et du gouvernement de l'État. Errant à travers ces ruines croulantes, ou assis sur le sommet, nous disputions d'histoire. »

Au contraire, Pogge parle, au commencement du siècle suivant, de l'impression que lui firent « ces ruines imposantes mieux conservées que les autres et ces énormes colonnes »; Giovanni Ruccellai, qui visita Rome à l'occasion du jubilé de 1450, fut aussi frappé par la beauté des colonnes, par les architraves de granit et les hautes murailles qui s'élevaient au milieu d'énormes décombres[1].

Telle était l'admiration produite par la masse et par l'élégance de ces vestiges que le pape Nicolas V voulut, parmi tant d'autres projets, faire démolir la voûte de la basilique Vaticane pour la reconstruire à l'imitation de celles des thermes de Dioclétien[2]. Plus tard, Antonio da Sangallo il Vecchio dessina les portes et les fenêtres du palais Farnèse sur le modèle des niches des Thermes, lesquelles étaient flanquées de colonnettes.

Cette admiration n'empêchait pas toutefois qu'on mît les Thermes au pillage comme tous les autres monuments de la ville. « Le 10 novembre 1463, raconte le diariste Paolo dello Mastro, un grand entrepreneur en marbrerie, Pietro Paolo de Corte, fut tué par un éboulement tandis qu'il surveillait, dans une vigne qu'il possédait aux Thermes, des travaux d'excavation à l'effet de rechercher sous terre du travertin[3]. »

Quand Fulvio visita les Thermes, en 1527, la hauteur des colonnes et des voûtes, la hardiesse des dômes, l'immensité des salles, la profondeur des cryptes le remplirent, comme ses prédécesseurs, d'une profonde admiration[4].

En 1520, un prêtre sicilien, du nom de Antonio del Duca, arriva à Rome apportant les portraits des sept archanges : Michel, Gabriel, Raphaël, Uriel, Santhiel, Gendiel et Borachiel, copiés sur ceux qui existaient dans l'église Sant'Angiolo de Palerme[5], il obtint la permission de suspendre ces tableaux à sept des colonnes qui se dressaient dans le *lepidarium*, afin

---

1. *Arch. Soc. Rom. Stor. Pat.*, vol. IV, p. 575. Il parle des antiquités découvertes en fouillant, dont une partie fut envoyée à Florence, l'autre au Capitole.
2. Duchesne, *Lib. Pontif.*, vol. II, p. 558.
3. *Il Buonarroti*, Rome, 1875, p. 119.
4. Andrea Fulvo, *Antiq.*, liv. III, pl. XLVII, trad. ital., Venise, 1543, fol. 110.
5. *Cod. Vat.*, 9160, ms. de Cancellieri, daté Rome 1794 et intitulé *Le Terme Diocletiane*. J. O. Hare, *Walks in Rome*, Londres, 1900, vol. II, p. 28.

qu'on pût les y vénérer; cette vaste salle encore intacte devint ainsi un lieu de culte, mais non sans de violents démêlés avec les jeunes Romains, qui venaient s'y exercer à l'équitation et à d'autres jeux.

Cependant le cardinal Ascanio Sforza, mort à Rome le 28 mai 1505, avait transformé en réserve, pour son gibier de chasse, la portion de l'enceinte des murs qui fait hache dans la campagne derrière les Thermes et où se trouvait jadis le camp prétorien; dans les plans de Rome de 1557 à 1568, cette région, qui porta longtemps le nom de *Vivarium*, se voit entourée de tous côtés de murs et isolée du reste de la ville. Peut-être le cardinal Ascanio avait-il joint à son vivier un enclos qui en était séparé par une ruelle et qui prit bientôt le nom de *El Barco* ou *Parco*; ce parc semble avoir compris la majeure partie de la surface des Thermes.

D'autre part, le cardinal Du Bellay acheta, quand il vint s'établir à Rome vers le milieu du siècle, les terrains qui se trouvaient autour du grand hémicycle dont la place actuelle Delle Terme garde la forme; il y construisit une villa et y traça des jardins qu'ornèrent les nombreuses antiquités que l'on découvrait sans cesse en ce lieu. Ainsi au temps où Albertini écrivait, c'est-à-dire au commencement du xvie siècle, on avait mis au jour des statues d'empereurs romains : Dioclétien, Constance, Galérien, lesquelles furent placées plus tard au musée du Capitole. Dans la seconde moitié du siècle, Vacca rapporte dans ses Mémoires (§ 104) que le propriétaire d'une vigne située derrière les thermes de Dioclétien, voulant bâtir une maisonnette, découvrit les soubassements de deux murs; il les dégagea et parvint à l'entrée d'une crypte dans laquelle il pénétra; elle contenait dix-huit « têtes de philosophes » que Gio. Giorgio Cesarini acheta et qui passèrent ensuite dans les collections du cardinal Farnèse.

Du Bellay fit tant de dépenses qu'il se couvrit de dettes et se ruina; aussi, quand il mourut, le 16 février 1560, dut-on vendre toutes ses antiquités; pour les jardins, qui avaient pris le nom de *Horti Bellajani*, les héritiers du cardinal les louèrent à Charles Borromée, qui venait précisément d'arriver à Rome, au prix de 150 écus par an (16 juillet 1560).

Pie IV reprit l'idée de Del Duca[1]; toutefois, comme il estimait que le culte des archanges n'avait jamais été sanctionné par l'Église, excepté pour trois d'entre eux cités par les Écritures, il fit enlever les tableaux apportés par le prêtre sicilien[2].

1. A. NIBBY, *Roma moderna*. vol. I, p. 329.

2. Del Duca mourut peu après, en 1564; il fut enseveli dans l'église. FOR-CELLA, *Isc.*, vol. IX, p. 153, n. 298.

Le *caldarium* qui servait de manège d'équitation à la jeune noblesse romaine, réuni à l'immense salle du *tepidarium*, forma une église ayant la forme d'une croix grecque; c'est bien l'une des plus belles et des plus imposantes de Rome par ses proportions; Michel-Ange avait présidé à cette transformation et surveillé l'établissement du cloître[1].

Les colonnes de granit rouge qui décoraient le *tepidarium* servirent à orner la nouvelle église qui reçut le nom de S. Maria degli Angeli; ce sont de merveilleux monolithes; encore ne

Fig. 15. — Les trophées de Marius (Du Pérac, 1575).

peut-on juger de leur hauteur que d'une façon imparfaite, car ils sont en partie enfouis dans le sol; il y en a huit.

Les travaux, commencés en avril 1563, furent achevés en juin 1566; ils coûtèrent 17 512,71 écus.

L'église actuelle n'est point celle qu'avait conçue Michel-Ange; en 1749, le cardinal Bichi, titulaire de l'église, et le P. Alessandro Montecatini, procureur général des Chartreux, en firent transformer l'intérieur par le chevalier Van Wittel (Luigi Vanvitelli). Michel-Ange avait placé l'entrée en face de l'endroit où se trouve actuellement la gare; Vanvitelli fit pour ainsi dire pivoter d'un quart de cercle l'axe de l'église; la grande porte fut murée et remplacée par un autel dédié à Nicola Albergati; l'entrée latérale donnant sur la place Termini devint l'entrée

---

1. *Cod. Vat.*, 9160, ms. inédit de l'abbé Fr. Cancellieri et ms. de la *Bibl. Naz. de Naples*, cod. ms. XII, D, 42.

principale avec le *caldarium* pour vestibule; l'autel de la Vierge qui lui faisait face fut transformé en maître-autel; toutes les proportions se trouvèrent modifiées malheureusement; comme la nef devenue le transept était ornée des huit belles colonnes dont on a parlé, « pour mettre de l'uniformité dans la nouvelle nef, dit Vasi[1], on ajouta huit colonnes de briques peintes en granit ». Leur couleur mate ne fait que mieux ressortir la beauté des autres.

Les dernières destructions eurent lieu à la fin du XIXe siècle et elles ont été impitoyables ; une voie, la Via Cernaia, a été percée à travers la partie Ouest des Thermes; plusieurs salles ont dû être abattues lors de la construction de la gare; le palais Massimi, le Ministère des Finances, le Grand Hôtel ont été construits au détriment des ruines. Ce n'est que tout dernièrement que l'on s'est occupé de suspendre ces dévastations et de conserver ce qui reste de cet édifice grandiose.

L'affreuse façade qui servait d'entrée à l'église a été enlevée en 1910.

LES TROPHÉES DE MARIUS

Il y avait à Rome, au temps de Constantin (306-337), douze cent douze fontaines publiques. Il n'en reste plus qu'une aujourd'hui, aux trois quarts détruite, amas informe de matériaux; elle se trouve dans le square de la place Vittorio Emanuele. On l'a appelée successivement *Cimbrum Marii*, *Trofei di Mario*, *Oche Armate*, à cause des trophées qui en faisaient la décoration. Ils furent transportés au Capitole sous le règne de Sixte V (1590) et ils ornent encore la balustrade qui borde la place entre les deux ailes du Palais. Ces trophées n'ont d'ailleurs rien à voir avec Marius et datent de Domitien comme aussi la fontaine, à ce qui semble.

Cette spoliation en entraîna d'autres; le marquis Orazio Savelli obtint du Conseil communal l'autorisation d'utiliser ce qui restait de la fontaine (séances du 19 et du 22 septembre 1592). Il la dépeça si bien qu'il n'en laissa que ce qu'on en voit aujourd'hui.

Cette fontaine faisait l'angle de deux voies importantes, Via Prænestina et Via Tiburtina. L'eau qui l'alimentait venait de l'aqueduc Julia et d'autres aqueducs.

---

1. *Itinéraire instructif*, corrigé par Nibby, Rome, 1826, vol. I, p. 235. CORRADO RICCI, *Bollettino d'Arte*, 1909.

AUDITORIUM MÆCENATIS [1]

Près de la place Vittorio Emanuele et, par conséquent, des trophées de Marius, sont les ruines d'un monument auquel on a donné le nom de *Auditorium Mæcenatis*, parce qu'il se trouve situé dans la région qu'occupaient les jardins de Mécène et que certains détails de construction ont donné à croire qu'il s'agissait d'une salle de spectacle. En fait, on n'en peut préciser la destination ; d'aucuns y reconnaissent une serre ; c'est peu vraisemblable.

Ce monument consiste en une longue pièce terminée à l'une des extrémités par un hémicycle ; la largeur en est de 10 m. 60 ; la longueur, jusqu'à l'hémicycle, de 19 m. 10 ; la longueur totale jusqu'au fond de l'hémicycle est donc de 24 m. 40, soit 19 m. 10 plus 5 m. 30. Le plafond était voûté. La hauteur, jusqu'à la naissance de la voûte, est de 7 m. 40 ; jusqu'au sommet de la voûte de 13 m. 20. L'hémicycle est garni de gradins qui s'arrêtent à 1 m. 10 du sol. Les murailles, en *opus reticulatum*, sont garnies de niches peu profondes ou de fenêtres murées ; elles sont à la même hauteur que les gradins. Lors du déblaiement de ces ruines, des fresques se distinguaient sur les parois et dans les niches, le temps les a fait disparaître presque entièrement comme dans la maison de Livie et dans la maison Dorée de Néron ; à travers des fenêtres ouvertes, on voyait des sujets mythologiques, des scènes champêtres ou comiques, des chasses ; des guirlandes de fruits, de fleurs et de plantes accompagnaient ces peintures qui se détachaient sur fond rouge ou bleu. Le sol primitif, en mosaïque blanche très fine, avait été recouvert plus tard d'un pavement de mosaïque. Dès le début, le monument était au-dessous du sol, à environ 6 mètres de profondeur ; on y accédait par une rampe, d'où l'hypothèse que c'était une serre. Le seuil de la porte est encore visible. Le type de la maçonnerie permet de supposer que ce monument date du 1er siècle. Le mur de Servius fut coupé pour en permettre la construction. De nombreuses statues en fragments ainsi que des objets d'art ont été retrouvés parmi les décombres.

Dans ces mêmes jardins de Mécène, mais plus probablement au nord de la porte Esquiline (arc de Gallien) se trouvait le

---

1. V. VESPIGNANI et CARLO. L. VISCONTI dans *Bull. Arch. Com.*, Rome, 1879, p. 137.

fameux belvédère de la *turris Mæcenatiana*, qui, selon Horace, s'élevait jusqu'aux nuages. C'est du haut de cette tour que Néron contempla l'incendie de Rome. Par sa base la tour pouvait plonger jusqu'à ces tombes préhistoriques qui peuplent ce quartier.

La légende médiévale voulait, au contraire, que Néron eût contemplé l'incendie de la Torre delle Milizie qui domine le Forum et existe encore ; c'est une tour féodale.

L'ARC DE GALLIEN

L'arc de Gallien, qui lui fut dédié par le préfet Aurelius Victor en 262, est dans le voisinage ; il a remplacé l'ancienne porte Esquilina du mur Servien, il est formé d'une arche unique, en travertin, haute de 8 m. 80, large de 7 m. 30, flanquée de piliers avec chapiteaux corinthiens. Le monument a 3 m. 50 d'épaisseur. Il marquait sans doute l'une des entrées des jardins Liciniani. Gallien était un Licinius et ces jardins lui servaient de promenade[1]. Actuellement cet arc se trouve en travers de la rue di San Vito. Le sol ancien était considérablement plus bas.

L'inscription qui est gravée sur la frise porte :

GALLIENO · CLEMENTISSIMO · PRINCIPI · CV ; VS · INVICTA · VIRTVS· SOLA · PIETATE · SVPERATA · EST · ET · SALONINAE · SANCTISSIMAE · AVG· M · AVRELIVS · VICTOR · DEDICATISSIMVS · NVMINI · MAIESTATIQVE ·· EORVM

« A Gallien, prince très clément, dont la valeur invincible n'est surpassée que par la piété, et à Salonine, impératrice très vertueuse, M. Aurelius Victor, tout dévoué à leur majesté divine ».

LE MONUMENT DIT TEMPLE DE MINERVA MEDICA

C'est le premier vestige des monuments romains qui frappe quand on arrive en chemin de fer à Rome ; il se trouve à gauche de la voie un peu avant la gare. Sa coupole en partie croulée, ses puissantes assises donnent une première idée de la masse et du caractère imposant des autres ruines qui sont l'un des

---

1. Plusieurs grandes familles possédaient des jardins dans cette région, Horti Torquatiani, Pallantiani, Variani, Vettiani, Epaphroditiani...

attraits de la Ville Éternelle. Ce monument qu'on appelait au
xvᵉ siècle *le Galluzze*, désignation dont le sens est pour nous
perdu, porte communément le nom de Temple de Minerva
Medica ; c'est à partir du xviiᵉ siècle que cette dénomination lui
a été donnée parce qu'on imagina qu'une statue de Minerve
ayant à ses pieds un serpent, le serpent d'Esculape, avait été
trouvée parmi ces ruines ; cette statue, la Pallas Giustiniani,
est actuellement au Vatican, Braccio Nuovo, n. 114. Elle fut
trouvée en réalité à quelque distance, probablement près de
l'église de Minerve, et le serpent n'est pas un symbole de sa
science médicale, mais un attribut de la déesse dont il protégeait
les oliviers.

On a supposé que cette coupole était le *tepidarium* des
thermes que l'empereur Gallien avait fait construire vers 253-
267 dans les jardins Liciniani [1]. D'autres y voient un *nympheum*,
c'est-à-dire une salle servant à la fois de serre chaude et de
château d'eau. Ce qui en subsiste est une salle décagone de
7 mètres de côté ; dix baies s'ouvraient dans les parois ainsi
que neuf niches destinées à des statues ; le dôme, dont une partie s'est effondrée en 1828, est formé pour ainsi dire d'une seule
pièce comme celui des autres voûtes romaines, tant le ciment a
réuni en un tout les matériaux qui la composaient ; ainsi que
les murs, il était orné de mosaïque et d'un revêtement de marbre.
Toute la construction présente, en même temps que des négli-
gences et des hésitations singulières, des innovations déjà
byzantines. Le plan même est irrégulier ; l'ossature de la voûte,
commencée avec une solidité excessive, est brusquement sim-
plifiée. C'est par des pendentifs, dont l'art byzantin fera un si
grand usage, que la coupole repose sur le tambour décagone.
Un grand nombre de statues furent découvertes à l'entour au
xviᵉ siècle, époque qui fut si funeste aux antiquités romaines ;
plusieurs, qu'on pensa être des représentations de Minerve, de
Vénus et d'Esculape, furent données au pape Jules III pour
qu'il en ornât la villa qu'il édifiait alors en dehors de la porte
du Peuple sur la route du pont Molle, la villa Giulia. Comme il
avait besoin d'une statue nue pour faire un pendant, Esculape
fut privé de son manteau tant bien que mal. Récemment on a
retrouvé dans le voisinage une statue d'un magistrat romain
donnant le signal du départ d'une course en lançant dans l'arène
une pièce d'étoffe, formant bourse, *mappa*, pleine de sable. Elle
est au musée des Conservateurs.

---

1. Nibby, *Roma antica*, vol. II, p. 331, affirme avoir constaté des traces d'un
appareil de chauffage.

Le véritable temple de Minerva Medica paraît avoir été découvert, en 1887, non loin de là, à l'angle de la rue Leonardo da Vinci et de la rue Carlo Botta; en faisant des travaux pour l'établissement de ces voies, on rencontra des soubassements en tuf et une galerie souterraine contenant quantité de statuettes votives, de déesses assises, de têtes d'hommes et d'animaux, de bras, de jambes en terre cuite, qui paraissent des ex-voto ; sur un fragment de vase se lit en caractères archaïques « ...*Menerva dono dedet*[1] ».

LA PORTA MAGGIORE
ET LE TOMBEAU D'EURYSACES

L'aqueduc que l'empereur Claude construisit pour amener à Rome l'eau de l'Anio, et qui se joint près des murs à *l'Aqua Claudia*, traversait les deux voies Labicana et Praenestina tout près de leur jonction; les deux arches sous lesquelles passaient ces voies furent incorporées, au IIIe siècle, par Aurélien dans l'enceinte qu'il faisait hâtivement construire et devinrent la porte *Praenestina*, depuis *Porta Maggiore*. Cette porte est entièrement construite en blocs de travertin, elle a 32 mètres de largeur et 24 mètres de hauteur et chacun des passages mesure 6 m. 35 de largeur et 14 mètres de hauteur. Des inscriptions rappellent les restaurations d'Auguste (an 5 av. J.-C.), de Titus (79 ap. J.-C.) et Caracalla (212). La porte à travers laquelle passait la Via Labicana fut murée au temps d'Honorius.

Quand, en 1836, on démolit les deux tours élevées pour flanquer la porte, un monument étrange fut découvert sous la plus méridionale des deux tours, c'est le tombeau du boulanger Eurysaces. Il se trouve juste en dehors de la porte et n'a pas son pareil dans le monde latin. Fier de son ancien métier, Eurysaces avait voulu que son monument funéraire le rappelât; il est sculpté de telle sorte qu'on dirait des pétrins ou des mesures de grain placés verticalement dans la partie inférieure du monument, horizontalement, et l'ouverture au dehors dans la partie supérieure; ils sont surmontés d'une frise dans laquelle sont sculptées des scènes de la vie d'un boulanger : on apporte et l'on monte du grain, on pétrit la farine, on enfourne les pains, on les pèse. La corniche est d'ordre corinthien avec des rosaces

1. G. Gatti, *Archeologia*, p. 31. M. Hülsen indique toutefois que ce dépôt peut avoir été simplement composé des débris dont se débarrassaient les poteries de l'Esquilin. Cependant il ressemble bien à un dépôt votif.

et des consoles au-dessous de la cimaise. L'inscription porte
en style relativement archaïque :

EST : HOC · MONIMENTVM · MARCEI · VERGILIEI · EVRYSACIS · PISTORIS
REDEMPTOR(IS) · APPARET(ORIBVS) ou ORVM

« Ceci est le monument de Marcus Virgilius Eurysaces, boulanger breveté des appariteurs », c'est-à-dire des subordonnés
des magistrats[1].

Le monument est en blocage revêtu de travertin.

Ce tombeau n'est pas rectangulaire puisqu'il est bâti à l'inter-
section des deux routes ; il mesure 8 m. 75 au Nord, 6 m. 85 à

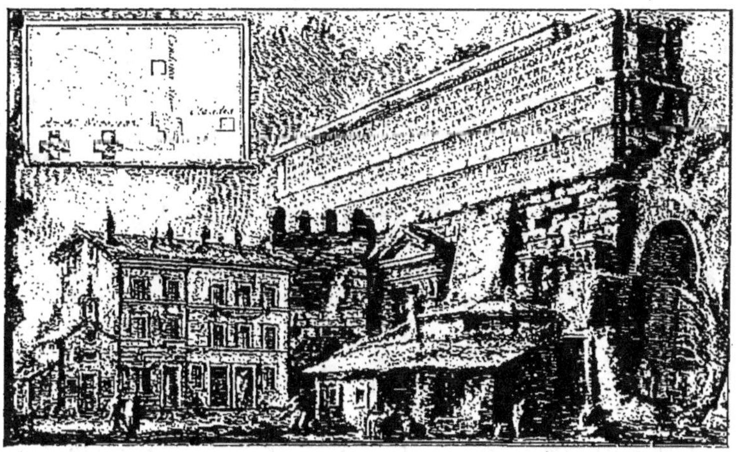

Fig. 16. — La Porta Maggiore (Piranesi, 1756).

l'Est, 5 m. 80 au Sud, 4 mètres à l'Ouest, sa hauteur est de
10 mètres. Il semble dater du 1er siècle avant notre ère.

A côté de sa tombe, Eurysaces avait fait construire celle de
sa femme, il n'en subsiste plus rien que l'épitaphe : « Atistia
fut ma femme, elle vécut la meilleure des femmes, ce qui reste
de son corps est déposé dans ce panier à pain (*Panario*) »,
allusion à la forme de son sépulcre. Cette inscription a été
transportée dans le cloître des Thermes de Dioclétien.

1. Cette inscription se trouve actuellement dans le musée des Thermes.

SESSORIUM OU PALATIUM SESSORIANUM

L'église S. Croce in Gerusalemme, qui est située près de la Porta Maggiore, et, par conséquent, dans les Horti Spei Veteris[1], n'est autre chose qu'une ancienne salle, de même que l'église S. Maria degli Angeli dans les thermes de Dioclétien. On ne sait rien de certain sur le monument dont elle est le dernier vestige important. Il date, ce semble, du 1er siècle et devint résidence impériale au iv° siècle; la mère de Constantin, Hélène, en fit sa demeure favorite. Cette partie de la ville abonde en souvenirs de cette impératrice; dans le voisinage du Sessorium se trouvent des inscriptions à son nom, peut-être sa statue. Le domaine impérial s'étendait hors de la ville jusqu'à Centocelle : Hélène y possédait une villa dite *ad duos lauros*, et on y voit aujourd'hui son mausolée, appelé Tor Pignattara. Constantin transforma l'une des salles du palais en église après y avoir ajouté une abside; toutefois, les colonnes datent du viii° siècle; les dimensions de cette vaste salle sont les suivantes : longueur 34 mètres, largeur 21 mètres, hauteur 20 mètres. Un peu au Nord, il existait une autre salle qui ne fut détruite qu'en 1744, par Benoît XIV pour « restaurer » l'église S. Croce. On appelait cette ruine Temple de Vénus et de Cupidon, il en subsiste dans la Vigna S. Croce une abside qu'on peut visiter.

L'AMPHITHÉATRE CASTRENSE

Non loin du Latran, tout près de l'église S. Croce in Gerusalemme et de la Porta Maggiore, dans une de ces régions qui conservent quelque chose du recueillement et de l'abandon qui faisaient jadis le charme de Rome, on voit les derniers vestiges d'un amphithéâtre bâti sur le même plan que le Colisée, mais beaucoup plus petit et qui fut peut-être une école d'entraînement ou un lieu de divertissement réservé aux soldats du camp prétorien; *toutefois,* l'emplacement du camp prétorien est assez éloigné, et l'on a supposé avec quelque vraisemblance qu'il s'agit, en réalité, d'un « amphithéâtre de cour », en relation étroite avec le *Sessorium dont les ruines sont immédiatement*

---

1. Le nom de *Ad Spem Veterem* donne à supposer qu'un temple à *Spes*, l'Espérance, s'élevait jadis en ce lieu; c'est peut-être le temple que Tite-Live mentionne comme ayant existé en l'an 477 av. J.-C. (II, 51, 1). Elagabal posésda de vastes jardins en cet endroit.

voisines. Les deux grands axes de cet amphithéâtre mesurent 88 mètres et 78 mètres extérieurement. Les fondations sont en lave, les parties hautes, en tuf, les chapiteaux des colonnes qui sont engagées, sont en terre cuite et d'ordre corinthien. Il fut bâti soit vers le temps de Trajan, comme incline à le penser M. Hülsen, soit plutôt, selon M. Lanciani, vers l'an 200, au temps de Septime-Sévère. Aurélien en fit, en 271, un point d'appui de son enceinte fortifiée, après avoir muré les arcades qui donnaient au dehors.

Au temps de Dosio (1569), les trois étages de l'amphithéâtre subsistaient encore.

INDEX ALPHABÉTIQUE

Acca Larentia, 120.
Aciliorum Horti, 24.
Acqua Felice, 36, 194.
Acqua Paolina, 35.
Adrien. *Voir* Hadrien.
Ædes Castoris, 71.
Ælius, pont, 16.
Æmilia, basilique, 84.
Æmilius, pont, 15.
Ærarium militare, 104.
Agrippa, Vipsanius, gendre d'Auguste, 32, 33, 189, 200 207.
Alaric, 23, 201.
Aldroandi, 92, 172.
Alexandre VII, 51, 176.
Almo, 26, 31.
Ammien Marcellin, 111, 191.
Amphithéâtre Castrense. 26, 220.
Amphithéâtre Flavien. *Voir* Colisée.
Anaglypha Traiani, 62.
Ancyre, inscription, 67, 145, 149, 187, 200.
Anio Novus, 26, 31.
Anio Vetus, 32.
Annibaldi, 124.
Antoine, 60.
Antonin, temple, 86.
Antonine, colonne, 205.
Apelle, 83, 102.
Apollodore de Damas, 12, 89, 112, 113.
Apollon, temple au Palatin, 149.
Appareil Servien, 8.
Appienne, voie, 20.
Appius Claudius, 31.

Aqua Alexandrina, 35.
Aqua Alsietina, 33.
Aqua Appia, 31.
Aqua Augusta, 33.
Aqua Claudia, 26, 33, 162.
Aqua Julia, 25, 32.
Aqua Marcia, 25, 32.
Aqua Tepula, 32.
Aqua Traiana, 34.
Aqua Virgo, 33.
Aquæ Albulæ, 6.
Aquarum, curator-statio, 74.
Aqueducs, 30.
Arc des Argentiers.
Arc de Constantin, 133.
Arc de Drusus, 175.
Arc de Gallien, 216.
Arc dit de Janus, 181.
Arc dit Septem Lucernarum, 98.
Arc de Septime-Sévère (Forum), 54, 59.
Arc de Septime-Sévère (Arc des Argentiers), 184.
Arc de Tibère, 61.
Arc de Titus, 96.
Arc de Trajan, 175.
Arc dit de la Vache, 182.
Arcadiens, 166.
Arcadius, 23.
Architecture romaine, historique, 7, 10.
Arco di Latroni, 96.
Arco di Noe, 105.
Arco dei Pantani, 104.
Area Forum, 40.
Area Palatin, 149.
Argentiers, 184.

Argiletum, 2, 85, 105.
Arvales, les Frères, 104, 120, 191.
Atrium Minervæ, 51.
Atrium Vestæ, 77.
Auditorium Mæcenatis, 215.
Auguratorium, 142, 144.
Augustana Domus, 117, 147.
Auguste, 31, 32, 50, 67, 77, 80, 82, 102, 185, 187, 199.
Auguste, sa demeure au Palatin, 147.
Auguste, forum, 102.
Auguste, mausolée, 199.
Auguste, temple, 69.
Auguste, testament. *Voir* Ancyre.
Augusteum, 201.
Aurélien, 25, 168.
Aurélien, enceinte, 23.
Ausia, colline, 5, 201.
Autel d'Hercule, 179.
Autel au Palatin, 163.
Aventin, 2, 6, 30, 31.
Bains. *Voir* Thermes.
Balbus, théâtre, 5.
Basilique Æmilia, 84.
Basilique de Constantin, 90.
Basilique Julia, 62, 67.
Basilique Ulpia, 111.
Basiliques, 10.
Basseville, 109.
Bastione di Sangallo, 27.
Bède le Vénérable, 122.
Bélisaire, 23, 33.
Bellay (cardinal du), 212.

Benoît XIV, 220.
Bibliothèque d'Auguste, 70.
Bibliothèques, 150, 156, 188.
Bibliothèque Ulpia, 110, 210.
Biondo. *Voir* Flavio.
Blocage, 9, 10, 89, 91.
Bocca della Verità, 180.
Bonelli, palais, 110.
Borgo, 27.
Boulanger (tombeau d'un), 218.
Boutiques à Rome, 40, 84, 100, 112, 147, 155.
Briques, 6.
Brosses (président de), 93, 194, 197.
Busta Gallica, 179.
Cacus, 144.
Cadran solaire, 52.
Cælius, 4, 20.
Caldarium, 168.
Caligula, 33, 68, 72, 155.
Camina, 46.
Campo Vaccino, 39.
Campus Ignifer, 3.
Capitole (colline du), 4, 23.
Capitole, musée, 25, 61, 66, 80, 137, 176, 201, 207, 212, 217.
Caracalla, 54, 77, 175, 184.
Caracalla, thermes.
Carcer, 47.
Carinæ, 18.
Cartularia, tour, 135, 157.
Cassiodore, 133, 163.
Castor, temple, 71.
Castra prætoria, 25.
Castrense, amphithéâtre, 220.
Catifons, source, 3.
Cella soliaris, 168.
Cenci, Béatrix, 186.
Cenci, colline, 5.
Centenaria, colonne, 109.
Centumviri, 68.
Cérès, 151.
Cermalus, 4, 20, 142.
César, 50, 60, 67, 72, 81, 184.
César, funérailles, 82.
César, temple, 82.
Cestius, pont, 15.
Cestius, pyramide, 175.

Chalcidicum, 51.
Chambres de sûreté dans les temples, 44, 47, 72.
Champ de Mars, 2.
Charles-Quint, 23.
Château S. Ange. *Voir* Saint-Ange.
Christ, monogramme, 26.
Cicéron, 48, 60, 72, 146.
Cicéron, sa maison, 146.
Cicéron, sa tête exposée aux Rostres, 60.
Cimetière du Forum, 7, 87.
Cipolin, 45, 78, 86.
Circo Agonale, 205.
Cispius, 2, 4.
Citorio, colline, 5.
Claude, 33, 157.
Claude II, 150.
Claudius, Appius, 25.
Clément VIII, 106, 197.
Clément XI, 128, 129.
Clément XII, 139.
Clepsydre, 52, 85.
Clivus Argentarius, 48.
Clivus Capitolinus, 43, 61.
Clivus Palatinus, 158.
Clivus Victoriæ, 70, 143, 156.
Cloaca Maxima, 7, 39, 101.
Clodius, 50, 146.
Cneius Servilius Cæpio, 32.
Coclès, 14.
Colisée, 114.
Colisée, compagnie du Saint-Sacrement, 123.
Colisée, drames sacrés, 125.
Colisée, étymologie, 123.
Colline, région, 2.
Collines de Rome, 4.
Collis hortorum (Pincio), 3.
Collis Latiaris, 107.
Colonna, famille, 201.
Colonnacce, 106.
Colonne, prix d'une, 73, 159.
Colonne Antonine, 205.
Colonne de Marc Aurèle, 205.
Colonne d'or, 61, 65.
Colonne de Phocas, 63.

Colonne Trajane, 107.
Columbaria, 175.
Columna centenaria, 109, 205.
Columna cochlis, 109, 205.
Columna Rostrata, 61.
Combats de taureaux, 204.
Comitium, 40, 52.
Communauté juive, 59, 100.
Concorde, temple, 46.
Constance, empereur, 111.
Constant II, 109, 193.
Constantin, 90.
Constantin, arc, 133.
Constantin, basilique, 90.
Corneto, cardinal, 68, 84.
Cornouiller sacré, 142, 144.
Correa, 204.
Corso, 4.
Cryptoportiques, 42, 142, 145, 155, 157, 167, 179.
Curator aquarum, 33, 35, 74.
Curator viarum, 30.
Curatores, 30.
Curie, 49.
Curius Dentatus, 31.
Curtius, 65.
Curtius, gouffre de, 64.
Cybèle, temple, 144.
Daces, 205.
Dea Dia, 120.
Décoration extérieure des édifices, 8, 10, 13.
Décoration intérieure des édifices, 91, 152, 160.
Dépôts. *Voir* Chambre de sûreté.
Dii Consentes, portique, 45.
Dioclétien, 43, 51, 53, 67, 208.
Dioclétien, thermes, 208.
Dioscures, 72.
Dolabella, gendre de Cicéron, 82.
Doliola, 179.
Domitien, 51, 79, 104, 119, 159, 187, 190, 205, 214.
Domitien, palais, 26, 158.
Domus Annii, 26.
Domus Augustana, 148.

Domus Aurea, 113.
Domus Gaiana, 156.
Domus Gelotiana, 162.
Domus Lateranorum, 26, 167.
Domus Pincianarum, 24.
Domus Tiberiana, 156.
Duumviri... aquis, 31.
Duumviri... Colisée, 120.
Duumviri... viis, 30.
Eaux (service des), 74.
Einsiedeln (anonyme d'), 23, note 44, 97.
Elagabal, 114, 145, 220.
Elephas Erbarius, 178.
Empereurs romains (liste des), VII.
Enceintes de Rome, 18.
Ennius, son buste, 174.
Esquilin, 2.
Etalons dans les temples, 72, 102.
Etrusques, 7.
Eurysacès, tombeau, 218.
Exèdre d'Hadrien, 160.
Fagutal, 4.
Fanum, 81.
Farnèse, 170, 172.
Farnèse, jardins, 165.
Fastes consulaires, 80.
Faustine, femme de Marc-Aurèle, 206.
Faustulus, berger, 54,142.
Favissa du temple de Vesta, 76.
Fea, Carlo, 69, 95, 100, 130.
Feu sacré, 75, 77.
Fièvre (autels élevés à la), 36.
Ficus Ruminalis, 53.
Figuier sacré, 62.
Flaminius, consul, 28.
Flavia Publicia, vestale, 79.
Flavio Biondo, 194.
Fontaine de Trevi, 33.
Fontaines. Voir Meta Sudans et Trophées de Marius.
Forma Urbis, 81, 88.
Formation de la ville, 1.
Fornices, 10, 185.
Forum, 39.
Forum, églises, 42.
Forum, métiers, 40.

Forums impériaux, 102.
Forum d'Auguste, 102.
Forum Boarium, 178.
Forum Holitorium, 178.
Forum Julium, 102.
Forum de Nerva, 105.
Forum Pacis, 105.
Forum Pervium, 105.
Forum de Trajan, 107.
Frangipani, 123, 158, 182.
Frigidarium, 168.
Galba, 65.
Galère, 206.
Gallien, arc, 216.
Galluzze, 217.
Garibaldi, fra, 27.
Gaulois, 20.
Gémonies, 49.
Genséric, 23.
Germanicus, père de Caligula, 155.
Geta, 54, 184.
Giordano, colline, 5.
Gladiateurs, combats, 40, 178.
Gracchus, 14, 180.
Graffiti, Colisée, 118.
Graffiti, arc de Constantin, 138.
Graffiti, Palatin, 156, 160, 162.
Graffiti, colonne Trajane, 109.
Gratien, 16.
Grégoire IV, 193.
Grégoire XIII, 196.
Hadrien, 89, 110, 160, 161, 190.
Hadrien, exèdre, 160.
Hannibal, 20.
Hélène, mère de Constantin, 220.
Héliogabal. Voir Elagabal.
Hellénique, influence, 8.
Hermæum, 157.
Hippodrome, 160.
Honorius Iᵉʳ, 23, 25, 26, 84.
Honorius, pape, 89.
Horace, 29, 40.
Hortensius, maison au Palatin, 147.
Horti, en général, 216.
Horti Asiniani, 169.
Horti Bellajani, 212.

Horti Getæ, 27.
Horti Liciniani, 216.
Horti Spei Veteris, Voir Spem.
Hypocaustes, 77, 161, 173.
Ile du Tibre, légendes, 17.
Incendies, 37, 148, 216.
Janicule, 27, 30.
Janicule, fontaine, 107.
Janus, 182.
Janus, temples, 106.
Janus Quadrifrons, arc, 181.
Jérusalem (destruction de), 98.
Jugurtha, 49.
Juive, communauté, 59, 100.
Jules III, 217.
Julia, fille d'Auguste, 63.
Julia, basilique, 62, 66.
Julia Domna, 76, 77.
Jupiter. Voir Temples.
Juturna, déesse, 74.
Juturne, lac, 73.
Laconicon, 168.
Lacus Curtius, 64.
La Landè, 176, 204.
Laocoon, 113.
Lapis Niger, 53.
Lararium, 158, 168.
Latran, 111.
Latran, origine du nom, 26, 167.
Léon IV, 27.
Léon X, 56.
Lépide, 60.
Ligorio, 81.
Livie, femme d'Auguste, 69, 151, 200.
Livres sibyllins, 150.
Louve de bronze, 7, 53.
Luperci, 142.
Lysias, sculpteur grec, 149.
Macellum magnum, 167.
Maison dorée de Néron, 113.
Maison de Livie ou d'Auguste, 10, 151.
Maison des Vestales. Voir Vestales.
Malaria, 36.
Mamertine, prison, 47.
Marbres, 6.
Marc-Aurèle, 26, 110.

Marc-Aurèle, colonne, 205.
Marcellus, 185, 200.
Marcellus, théâtre, 5, 184.
Marcomans, 205.
Marius, trophées, 214.
Marrana, ruisseau, 26, 31.
Mars, autel au champ de Mars, 3.
Mars Ultor, 81, 102.
Marsyas, statue, 62.
Mater Matuta, temple, 179.
Mausolée d'Auguste, 199.
Maxence, 90, 162.
Maximin, 162.
Mécène, 215.
Médicis, Lorenzo, 140.
Méfitis, déesse de la fièvre, 36.
Meta Sudans, 132.
Michel-Ange, 213.
Milliarium aureum, 61.
Minerva medica, 216.
Montaigne, 92.
Montanara, place, 186.
Mugonia, porte, 143, 146, 158.
Mundus, 151.
Murus terreus, 18.
Myron, 178.
Napoléon Ier, 64, 111, 120, 129, 183.
Navona, place, 83.
Nécropole, 87.
Neptune, basilique, temple, 207.
Néron, 104, 113, 167, 216.
Nerva, 106.
Nicolas V, 124, 167, 202.
Nodinus, ruisseau, 31.
Nova Via, 156.
Numa, 75, 179.
Nymphæum, 158, 159, 217.
Oche armate, 214.
Octavie, portique, 187.
Oppius, 2, 4, 113.
Ops Consiva, déesse, 81.
Opus incertum, 10.
Opus mixtum, 12, 160.
Opus quadratum, 9, 60, 106.
Opus reticulatum, 61, 74, 152.

Opus signinum, 61, 162, 215.
Orientale, influence, 9, 13, 52.
Othon, 65.
Ovide, 151.
Ovide, description du Palatin, 148.
Ovide, forum boarium, 178.
Pædagogium, 162.
Palais d'Auguste, 147.
Palais de Caligula, 155.
Palais de Domitien, 158.
Palais flavien, 158.
Palais d'Hadrien, 161.
Palais de Septime-Sévère, 161.
Palais de Tibère, 155.
Palais de Titus, 158.
Palatin, 4, 141.
Palatin, Area, 149.
Palatin, autels, 163.
Palatin, Auguratorium, 142, 144.
Palatin, boutiques, 147.
Palatin, demeures privées, 146.
Palatin, Domus gelotiana, 162.
Palatin, jardins, 165.
Palatin, maison de Livie, 151.
Palatin, Mundus, 151.
Palatin, muraille, 142.
Palatin, palais, 155.
Palatin, pædagogium, 162.
Palatin, portes, 143.
Palatine, région, 2.
Palladium, 75.
Palus Capræ, 3.
Panthéon, 11.
Passages souterrains. Voir Cryptoportiques.
Paul II, 125.
Paul III, 27, 56, 172.
Paul V, 90, 93, 106.
Penus Vestæ, 74.
Péperin, 6, 34, 43, 47, 87, 104.
Peruzzi, architecte, 185.
Petronia, ruisseau, 3, 31.
Pétrarque, 186, 210.
Phocas, 164, 210.
Phocas, colonne, 63.

Phocas, empereur, 193.
Piazza Navona, 205.
Piazza di Pietra, 207.
Pie IV, 212.
Pie V, 33, 180.
Pie VII, 58, 99, 130, 140, 199.
Pie IX, 25, 199.
Pied osque et pied romain, 8.
Pierleoni, 186.
Pierre noire, 53.
Pierres employées à Rome, 5.
Pincio, 3.
Plan ancien de Rome, 81, 88.
Pline l'Ancien, 189.
Pline le Jeune, plaidoyer dans la basilique Julia, 68.
Plutei, 62.
Podium, 43, 83.
Podium (Colisée), 115, 117, 120.
Poggio, 165, 194, 202, 211.
Pomœrium, 3, 23, 71, 142.
Pompiers à Rome, 37.
Pomponius Hylas, columbarium, 175.
Pons Ælius, 16.
Pons Æmilius, 15.
Pons Aurelius, 16.
Pons Cestius, 15.
Pons Fabricius, 15, 22.
Pons Gratiani, 16.
Pons Judæorum, 15.
Pons Lapideus, 15.
Pons Milvius, 28.
Pons Neronianus, 16.
Pons Probus, 16.
Pons Senatorum, 15.
Pons Sublicius, 14, 22.
Pons Valentiniani, 16.
Ponte Molle, 28.
Ponte Quattro capi, 15.
Ponte Rotto, 15.
Ponte Santæ Mariæ, 15.
Ponte S. Angelo, 16.
Ponte S. Bartolomeo, 16.
Ponte Sisto, 16.
Pontifes, 14.
Pontifex maximus, 81.
Ponts, 14.
Population, 36.
Porta Appia, 26.

Porta Ardeatina, 27.
Porta Asinaria, 26, 29.
Porta Aurelia, 27
Porta Capena, 21, 66.
Porta Collatina, 29.
Porta Collina, 21, 29.
Porta Flaminia, 24.
Porta Latina, 26.
Porta Maggiore, 218.
Porta Metrovia, 26.
Porta Mugonia, 143, 146, 158.
Porta Nomentana, 25.
Porta Ostiensis, 27.
Porta Pia, 29.
Porta Pinciana, 24.
Porta Prænestina, 25.
Porta Randusculana, 21.
Porta Ratumena, 107.
Porta Romana, 143.
Porta Salaria, 24, 25.
Porta S. Paolo, 27.
Porta S. Lorenzo, 25.
Porta S. Pancrazio, 27.
Porta S. Sebastiano, 26.
Porta S. Septimiana, 27.
Porta Tiburtina, 25.
Porta Trigemina, 14.
Porticus Argonautarum, 208.
Porticus Materiani, 165.
Portique des Dii Consentes, 45.
Portique d'Octavie, 187.
Postumius, 71.
Pouzzolane, 6.
Prætoria, Castra, 25.
Préteur, tribunal, 66.
Prétorien, camp, 65.
Prison Mamertine, 47.
Probus, 23.
Puteal, 63, 65, 83.
Puteal du Libon, 66.
Pyramide de Cestius, 175.
Pyrrhus, 32.
Raphaël, exhumation, 195.
Regia, 80.
Rex Sacrificulus, 81.
Rex Sacrorum, 52.
Rogissart, 57.
Roma Quadrata, 2, 8, 143.
Rome (temple de), 88.
Romulus, 53, 54, 142.
Romulus et Tatius, 1, 50, 65, 86.

Romulus, temple au Forum, 88.
Romulus, tombeau, 53, 70.
Rostra Julia, 83.
Rostra Vandalica, 61.
Rostres, 59.
Ruisseaux, 81.
Ruminalis, figuier, 53.
Sacra Via, 100.
Sacræ Urbis, temple, 88.
Sacravienses, 101.
Saint-Ange, château, 24, 25, 27.
Saint-Ange, pont, 16.
Saint-Pierre, 76, 81, 94, 106, 111.
S. Adriano, moines et église, 49.
S. Angelo, 201.
S. Bernardo, 210.
S. Cesareo, 164.
SS. Cosma e Damiano, 42, 88.
S. Croce in Gerusalemme, 220.
S. Francesca Romana, 90.
S. Giovanni in Campo, 85.
S. Giuseppe de Falegnami, 48.
S. Gregorio, couvent, 164.
S. Gregorio in Velabro, 184.
S. Lorenzo in Mirando, 88.
S. Maria degli Angeli, 208.
S. Maria Antica, 70, 90.
S. Maria in Cosmedin, 178, 180
S. Maria Egiziaca, 180.
S. Maria in Foro, 68.
S. Maria de Inferno, 73.
S. Maria Nova, 90.
S. Maria Rotonda, 193.
S. Maria del Sole, 180.
S. Maria in Via Lata, 78.
S. Martina, 49.
S. Pietro in Carcere, 48.
SS. Sergio e Bacco, 56
S. Stefano Rotondo ou Delle Carrozze, 167, 180.
S. Teodoro, 143.

Sangallo, 27.
Saturne, temple, 43.
Saturnales, 208.
Savella, Corte, 186.
Savelli, famille, 180, 186.
Savello, colline, 5.
Scalæ Caci, 144.
Scalæ Gemoniæ, 49.
Scaurus, maison, 147.
Scipions, tombeau, 173.
Scola Xanthi, 45.
Scopas, 149.
Secco, colline, 5.
Secretarium, 51.
Séjean, 49.
Sénat, lieu de réunion, 46, 49, 146, 150, 188.
Sénèque, 133.
Septime-Sévère, 76, 77, 78, 81, 83, 150, 159, 169, 187, 191, 221.
Septime-Sévère, arc, 54, 184.
Septimontium, 2.
Septizonium, 161.
Sepulcretum, 7, 87.
Servius Tullius, 2, 179, 180.
Servius, enceinte, 20.
Sessorianum, 220.
Sette Sale, 114.
Sévère Alexandre, 114.
Sidoine Apollinaire.
Sièges du Colisée transportés dans des églises, 120.
Siphon, 34, 162.
Sixte IV, 14, 16.
Sixte V, 109, 127, 183, 194, 197, 206, 207.
Smaragdus, 63.
Soderini, 203.
Sources, 3, 30.
Spem Veterem, ad, 31, 34, 220.
Spinon, ruisseau, 31, 39, 101.
Stade de Domitien, 160, 205.
Statio Aquarum, 35.
Sublicius, pont, 14.
Subura, 2.
Sucusa, 4.
Sudarium, 170.
Sulpicius Maximus, enfant poète, 25.

Suovetaurilia, 62.
Sylla, 50.
Symmachus, préfet de Rome, 16, 185.
Tabernæ Argentariæ, 40.
Tabernæ Novæ, 40, 84.
Tabernæ Veteres, 40, 67.
Tablinium, 79, 152.
Tabularium, 9, 46.
Tarentum, 3.
Tarpeia, 49.
Tatius, roi des Cures, 50, 65, 86.
Temple d'Antonin et de Faustine, 86.
Temple d'Apollon au Palatin, 149.
Temple d'Auguste, 67.
Temple de Castor, 71.
Temple de César, 82.
Temple de la Concorde, 46.
Temple de Cybèle au Palatin, 144.
Temple Divi Julii, 82.
Temple dit de la Fortune virile, 180.
Temple de Janus Quadrifrons, 106.
Temple de Junon, 188.
Temple de Jupiter Stator, 145, 157, 188.
Temple de Jupiter Victor, 145.
Temple de Magna Mater au Palatin, 144.
Temple de Mars du Campus Minor, 26.
Temple de Mars Ultor, 102.
Temple de Mater Matuta, 179.
Temple de Minerve au Forum de Nerva, 106.
Temple (?) dit de Minerve Medica, 216.
Temple (?) dit de Neptune, 207.
Temple de la Paix, 91.
Temple de Romulus, 88.
Temple de Sacra Urbs, 88.
Temple de Saturne, 43.
Temple de Trajan, 110.

Temple de Vénus et de Rome, 89.
Temple de Vespasien, 41.
Temple de Vesta au Forum, 74.
Temple de Vesta au Palatin, 150.
Temple dit de Vesta au Forum Boarium, 179.
Tepidarium, 168.
Terramares, 18.
Testaccio, colline, 5, 177.
Théâtre de Marcellus, 16, 184.
Théodoric, 160.
Thermes, 167.
Thermes Antonins, 168.
Thermes de Caracalla, 168.
Thermes de Dioclétien, 203.
Thermes de Titus, 168.
Thermes de Trajan, 12, 112.
Tibère, 25, 46, 71, 155.
Tibère, arc, 61.
Tibérine, île, 17.
Titus, 96, 113, 218.
Titus, arc, 96.
Titus, palais, 158.
Titus, thermes, 113.
Tombeau d'Auguste, 197.
Tombeau d'Eurysacès, 218.
Tombeau des Scipions, 173.
Tor Pignattara, 220.
Trajan, 62, 68, 105, 113, 191.
Trajan, forum, 107.
Trajan, statue équestre, 111.
Transtévère, 34.
Travertin, 5, 17, 33, 43, 54, 45, 76, 118, 180, 185, 216, 218.
Trevi, fontaine, 39.
Tribunal du préteur, 66.
Tribune aux harangues, 59.
Trophées de Marius, 33, 214.
Trullo, place del, 207.
Tuf, 5, 60, 64, 84, 88, 180.
Tullianum, 7, 47.
Tullus Hostilius, 50.

Turris Cartularia, 135, 157.
Turris Iniquitatis, 158.
Turris Mecenatiana, 216.
Tusculum, 29.
Uggeri, abbé, 58, 140, 183, 190.
Ulpia, bibliothèque et basilique, 110.
Umbilicus Romæ, 60.
Urbain VIII, 186, 197.
Ustrinum, 200.
Vacca, archéologue, 113, 138, 196.
Valadier, 44, 99.
Velabre, 2.
Velarium, 117.
Velia, 4, 96, 113.
Venantius Fortunatus, évêque de Poitiers, 112.
Vénus, temple de Vénus et de Rome, 88.
Vénus Cloacina, 85.
Vercingétorix, 49.
Verrès, 72.
Vespasien, 114.
Vespasien, temple, 41.
Vesta, temple, 74, 179.
Vesta, temple au Palatin, 150.
Vestales, 77.
Vestales, maison, 45, 77.
Vettius Agorius Prætextatus, 45.
Via Æmilia, 30.
Via Appia, 29.
Via Appia Nova, 29.
Via Ardeatina, 30.
Via Asinaria, 29.
Via Aurelia, 30.
Via Bonella, 51.
Via Collatina, 29.
Via Cornelia, 30.
Via Flaminia, 28.
Via Labicana, 29, 218.
Via Lata, 4.
Via Latina, 30.
Via della Marmorata, 30.
Via Nomentana, 29.
Via Nova, 29.
Via Ostiensis, 30.
Via Portuensis, 30.
Via Prænestina, 29, 218.

Via Sacra. *Voir* Sacra Via.
Via Salaria, 28.
Via Salaria Nova, 29.
Via S. Cæcilia, 30.
Via S. Lorenzo, 29.
Via S. Paolo, 30.
Via Tiburtina, 29, 31.
Via Tiradiavoli, 30.

Via Trium Columnarum, 71.
Via Triumphalis, 30.
Via Tusculana, 29.
Via Vetus, 29.
Vicus Jugarius, 44, 68.
Vicus Tuscus, 69.
Villa Giulia, 227.
Villa Mills, 148, 165.

Virginie, 40, 86.
Viriplaca, déesse, 143.
Vitellius, 49, 144, 156.
Vitigès, 35.
Vitruve, 154.
Voie Sacrée. *Voir* Sacra Via.
Voies, 28.
Volcanal, 4.

BIBLIOTHÈQUE NATIONALE

TABLE DES GRAVURES

Les trois colonnes du Temple de Castor au xvi° siècle
(Et. du Pérac) . . . . FRONTISPICE
1. Plan de Rome. — Enceinte de Servius et d'Aurélius
(R. Lanciani, *The Ruins of ancient Rome*) 19
2. Vue perspective du Forum au xviii° siècle (Grævius, 1732) . 38
3. Le Forum romain (Platner, *The topography of ancient Rome*) . 41
4. Le Forum. — Le Capitole. — Le temple de Saturne et le
temple de Vespasien (Alo Giovannoli, fin du xvi° siècle) . 42
5. La Curie. — L'Arc de Septime Sévère vu de côté (Alo
Giovannoli, fin du xvi° siècle) 50
6. Les Forum impériaux (Platner, *Topography of ancient
Rome*) 103
7. Le Forum d'Auguste (Piranesi, 1756) 105
8. Graffiti du Colisée. — Gladiateurs 119
9. Arc de Constantin. — La Meta Sudans. — L'arc de Titus
et la tour appelée Cartularia (Du Pérac 1579) 185
10. Le Palatin (Platner, *Topography of ancient Rome*) 143
11. Le mont Palatin du côté du Forum. — Les Trois Colonnes
du Temple de Castor (Etienne du Pérac, 1575) 165
12. Thermes de Caracalla (Middleton, *The Remains of ancient
Rome*) 171
13. Arc dit de Janus et Arc de Septime Sévère (Alo Giovannoli,
fin du xvi° siècle) 183
14. Thermes de Dioclétien (*Alo Giovannoli, fin du xvi° siècle*) . 209
15. Les Trophées de Marius (Et. du Pérac, 1575) 213
16. La Porta Maggiore (Piranesi, 1756) 219

TABLE DES MATIÈRES

Avertissement.   V
Conseil   VI
Principaux ouvrages consultés.   VII
Liste des principaux empereurs romains   VIII

PREMIÈRE PARTIE

GÉNÉRALITÉS

Formation de la ville.   1
Le champ de Mars   2
Les sept collines.   4
Pierres employées dans les constructions romaines.   5

LES DIVERSES PHASES DE L'HISTOIRE MONUMENTALE DE ROME

Époque royale et début de la République   7
Les deux derniers siècles de la République.   8
Les deux premiers siècles de l'Empire.   10
Fin de l'Empire   12

LES PONTS — L'ILE TIBÉRINE

Les ponts.   14
Ile Tibérine   17

LES MURS — LES VOIES — LES AQUEDUCS

Enceintes primitives. — Enceintes de Servius. — Enceintes
d'Aurélius   18
Les voies romaines   28

Aqueducs 30
Population. — La malaria 36
Incendies 37

DEUXIÈME PARTIE

MONOGRAPHIES DES MONUMENTS

Le Forum 39
Le Temple de Saturne 43
Le Temple de Vespasien 44
Le portique des Dii Consentes 45
Le Temple de la Concorde 46
La prison Mamertine 47
Les Gémonies 49
La Curie 49
Le Comitium 52
La Pierre noire 53
L'Arc de Septime-Sévère 54
Les Rostres. — La Tribune aux harangues 59
L'Arc de Tibère 61
Les Plutei 62
La Colonne de Phocas 63
Lacus Curtius 64
Le Tribunal du Préteur 66
La Basilique Julia 66
Le Temple d'Auguste 69
Le Temple de Castor 71
Le lac de Juturne 73
Le Temple de Vesta 74
La Maison des Vestales 77
La Regia 80
Le Temple de César 82
La Basilique Émilienne 84
Le Temple d'Antonin et de Faustine 86
La Nécropole 87
Le Temple de Romulus 88
Le Temple de Rome 88
Le Temple de Vénus et de Rome 89
La Basilique de Constantin 90
L'Arc de Titus 96
La Voie sacrée 100
La Cloaca Maxima 101
Le Forum d'Auguste 102
Le Forum de Nerva 105
Le Forum de Trajan 107

La Maison dorée de Néron. — Les Thermes de Titus. — Les
Thermes de Trajan. 113
Le Colisée. 114
Meta Sudans. 132
L'Arc de Constantin. 133
Le Palatin. 141
S. Stefano Rotondo 167
Les Thermes. 167
Les Thermes de Caracalla 169
Le Tombeau des Scipions 173
L'arc de Drusus ou de Trajan 175
La Pyramide de Cestius 175
Le mont Testaccio. 177
Le Forum Boarium 178
Le Temple rond de Mater Matuta, dit autrefois de Vesta. . . . 179
Le Temple dit de la Fortune virile. 180
La Bocca della Vérita 180
L'Arc de Janus. 181
L'Arc de Septime-Sévère 184
Le Théâtre de Marcellus. 184
Le Portique d'Octavie 187
Le Panthéon. 189
Le Mausolée d'Auguste 199
Piazza Navona. 205
La colonne de Marc-Aurèle 205
Le Monument dit « Temple de Neptune » 207
Les Thermes de Dioclétien. 208
Les Trophées de Marius. 214
Auditorium Mæcenatis 215
L'Arc de Gallien. 216
Le Monument dit Temple de Minerva Medica 216
La Porta Maggiore et le Tombeau d'Eurysaces. 218
Sessorium ou Palatium Sessorianum. 220
L'Amphithéâtre Castrense 220
INDEX ALPHABÉTIQUE 222
TABLE DES GRAVURES. 229

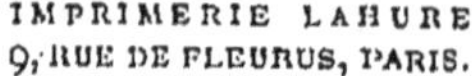

IMPRIMERIE LAHURE
9, RUE DE FLEURUS, PARIS.

www.ingramcontent.com/pod-product-compliance
Lightning Source LLC
LaVergne TN
LVHW021651060726
842527LV00003B/854